O'r Tŷ i'r tŷ

365 Myfyrdod
ar Gyfer Pob Dydd o'r Flwyddyn

Owain Llyr Evans

CYHOEDDIADAU'R
GAIR

> # Cyflwynedig i
> # Dafs

Ⓑ Cyhoeddiadau'r Gair 2005

Testun gwreiddiol: Owain Llyr Evans

Dymuna'r cyhoeddwyr gydnabod cymorth
Adran Olygyddol Cyngor Llyfrau Cymru.

Golygydd Cyffredinol: Aled Davies
Clawr/Cysodi: Ynyr Roberts

ISBN 1 85994 513 9
Argraffwyd yng Nghymru.

**Cyhoeddwyd gan
Cyhoeddiadau'r Gair, Cyngor Ysgolion Sul Cymru,
Ysgol Addysg, PCB, Safle'r Normal,
Bangor, Gwynedd, LL57 2PX.**

CYNNWYS

RHAGAIR

Dim ond llond llwnc o win sydd ei angen ar wir arbenigwr i allu dweud bron popeth wrthych am darddiad, cefndir a safon y gwin. Mae'r llwnc cyntaf hwnnw'n dweud cyfrolau.

Sylwedd gwin y llyfr hwn yw hyfrydwch a her y weinidogaeth, y fraint o gyhoeddi'r Efengyl gyda phobl Duw ac iddynt. Dw i'n mawr obeithio fod melystra cariad a dylanwad fy nhad a mam yn amlwg ynddo hefyd.

Ymgymerais â'r dasg arswydus a chyfrifol o osod y myfyrdodau hyn mewn potel gydag ofn mawr. Dw i'n cynnig hwy i chi'n ostyngedig. Ymdeimlais o'r dechrau â'm gwendidau. Gwnes fy ngorau. Diau, fodd bynnag, fod yma syniadau a delweddau benthyg, dryswch diwinyddol, a lletchwithdod ymadrodd a mynegiant.

Potel o 'plonc' yw hon. Gobeithiaf y bydd y beirniaid – llenyddol a diwinyddol – yn dirion wrth ei ffaeleddau. Ond, un peth sydd raid imi ddweud am y 'plonc' hwn, yw nad gwin i'w gadw mohono, ond gwin i'w ddefnyddio – gwin i'w osod ar y bwrdd gyda'ch bara beunyddiol. Gobeithiaf y daw mwynhad, budd a bendith drwyddo. Hyn yn anad dim a ddymunaf.

Ni fyddai'r gyfrol hon wedi gweld golau dydd heb gefnogaeth a phenderfyniad Aled Davies a Chyhoeddiadau'r Gair. Dw i'n dra diolchgar hefyd i Ynyr Roberts a staff y Cyngor Llyfrau am gymwynasau golygyddol sylweddol iawn iawn.

Y mae un a roddodd llawer na ellid ei draethu byth yma, ac iddi y cyflwynir y gyfrol hon.

1: STRYDOEDD GWAEDLYD

Dydd Sul
Mathew 2:1-18

Mae'r Nadolig yn gyfnod braf – cyfnod i anghofio, am ychydig, yr holl d'wyllwch sydd gymaint rhan o fywyd. Byddwn yn hongian goleuni hyd y strydoedd, ac yn ein cartrefi, a chofiwn eto am hanes anhygoel Duw yn ymweld â'r byd. Cawn sôn am fugeiliaid yn clywed newyddion da; cofiwn am ddoethion brenhinol, wedi darllen ffurfafen, yn dilyn seren at 'stabl, yn plygu wrth breseb tlawd a chydio yno, yn llaw fach Duw mewn cnawd.

Ond ar ôl y geni daeth galar ac ochain. Llef a glywyd yn Rama; roedd gwragedd yn wylofain, a phlant yn gelain. Ar ôl y geni – daeth marwolaeth.

Am wn i, dyma'r stori fwyaf 'sgytiol ac erchyll yn y Testament Newydd. Be wnawn ohoni? Anghofio amdani? Ei dileu o'r Ysgrythur? Na, wna hynny mo'r tro. Mae'n rhaid i fi a chi ystyried yr hanes gwaedlyd hwn.

Beth sydd yn ein poeni am yr hanes hwn? Ai'r teyrn creulon, Herod, sy'n ceisio dad-wneud y geni gan olchi'r strydoedd â gwaed? Digon teg; ond credwch fi neu beidio, nid Herod sydd yn fy mhoeni i, Duw sydd yn fy mhoeni i. Mae Duw yn arbed un plentyn ond heb godi bys i arbed y gweddill rhag cleddyf y milwyr.

Wrth gwrs, yn ein byd creulon, didostur mae'r diniwed yn dioddef. Mae'n cyfnod ni yn goch o waed y diniwed – o Auschwitz i Hiroshima, o Vietnam i Afghanistan, o Rwanda i Bosnia, o Aberfan i Dunblane o 9:11 i Madrid a Soham. Yn ogystal â chreulondeb anhygoel pobl tuag at ei gilydd, mae creulondeb syfrdanol byd natur – daeargryn, storm a newyn.

Beth felly yw'r gwahaniaeth rhwng plant Bethlehem a phlant Vietnam, Auschwitz, Ethiopia a Dunblane. Ar yr olwg gyntaf – dim; fe ddylai pob marwolaeth ein cythruddo, boed yn strydoedd Bethlehem, neu ym mhentrefi Vietnam, yng ngwersylloedd marwolaeth y Natsïaid neu yng nghanol llwch a chlêr didrugaredd Ethiopia, Rwanda a Sudan.

Roedd gwaed yn diferu o ddwylo Herod. Roedd gorchymyn y lladdfa ar strydoedd Bethlehem yn un bennod arall yn hanes gwaedlyd ei yrfa. Dechreuodd ei yrfa gyda dinistr y Sanhedrin – lladdwyd pob aelod. Cyn iddo farw trefnodd ddiwedd nifer o'i elynion mwyaf dylanwadol yn Jerwsalem. Er nad oedd lladd a dychryn yn ddieithr iddo, nid oedd yn waeth nag unrhyw deyrn arall.

Mae un peth am yr hanes hwn sy'n peri gofid i mi – llwyddodd un plentyn i ddianc rhag y gyflafan. Pam gofidio am rywbeth felly? Ond 'styriwch y ffordd y bu i'r bychan a'i deulu ddianc. Nid hap a siawns mohono – mae Duw yn ymyrryd yn y sefyllfa i arbed un plentyn gan adael i'r gweddill farw. Mae cwestiwn yn codi sydd yn mynnu ateb. Awn ymlaen i ystyried y cwestiwn hwnnw yn ystod yr wythnos nesa'.

Gweddi
Gweddi Jeremeia

Twyllaist fi, O Arglwydd, ac fe'm twyllwyd.
Cryfach oeddit na mi, a gorchfygaist fi.
Cyff gwawd wyf ar hyd y dydd a phawb yn fy ngwatwar.
Canys y mae gair yr Arglwydd i mi yn waradwydd ac yn ddirmygedig ar hyd y dydd. Ond os dywedaf, 'Ni soniaf amdano, ac ni lefaraf mwyach ei enw' y mae fy nghalon yn llosgi fel tân wedi ei gau o fewn fy esgyrn. Blinaf yn ymatal; yn wir, ni allaf.
(Jeremeia 20:7–9)

Dydd Llun

Arhosodd yno hyd farwolaeth Herod ... *Mathew 2:15a*

Pam y dylai un plentyn gael ei achub tra bod eraill yn gorfod marw? Doedd Mathew heb ystyried y cwestiwn. Prif ofal Mathew oedd Duw yn gwaredu'r baban Iesu rhag llid Herod, er mwyn i'r bychan hwn dyfu i fyny i farw drosom ar groes Calfaria. Roedd Mathew am inni orfoleddu fod y bychan wedi osgoi cleddyf gwaedlyd Herod. Serch hynny, mae'r cwestiwn yn aros.

O dderbyn fod Iesu wedi marw dros ein pechodau ar Galfaria, dros bwy y bu'r bychain ym Methlehem farw?

Dydd Mawrth

> **Clywir llef yn Rama, galarnad ac wylofain, Rachel yn wylo am ei phlant ...** *Jeremeia 31:15*

Er gwaethaf, neu'n wir, oherwydd i Mathew ddewis peidio â thrafod y cwestiynau anodd sydd yn codi o'r hanes erchyll hwn, mae'n angenrheidiol i ni wneud hynny. Nid ffoi rhag creulondeb a phoen y byd mae'r ffydd Gristnogol – nid anesthetig rhag realiti bywyd yw ffydd. Rhaid i ffydd ymrafael â'r byd yn ei boen a'i bechod – mynd allan i ganol annibendod byd lle mae drwg a da yn brwydro am y gorau.

Dydd Mercher

> **Yn nydd fy nghyfyngder ceisiais yr Arglwydd.** *Salm 77:2a*

Os ydym yn barod i wneud hyn, yn barod i fentro ein tipyn ffydd allan yn y byd mawr, fe gymer Bethlehem ei le gyda Hiroshima ac Auschwitz a Dunblane fel symbol ysgogol a grymus. Plethir genedigaeth gwaredwr, cân angylion, creulondeb teyrn a galar rhieni Bethlehem yn ei gilydd, gan greu darlun cywir o realiti ein byw a'n bod. Mae gobaith ac anobaith, da a drwg, goleuni a thywyllwch yn brwydro . . . brwydro . . . brwydro, a phobl, hen neu ifanc, wedi eu dal yn y frwydyr.

Dydd Iau

> **... yn y pethau hyn i gyd yr ydym yn ennill buddugoliaeth lwyr trwy'r hwn a'n carodd ni.** *Rhufeiniaid 8:38*

Darllenais beth amser yn ôl am hen Iddew yn gweithio ymhlith y beddau yn un o wersylloedd marwolaeth y Natsïaid, a glywodd gri baban bach, newydd ei eni. Roedd ei fam wedi ei guddio ymhlith y meirw er mwyn diogelwch. Rhoddodd yr hen ŵr weddi o ddiolch i Dduw. Credodd mai'r bachgen hwn oedd y Meseia, achos pwy ond y Meseia a fyddai'n cael ei eni mewn bedd?

Dydd Gwener

> **... bydd yr Arglwydd Dduw yn sychu ymaith ddagrau oddi ar bob wyneb.** *Eseia 25:8*

Peth naturiol yw ceisio anghofio pethau drwg, ac yn wir mae arnom ni i gyd weithiau angen ceisio anghofio'r drwg sydd yn gymaint rhan o fywyd, ond mae drwg yn rhan annatod o stori'r geni. Ganed Iesu mewn bedd – bedd y bechgyn bychain a laddwyd ym Methlehem. Os digwydd inni esgymuno'r hanes gwaedlyd hwn rhag gweddill hanes y Nadolig mae'r Nadolig yn colli'i ystyr; bydd cân yr angylion, **Tangnefedd ymhlith pobl,** yn colli'i ystyr, canys byddwn wedi ceisio anghofio fod cysgod Herod yn ddychryn ar draws ein dydd a'n hoes. Os gwnawn hynny mae Herod yn cael mynd ati'n brysur i geisio dileu'r goleuni a dad-wneud y geni.

Dydd Sadwrn

Mewn potel wedi ei chuddio yng nghanol rwbel un o adfeilion y geto yn Warsaw, darganfuwyd llythyr a ysgrifennwyd gan Yosl Rakover. Bu Rakover drwy uffern o weld ei bobl, a'i wraig a chwech o blant, yn cael eu lladd. Yn y llythyr mae Rakover yn galw Duw i gyfrif. Pam fod Duw wedi caniatáu i'w bobl ddioddef o dan sawdl y Natsïaid? Pam caniatáu'r trais, y newyn a'r erchylltra oedd yn gymaint rhan o fywyd y geto? Mae'r llythyr yn gorffen gyda'r geiriau. (mae ymdeimlad o ddidwylledd ac ing calon mawr yn ei eiriau nad wyf am ei golli wrth eu cyfieithu):

I have followed Him, even when He pushed me away. I have obeyed His commandments, even when He scourged me for it. I have lived Him ... even when He made me lower than the dust, tormented me to death, abondoned me to shame and mockery ... Here, then, are my last words to You, my angry God: None of this will avail you in the least! You have done everything to make me lose my faith in You, to make me cease to believe in You. But I die exactly as I have lived, an unshakeable believer in You.

2: HEBRËWR O DRAS HEBREWYR

Dydd Sul
Philipiaid 3:1–11

Dyma ddechrau heddiw â'r gyfres o fyfyrdodau ar Paul, ac yn fwy arbennig ar y gwragedd a ddylanwadodd ar ei fywyd.

Mae pobl enwog yn tueddu i gael eu hamgylchynu gan bobl eraill, ac yn aml iawn, fyddai neb yn gwybod llawer am y bobl eraill hyn oni bai iddynt ddigwydd dod i gysylltiad â pherson enwog a phwysig. Mae hynny'n wir am Paul, ac am y bobl a ddaeth i gysylltiad ag ef. Mae cael eich enwi, yn ddamweiniol, fel petai, am eich bod wedi digwydd dod i gyswllt â rhywun enwog yn gallu bod yn annheg iawn; yn dangos dim ond un agwedd o'ch bywyd a'ch cymeriad, gan esgeuluso'r gweddill. Annigonol yw cofio dim ond sleisen fach gul o fywyd neb. Eto, mae llawer o'r gwragedd hyn sy'n dal perthynas â Paul, mewn sefyllfa fel hon. Cânt eu henwi yn fyr, a dweud rhyw damaid bach amdanynt, ac yna dim rhagor. Yn ffodus iawn, gyda'r cymeriadau y cawn gwrdd â hwy yn yr ychydig wythnosau nesa' – Lois ac Eunice, Damaris a Lydia; Clöe, Nympha, Euodia; Syntyche a Prisca; Phoebe a Junia – mae'r hyn a nodir amdanynt yn allweddol bwysig.

Bydd y ffaith i gynifer o wragedd ddylanwadu mewn cynifer o ffyrdd ar Paul yn dipyn o sioc i'r rhai ohonom sy'n gwybod dim byd arall am Paul ond iddo awgrymu yn weddol siarp, ddwywaith o leiaf, y dylai gwragedd fod yn dawel a bihafio yn y cwrdd!

Pa le, felly, i ddechrau? Wel, yn y man naturiol am wn i; lle mae perthynas pawb ohonom â phobl eraill yn dechrau – gyda'n teuluoedd. (Onid yw'n wir ein bod yn dal i weld, a barnu pobl yn fynych, drwy lygaid ein rhieni?) Mae'n amlwg fod yn rhaid dechrau gyda'r gwragedd hynny oedd agosaf ato. Er nad oes gan Paul unrhyw gyfeiriad uniongyrchol at fam, chwaer na gwraig, mae rhai cyfeiriadau diddorol.

Dywed, fel ym mhumed adnod y testun uchod, iddo gael ei godi ar aelwyd Iddewig dda, ac mae'n naturiol casglu wrth hyn fod ei fam a'i dad yn Iddewon ffyddlon, yn Fenjeminiaid selog.

Ar eu glin y dysgodd eu hiaith ac ar eu gorchymyn yr aeth i ysgol y Synagog, ac o dan eu harweiniad y dysgodd y Ddeddf. Mae'n amlwg fod addysg wedi chwarae rhan bwysig ym meddwl y teulu. Ceir cyfeiriad yn llyfr yr Actau at y ffaith fod Paul wedi bod yn Ysgol Gamaliel, ac wedi ei ddysgu yno i fod yn Iddew ceidwadol.

Gweddi

Diolch am deulu, cymuned a chenedl

Dad nefoedd a daear, derbyn ddiolch dy blant am y teulu, sy'n gaer i'n gwarchod, ac yn feithrinfa ym mlynyddoedd twf. Diolchwn yn arbennig am ei allu i blannu cariad ymhob calon.
Diolchwn am y gymuned: am gyfrifoldeb i greu cymdogaeth dda, a chreu trefn i sicrhau llawnder gofal dros bawb yn ddiwahân.
Rhown ddiolch am genedl ac am bopeth sy'n rhoi iddi ei hunaniaeth: am ei dawn i'w mynegi'i hun mewn cynifer o wahanol ffyrdd a chyfoethogi bywyd byd cyfan, dyrchafwn glod i ti. Amen.
O Lyfr Gwasanaeth yr Annibynwyr.

Dydd Llun

Iddew wyf fi, o Darsus yn Cilicia. *Actau 21:39*

Cofiwn mai yn Nharsus, dinas estron, y codwyd Paul, ac y mae'r ffaith iddo bwysleisio ei fod ef a'i deulu wedi cadw eu hiaith, yn arwydd pendant o ymlyniad manwl at draddodiad teuluol a chenedlaethol. Ond wedi i ni chwilio'n fanwl am hynt a helynt ei fam, ni allwn ddweud dim mwy amdani na hyn – ei bod yn Iddewes, o lwyth Benjamin, ac yn byw ymhlith Iddewon y Diaspora, yr Iddewon ar wasgar. Roedd hi'n medru siarad iaith ei chenedl, a iaith y bobl y trigodd yn eu plith, Groeg. Mae'n amlwg iddi hefyd fod yn gyfrwng cael Paul i ddysgu Lladin, gan iddynt fod yn ddinasyddion yr Ymerodraeth.

Dydd Mawrth

> **A oes gennych hawl i fflangellu dinesydd Rhufeinig?** *Actau 22:25*

Roedd y teulu wedi cyrraedd safle uchel mewn cymdeithas – safle freiniol ac arbennig – yn ddinasyddion Rhufeinig. Roedd hyn yn eithriad i rai na anwyd yn Eidalwyr. Mae'n debyg hefyd fod tad a mam Paul, fel yntau, yn wneuthurwyr pebyll, ac, efallai mai felly y daethant yn ddinasyddion Rhufeinig, fel tâl am ddarparu pebyll (efallai am bris gostyngol), i'r fyddin a'r gatrawd Rufeinig yn Nharsus. Os yw hyn yn wir, beth oedd rôl ei fam yn y busnes? Partneriaeth oedd y busnes yn ôl Llyfr yr Actau. Mae hynny'n wir am Aquila a Prisca, ac felly, mae'n debyg o fod yn wir am dad a mam Paul.

Dydd Mercher

> **Ond fe glywodd mab i chwaer Paul am y cynllwyn ... ac aeth ac adrodd yr hanes wrth Paul.** *Actau 23:16*

Mae rhai yn credu, gan nad yw Paul yn sôn am ei rieni, fod y ddau ohonynt wedi marw cyn i Paul ddod yn ddisgybl i Iesu. Mae eraill yn credu fod ei deulu wedi ei ddiarddel oherwydd iddo ddod yn Gristion. Does dim modd profi hyn wrth gwrs, ond mae hanes yn Llyfr yr Actau am nai i Paul, a ddaeth ato yn Jerwsalem, a fu'n fawr ei gymorth iddo. Dydi hynny ddim yn awgrymu teulu wedi ei rannu!

Dydd Iau

> **Cyfarchwch Rwffws, sy'n Gristion dethol, a'i fam, sy'n fam i minnau.** *Rhufeiniaid 16:13*

Nid oes ragor o sôn am chwaer Paul. Ond mae awgrym ei bod, o leiaf trwy ei mab, wedi cadw mewn cysylltiad â Paul. Does dim i ddweud wrthym ai byw yn Jerwsalwm yr oeddent, neu yno fel ymwelwyr. Nid oes dim arall a wyddom am chwaer Paul. Ni ellir dweud rhagor chwaith am ei fam, na pherthynas Paul â hi. Ond mae awgrymiadau yn ei lythyrau, pan fo Paul yn disgrifio cariad a'r pethau sy'n clymu pobl wrth ei gilydd, fod ganddo brofiad melys o'r berthynas rhwng mam a'i phlant. A dyna pam y ceisiodd nodded a lloches, a mam, yn wir, ym mam Rwffws. Roedd hon yn nawdd, yn gymorth ac yn gartref iddo.

Dydd Gwener

Yr wyf yn dweud hyn wrth y rhai dibriod … mai peth da fyddai iddynt aros felly, fel finnau. *1 Corinthiaid 7:8*

Ac os nad oes gennym dystiolaeth am ei fam a'i chwaer, llai fyth sydd gennym am ei wraig, os bu ganddo un! Yn ôl y bennod uchod, dyn dibriod oedd Paul, ac mae'n dweud fod honno'n ystad hyfryd a delfrydol i fod ynddi. Wrth gwrs fe all dibriod olygu gweddw. Mae'r ysgolheigion yn awgrymu fod rabi dibriod yn hynod anarferol, a bod priodi fwy neu lai'n orfodol i ŵr o Iddew yng nghyfnod Paul. Wel, priod neu beidio, mae unrhyw fanylion am y ddynes a fu'n wraig iddo, os bu un, ar goll yn niwloedd hanes.

Dydd Sadwrn

Ein Harglwydd byw, tyrd atom. Tyrd i ymweld â'n cartefi.
Tyrd i'r gegin a'i brysurdeb. Tyrd i'r lolfa a'i hamdden a'i hadloniant.
Tyrd i'r stafell wely a chyfle i orffwys wedi gwaith y dydd.
Tyrd atom i ganol ffresni'r sgwrsio braf ac i flinder yr ymgecru.
I ganol yr hwyl a'r chwerthin – I ganol y gofid a'r straen.
Tyrd i'n plith
I ganol ein byw a'n bod;
Ehanga ein lletygarwch;
Dyfnha ein hymddiddan;
Cynydda ein ffydd;
Yn dy gariad, deffra'n cariad ni;
Amlyga dy hun inni ym mhethau bach,
cyffredin bywyd bob dydd. Amen.

3: SALM Y BUGAIL

Dydd Sul
Salm 23

Ar linellau a gofodau hen nodiant Llyfr y Salmau mae nodau siriol o foddhad, hyder, chwilfrydedd ac ymddiriedaeth. Hefyd ceir seiniau lleddf digalondid, unigrwydd, ing ac amheuaeth. Mae'r Salmau yn mynegi calon ac enaid realiti y profiad dynol yn ei gyfanrwydd – y llawenydd a'r diflastod. Cawn ddisgyn i dywyllwch anobaith, ac esgyn i oleuni ffydd. Ynddynt mae'r berthynas rhwng pobl Duw a'u Creawdwr yn gwbl onest bob amser.

Er gwaethaf popeth yn ein cyfnod, sydd yn lledu ein gorwelion ac yn ehangu ein bywyd, wrth wraidd ein bod, yn unigol ac yn genedlaethol, mae gwacter ofnadwy. Mae angen i ni gydio yn hyfryd eiriau'r Salmydd fel cymorth a chyfrwng i gyflwyno gwir lawnder a sylwedd ein profiad i Dduw.

Roedd geiriau'r Salmau yn naturiol gyfarwydd i'r Iesu; dyma'r caneuon a'r gweddïau a ganodd. (*Luc 20:42–43 a Marc 15:34*) Wrth ddarllen ac ystyried y Salmau, cawn agoriad i gydlyniad a chymdeithas â'r Iesu a holl bobl Duw ym mhob oes a chyfnod. Gawn ni ystyried Salm 23.

Fel y sylwodd Lewis Valentine, yn y salm hon cawn dri ddarlun gwahanol o Dduw, gan ddechrau yn adnodau 1 a 2 gyda Duw'r Bugail:

Yr Arglwydd yw fy Mugail; ni bydd eisiau arnaf, Efe a wna i mi orwedd mewn porfeydd gwelltog: Efe a'm tywys gerllaw y dyfroedd tawel.

Dyma ddelwedd hynod rymus sydd fel burum ym mlawd y Beibl. Mae'r ddelwedd yno yn Genesis (*Genesis 48:15*), ac yno yn Natguddiad Ioan (*Datguddiad 7:17*) yn ddelwedd sy'n ymddangos dro ar ôl tro mewn Salm ar ôl Salm; ystyriwch, e.e, **Gwared dy bobl, a bendithia dy eiddo; bugeilia hwy a'u cario am byth.** *(Salm 28:9)* ac **Yna byddwn ni, dy bobl a phraidd dy borfa, yn dy foliannu am byth, ac yn adrodd dy foliant dros y cenedlaethau** *(Salm 79:13).*

Sylwch, ym mhob un o'r cyfeiriadau uchod ac eraill fel Salmau 80:1, 95:7 a 100:3, mai'r ddelwedd o Dduw'r bugail sy'n cael ei defnyddio tu mewn i gyd-destun ei berthynas â'r holl bobl, ond yn Salm 23, nid **Yr Arglwydd yw ein Bugail** sydd gennym ond, **Yr Arglwydd yw** *fy Mugail*; mae'r cywair yn llawer mwy personol. Sylwch hefyd, ar ddechrau'r Salm, fel y mae Dafydd yn cyfeirio at Dduw fel "efe", ond yna'n diweddu trwy ei alw'n "ti".

Ryw dro, roedd 'na actor go enwog a gweinidog di-nod yn eistedd, ymhlith nifer eraill, wrth bryd bwyd. Ildiodd yr actor i bwysau ei gyfeillion a rhoi ambell adroddiad o waith Shakespeare ac ati, a chan ei bod hi'n Sul, i orffen adroddodd Salm 23. Canmolwyd yn fawr ei adroddiad. Gofynnodd y gwesteiwr i'r gweinidog adrodd yr union un Salm. Wedi iddo orffen ni bu na chymeradwyaeth na chanmoliaeth – dim ond tawelwch. Gan dorri ar y tawelwch hwnnw, meddai'r actor, gan siarad dros bawb, "Mae'n amlwg fy mod i'n 'nabod y Salm, ond eich bod chi'n 'nabod y Bugail".

Gweddi

**Ti, Arglwydd, yw fy ngobaith,
fy ymddiriedaeth o'm hieuenctid.
Arnat ti y bûm yn pwyso o'm genedigaeth;
ti a'm tynnodd allan o groth fy mam.
Amdanat ti y bydd fy mawl yn wastad.
Y mae fy ngenau'n llawn o'th foliant
ac o'th ogoniant bob amser.**
(Salm 71:5,6 ac 8)

Myfi a'th elwais i fywyd trwy gariad mab a merch,
a'th lunio yng nghroth dy fam.

Myfi a'th roddodd yn anrheg wiw,
i annwyl ofal dy fam a'th dad.

Myfi a'th ganlynodd yn dy i'enctid,
wrth i ti chwilio amdanat dy hun.

Myfi, wrth i'r blynyddoedd lifo i'w gilydd,
a'th amgylchynodd drwy hindda neu ddrycin.

Myfi, pan ddaeth dy hydref, a'th nerth yn pallu,
oedd yno wrth dy ochr.

Lle bynnag yr ei – ni'th adawaf.
Wrth dynnu d'anadl gyntaf,
wrth dynnu d'anadl olaf – ni'th adawaf ac ni'th wrthodaf.

Arglwydd, yr wyt wedi fy chwilio a'm hadnabod;
Yr wyt wedi cau amdanaf yn ôl ac ymlaen,
ac wedi gosod dy law drosof.
Y mae'r wybodaeth hon yn rhy ryfedd i mi;
y mae'n rhy uchel i mi ei chyraedd. *(Salm 139:1,5 a 6.)*

Dydd Llun

> **Gwybyddwch mai'r Arglwydd sydd Dduw; ef a'n gwnaeth, a'i**
> **eiddo ef ydym, ei bobl a defaid ei borfa.** *Salm 100:3*

Mae'n sefyllfa ni yn dra gwahanol i sefyllfa'r Salmydd. Mae bywyd wedi ehangu'n fawr erbyn hyn, mae'r "nomad" wedi troi'n "settler". Crwydro wedi troi yn blwyfo. Oes raid cyfaddef, yn yr oes fodern, dechnegol hon, nad oes sylwedd i'r ddelwedd o Dduw fel bugail? Cyn i chi benderfynu, ga i daflu rhywbeth i'r pair? Dywed John Bell, un o aelodau mwyaf blaenllaw Cymuned Iona yn yr Alban, yn ei lyfr

States of Bliss and Yearning – Authentic Christian Spirituality, fod gweithwyr yn y *Glasgow City Mission,* wrth sgwrsio gyda phuteiniaid y ddinas, wedi sylwi mai'r ddelwedd o Dduw fel Bugail oedd y ddelwedd amlycaf a mwyaf ystyrlon i'r merched hyn.

Dydd Mawrth

> **Efe a ddychwel fy enaid: efe a'm harwain ar hyd llwybrau cyfiawnder er mwyn ei enw.** *Salm 23:3*

Yn adnodau 3 a 4, newidir y ddelwedd eto – Duw'r Arweinydd diogel. Delweddau arall sy'n ymddangos fwy nag unwaith yn y Salmau, e.e : **Fe arwain y gostyngedig yn yr hyn sy'n iawn, a dysgu ei ffordd i'r gostyngedig.** (*Salm 25:9*) Yn ogystal, Salm 73:24 a 78:72. Mae'r ddelwedd hon eto'n hynod rymus. A chenhedlaeth gyfan yn amau a oes ystyr i siarad am gyfeiriad a phwrpas i fywyd, onid oes angen – gwir angen – arweinydd diogel arnom, gyda'i ffon a'i wialen yn torri ffordd *'Trwy ein byd didostur ni'*?

Dydd Mercher

> **Ti a arlwyi ford ger fy mron yng ngŵydd fy ngwrthwynebwyr: iraist fy mhen ag olew; fy ffiol sydd lawn. Daioni a thrugaredd yn ddiau a'm canlynant holl ddyddiau fy mywyd: a phreswyliaf yn nhŷ yr Arglwydd yn dragywydd.** *Salm 23:5–6*

Heddiw, cawn ddelwedd newydd eto – Duw y Gwesteiwr. Cawn atseiniau o'r ddelwedd hon yn Salm 25:20 a 21; Salm 116:12 a 13. I gydio'r Gwesteiwr wrth yr Arweinydd, **Anfon dy oleuni a'th wirionedd, bydded iddynt fy arwain, bydded iddynt fy nwyn i'th fynydd sanctaidd ac i'th drigfan.** (*Salm 43:3*) Ceir yng nghwmni'r Gwesteiwr ddiogelwch a chysur: **Ti a arlwyi ford ger fy mron yng ngŵydd fy ngwrthwynebwyr.** Mae nawdd ei westeiwr yn gysgod drosto, yn ei amddiffyn er gwaethaf pob gelyn.

Dydd Iau

> **Iraist fy mhen ag olew.** *Salm 23:5*

Ceir, yn ogystal, groeso a chymdeithas gan Dduw y Gwesteiwr.
>   Dof fel yr wyf, fy nerbyn gaf,
>   Dof fel yr wyf, dy gariad mawr
>   A fwriodd yr holl rwystrau i lawr.
>   *Charlotte Elliott. cyf Eliza Evans, 765, Caneuon Ffydd.*

Iraist fy mhen ag olew. Fel arwydd o groeso'r Gwesteiwr, eneinir y gwestai. Dyna gŵyn Iesu yn erbyn Simon, ei fod heb estyn iddo groeso i'w dŷ, **Nid iraist fy mhen ag olew; ond hon irodd fy nhraed ag ennaint.** (*Luc 7:46.*) **Fy ffiol sydd lawn**, yn gorlifo'n wir o win melys cariad Duw. 'Fy nghwpan sy'n llifo trosodd' yw cyfieithiad hyfryd Lewis Valentine o'r geiriau hyn. *(Detholiad o'r Salmau, tud. 31)*

Dydd Gwener

> **Daioni a thrugaredd yn ddiau a'm canlynant holl ddyddiau fy mywyd.** *Salm 23:6a*

Eto yn ôl cyfieithiad Lewis Valentine, *Yn ddiau y mae daioni a chariad yn erlid ar fy ôl holl ddyddiau fy mywyd*. Duw yn ein cwrsio. Er i ni, fel Adda ac Efa gynt, geisio cuddio a dianc rhagddo, un peth sy'n anochel – mae Ef yn dal pob un ohonom. Rhaid wedyn ildio ac wedi'r ildio, **cael byw yn nhŷ yr Arglwydd holl ddyddiau fy mywyd, i edrych ar hawddgarwch yr Arglwydd ac i ymofyn yn ei deml.** *(Salm 27:4)*

Dydd Sadwrn

Ystyriwch heddiw y cwestiynau canlynol:
Beth yw eich hoff salm a pham?

I ba raddau y gwelwch fywyd a marwolaeth Iesu Grist wedi ei adlewyrchu yn Salm 23?

"Little Bo Peep has lost her sheep,
and doesn't know where to find them.
Leave them alone, for they'll come home,
wagging their tails behind them."

Yng nghyd-destun y ddelwedd o Dduw fel Bugail, ac enciliad pobl o'n capeli, ystyriwch y geiriau uchod, yn arbennig efallai y geiriau mewn print bras.

4: CAIN, ABEL a SETH

Dydd Sul
Genesis 4

Ym mha le mae Adda ac Efa? Nid bwndel o esgyrn mohonynt yn gorwedd yn ddwfn dan ganrifoedd o bridd a thywod, rywle yn y Dwyrain Canol, yn aros yn dawel, amyneddgar i ryw archeolegydd chwilfrydig eu darganfod. Na, dynoliaeth gynhenid yw Adda ac Efa. Wrth ddarllen ychydig benodau cyntaf llyfr Genesis cawn gipolwg arnom ein hunain, ein rhinweddau a'n gwendidau. Nyni ein hunain yw'r prif gymeriadau.

Trwy gyfrwng delweddau digon syml, mae'r penodau hyn yn ein harwain yn ddwfn i ganol realiti'r profiad dynol, yn ddyfnach i'r tywyllwch a'r goleuni – os nad y tywyllwch golau – na gorau anthropoleg, cymdeithaseg a gwleidyddiaeth. Mae'r broblem ddynol yn fwy na rhyw relic anffodus o'n gorffennol anifeilaidd; nid camddealltwriaeth na chamsyniad mohono, ond rhwybeth â'i wreiddiau'n ddwfn yn y gwendid hwnnw a chwalodd y berthynas gynnar, gyntaf rhwng Duw a ni.

Ganwyd meibion i Adda ac Efa – fe wyddom yn iawn am ddau ohonynt:
CAIN ac **ABEL**. Cymeriadau cyfoes yw'r ddau yma. Gawn ni feddwl yn gyntaf am **CAIN**. Y Llofrudd. Ar hyd y canrifoedd mae ôl y dwylo

gwaedlyd hyn i'w gweld yn amlwg. Wrth gwrs, gwnaethom bob ymdrech i'w rheoli – y gyfraith, yr heddlu, carchardai. Ond mae Cain yma o hyd. Pam felly?

Yn blwmp ac yn blaen oherwydd nid allan, fan acw, mohono; yn aros, yn disgwyl, yn arswydo rhag i bobl fel fi a chi ei ddal a'i garcharu. Na, dydi pethau ddim mor syml â hynny gwaetha'r modd. Mae Cain ynom ni, yn rhan ohonom, yn rhan o wead ein byw a'n bod. Fe wyddai Iesu hynny. Ystyriwch y geiriau hyn: **Clywsoch fel y dywedwyd wrth y rhai gynt, 'Na ladd; pwy bynnag sy'n lladd, bydd yn atebol i farn.' Ond rwyf fi'n dweud wrthych y bydd pob un sy'n ddig wrth ei frawd yn atebol i farn.**

Edrychodd yr Arglwydd yn ffafriol ar Abel a'i offrwm. Ond nid felly ar Cain a'i offrwm. Does dim eglurhad, dim esboniad pam. Digiodd Cain yn ddirfawr, a bu'n wynepdrist. Faint ohonom sydd heb ddigio, heb brofi'r dicter a'r malais hwnnw sydd yn llosgi yn y gwaed? Y dicter gwaethaf oll yw'r dicter hwnnw sy'n mudlosgi ynom; dicter tawel, dwfn.

Gwelwn olion y llofrudd yn ein byd, nid yn unig ym mygythiad a realiti rhyfel a'r catalog hir echrydus o lofruddiaethau a thrais ond hefyd yn y llif o eiriau, boed yn ysgrifenedig, neu ar lafar, sydd yn sopen o gasineb. Hefyd yr hyn a ddisgrifir gan rywun fel *the gentle assassination of Gossip*. Yn y pethau hyn, does dim gwaed yn cael ei dywallt ond mae'r lladd yn parhau.

Gweddi

I'r dall, gwna fi drosot yn lygaid,
I'r cloff, gwna fi drosot yn draed;
Fy mywyd, wrth helpu y gweiniaid
Fo'n canmol rhinweddau dy waed.
Wrth gofio'r rhai gerddodd dy lwybrau,
Yng nghanol tramgwydd a gwawd,
Gwna hyn yn ddiddanwch fy nyddiau
'Mod innau yn geidwad fy mrawd. Amen.

Dydd Llun

> **A dywedodd Cain wrth Abel ei frawd, 'Gad inni fynd i'r maes.'**
> **A phan oeddent yn y maes, troes Cain ar Abel ei frawd,**
> **a'i ladd.** *Genesis 4:8*

Cymeriad cyfoes yw **ABEL** hefyd – y dioddefwr. Mae miloedd ar filoedd o'n brodyr a'n chwiorydd ymhell ac agos yn dioddef oherwydd creulondeb, trosedd, anghyfiawnder ei cyd-ddynion. Mae Abel ynom ni hefyd. Faint ohonom, hyd yn oed y rhai mwyaf hunanhyderus ohonom, sydd heb deimlo weithiau fel *victim*, yn hollol ddiymadferth, heb fedru ymladd yn ôl mewn unrhyw ffordd? Yn union fel mae Cain yn rheoli rhai, mae Abel yn rheoli eraill – hanfod trasiedi rhai pobl yw eu bod yn rhy barod ac yn rhy fodlon i fod yn *victim*.

Dydd Mawrth

> **Aeth Cain ymaith o bresenoldeb Duw, a byw yn nhir Nod, i'r**
> **dwyrain o Eden . . . ac adeiladodd ddinas**. *Genesis 4:16 a 17b*

Siaradodd Duw â Cain – **Ble mae Abel?** Atebodd Cain, **Sut y gwn i, ai fi yw ceidwad fy mrawd?** Mae melltith Duw yn disgyn ar Cain. Aeth ymaith o bresenoldeb Duw. Adeiladodd ddinas. Adeiladwyd y ddinas gyntaf gan y llofrudd cynta. Gwaith troseddwr oedd y ddinas gynta 'rioed. Hanes dwy ddinas yw'r Beibl o'r dechrau i'r diwedd. Cain adeiladodd un. Duw adeiladodd y llall. Mae Dinas Cain wedi ymestyn i bob cyfeiriad. Y mae ffordd o fyw y ddinas hon wedi cyrraedd pob man – hyd yn oed y pentre bach mwyaf tawel, diarffordd.

Dydd Mercher

> **Ai fi yw ceidwad fy mrawd?** *Genesis 4:9*

Arwyddair Dinas Cain yw'r geiriau uchod. Gofaled Abel amdano ei hun wir! A beth sy'n digwydd? Mae rhai yn dysgu byw gydag

unigrwydd llethol y ddinas; tra bod eraill, yn suddo . . . heb fod neb,
neu fawr neb, yn sylwi. Arwyddair Dinas Cain yw 'Meindia dy fusnes'.
Ond mae rhai o drigolion y ddinas yn sefyll yn erbyn y lli, yn chwilio
am arwyddair gwell i fywyd. Mae'r bobl hyn yn gwybod am ddinas
arall – Dinas Duw. Gwybod, er mai trigolion Dinas Cain ydym ni, ein
bod ni'n ddinasyddion Dinas Duw. Arwyddair Dinas Duw yw nid
'Meindia dy fusnes' ond 'Cariwch feichiau eich gilydd'. Ai fi yw
ceidwad fy mrawd? Ie! Ti yw ceidwad dy frawd. Diogelwch a
dedwyddwch dy frodyr a'th chwiorydd yw dy brif gonsýrn di. Fel y
dywedodd Paul wrthym, **Cariwch feichiau eich gilydd, ac felly
cyflawnwch gyfraith Crist.** *(Galatiaid 6:2)*

Dydd Iau

> **Cafodd Adda gyfathrach â'i wraig eto, ac esgorodd ar fab, a'i alw'n
> Seth. I Seth hefyd fe anwyd Mab, a galwodd ef yn Enos. Yr amser
> hwnnw y dechreuwyd galw ar enw'r Arglwydd.** *Genesis 4:25 a 26*

Ond mae mwy i'r stori ddynol na Cain ac Abel. Diolch byth, mae
mwy i'n stori ni na'r llofrudd a'r dioddefwr. Mae 'na drydydd. **SETH.**
Yn Seth cawn ronyn o obaith, a hyder. Mae Seth yma o hyd, diolch
byth. Yn y papurau newydd, ar y teledu, rhwng y sôn am Cain ac
Abel, cawn sôn am Seth – llu o ddoctoriaid a gwyddonwyr yn brwydro
i ddarganfod cyfrinach dileu AIDS a chancr. Rhwng bygythiad a
gwrth- fygythiad saif y Cenhedloedd Unedig yn mynnu lle a chyfle
i'r ddwy ochr, siarad a chyfarfod. Ynom ni, yng nghanol stormydd a
threialon bywyd, ein galar a'n siom, mae Seth yn ein hysgogi i alw ar
enw Duw a disgwyl.

Dydd Gwener

> **... fab Cenan, fab Enos, fab Seth, fab Adda, fab Duw.** *Luc 3:38*

Mae sôn am Seth yn y Testament Newydd. Yn y llinach honno y
tueddwn i'w anwybyddu. Gan ddechrau gyda Joseff, aiff Luc â ni
'nôl gam wrth gam at Jacob, Isaac ac Abraham; 'nôl eto, a gorffen

gyda'r geiriau uchod. Dyma hanfod ein hyder, dyma sylfaen ein gobaith – y Crist hwn. Tair blynedd yn brwydro'n ffyrnig yn erbyn Cain, a hwnnw, yn teimlo ei fod yn colli'r ornest, yn galw ei frodyr ynghyd – Casineb, Cenfigen, Creulondeb, a'u cefndryd Llid a Malais. Gyda'i gilydd hoeliasant Crist i'w groes, ac yno y bu, fel Abel – y *victim* – yn dioddef, yn marw.

Dydd Sadwrn

> **O angau, ble mae dy fuddugoliaeth?**
> **O angau, ble mae dy golyn?** *1 Corinthiaid 15:55*

Bu angau Crist yn ddiwedd i'n hangau ni. Byr iawn fu dathliadau Cain – dim ond penwythnos – a nawr, ni sy'n dathlu. Beth bynnag a ddaw i ni nawr, mae Cain wedi ei orchfygu; ni fydd raid i Abel ddioddef am byth; caiff Seth ei gyfle a'i le. Gyda Paul cawn ddatgan yn hyderus braf: **Llyncwyd angau mewn buddugoliaeth!**
(1, Corinthiaid 15:54)

5: TEMTASIWN

Dydd Sul
Luc 4:1–13

Dychmygwch olygfa yn Sbaen yn yr unfed ganrif ar bymtheg. Yr ydych ar sgwâr yr eglwys gadeiriol. Mae dyn dieithr newydd ymddangos yn y dref – wedi dechrau iacháu cleifion. Mae pobl bellach yn hapus a disgwylgar. Daeth y dieithryn hwn â rhywbeth bendigedig i'w plith a agorodd eu calonnau. Maen nhw'n dawnsio yn y strydoedd ac mae sain mawl a chân ym mhob man.

Yna daw gorymdaith angladd i'r sgwâr. Mae'r canu'n tewi, a phawb yn drist. Ond mae'r dieithryn rhyfedd hwn yn mynd at yr elor, ac yn gafael yn llaw gwraig sy'n wylo'n drymach na neb arall – gwraig weddw yn ôl ei gwisg – ac mae'n siarad â hi. Angladd ei mab hi ydyw, ei hunig fab. Mae'r dieithryn yn cyffwrdd â chorff y bachgen, ac mae hwnnw'n codi ar ei draed, ac yn camu at ei fam a'i chofleidio. Mae'r bobl yn syn a'r fam yn wylo dagrau newydd o obaith, a'r bachgen yn neidio a dawnsio am na fedr gredu yr hyn a ddigwyddodd iddo.

Cerdda'r Barnwr Cyffredinol – *the Grand Inquisitor* – yn bwyllog o'r eglwys at y dorf. Mae ei wisg ddu yn adlais o'i ysbryd. Ddoe ddiwethaf fe welodd y rhain ef yn condemnio ugain heretic i'r stanc ac yn cynnau'r tân â'i ffagl ei hun. 'Gafaelwch yn y dyn 'na!', meddai wrth heddweision yr eglwys. Fe gymerir y dieithryn i garchar y dref. Y noson honno daw'r Barnwr ar ymweliad ag ef yn ei gell. 'Mi wn pam y daethost', meddai wrth y dieithryn. 'Fe ddest i ailadrodd dy gamgymeriad yn yr anialwch, ac fe daethost i ddifetha'n gwaith da ni. Fe gynigiwyd i ti, yn yr anialwch 'slawer dydd, y tri pheth sydd angen i reoli pobl – bara, awdurdod a dirgelwch. Ond ni fynnet ti yr un o'r rhain. Fe gredaist ti, yn dy ynfydrwydd, y byddai pobl yn dy ddilyn o gariad ac o barch at y da a'r gwir. A pha sawl gwaith y bu'n rhaid i mi a'm tebyg, yn dy enw di, gywiro'r cam a wnaeth pobl wrth dy dderbyn di ar dy air. Pe na byddem wedi gwneud hynny fyddai 'na fawr o bobl ar ôl a fyddai'n dy ddilyn di o gwbwl. A dyma ti, eto, yn fy nhref i, yn dod yma i ailadrodd dy ffolineb a difetha'm gwaith da i drosot. Ond ni chaiff hyn fod. Yfory, Grist y gobeithion ffôl, cei losgi wrth fy stanc, a marw eto.'

Ni ddywedodd y carcharor ddim, ond fe gododd oddi ar ei stôl, a chroesi llawr y gell a chusanu gwefusau oer, di-waed yr hen ŵr. Synnwyd y Barnwr creulon. Agorodd ddrws y gell, a sibrwd, 'Dos'. Cerddodd y dieithryn allan i'r nos, ac nid gwelwyd ef mwyach yn y dref honno. Beth am y Barnwr creulon? Gafodd e dröedigaeth? Naddo. Fe losgodd y gusan ar ei wefus am oes, ond ni newidiodd na'i farn na'i arfer, na'i chwerwder.

Dyma ffordd Dostoyevsky o esbonio'r darlleniad heddiw. Ac yn wir ni adawodd lawer ar ôl i'w ddweud.

Gweddi

Newid ni: Tyrd, Arglwydd,
paid â gwenu a dweud dy fod ti gyda ni.
Mae miliynau sydd heb dy adnabod;
Ac i ni sydd yn dy adnabod, beth yw'r gwahaniaeth?
Beth yw pwynt dy bresenoldeb
Os nad yw'n bywydau ni'n newid?

Newid di ein bywyd ni, darnia'n hunanfodlonrwydd, gwna dy Air di
yn gnawd o'n cwmpas ni, yn bwrpas ein bwyd ni. Tyn ymaith
dawelwch cydwybod esmwyth. Pwysa arnom yn anghyfforddus
oherwydd dyna'r unig ffordd y crëir yr heddwch arall hwnnw: dy
heddwch di. Amen. *(Don Helder Camara)*

Dydd Llun

Nid ar fara'n unig y bydd dyn fyw. *Luc 4:4b*

Mae ar bobl ei angen, ac fe roddodd Iesu fara i bum mil o bobl a oedd
fel defaid heb fugail ar fryniau Palesteina. Gwyrth yng ngwir ystyr y
gair – gweithred yn dwyn presenoldeb Duw yn ei rym i ganol bywyd
pobl. Bara i mi fy hun – problem faterol; bara i'r cyd-ddyn – problem
ysbrydol. **Nid ar fara'n unig y bydd byw dyn, ond ar bob gair a
ddaw allan o enau Duw,** ond y mae'r geiriau hynny'n cynnwys y
gorchmynion ynglŷn â sut mae delio'n gyfiawn a theg a chariadus
â'n cyd-ddyn.

Dydd Mawrth

Dyro inni heddiw ein bara beunyddiol. *Mathew 6:11*

Mae mynnu bara i'n cyd-ddyn yn ein gorfodi i feddwl a gweithredu'n
wleidyddol ac yn economaidd i hawlio penderfyniad gan lywodraeth,
i orseddu drachefn yr egwyddor gymunedol, lle daw'r unigolyn i
gyflawnder bywyd nid trwy fynnu hawliau ond drwy ymwadu â'i
hun oddi mewn i'r gymuned y perthyna ef neu hi iddi.

Dydd Mercher

**I ti y rhof yr holl awdurdod ar y rhain a'u gogoniant hwy
oherwydd i mi y mae wedi ei draddodi, ac yr wyf yn ei roi i
bwy bynnag a fynnaf.** *Luc 4:6*

Fe feddyliodd y diafol fod ganddo awdurdod ar y byd ac ar ddyn. Fe wyddai Iesu'n well na hynny. Roedd yr awdurdod ar ei ysgwyddau *(Eseia 9:6)*. Efe, ac nid y diafol, sydd â gwir awdurdod. Y ffaith ddiymwad honno sy'n galw arnom i ymwrthod, yn gyntaf, â'r anobaith hwnnw a berthyn i'r rhai na wnânt ddim ond aros am y diwedd. Ac yn ail, i ymwrthod ag optimistiaeth ddi-sail y rhai a gred mai chwyldro gwleidyddol yw'r ateb i'n hargyfwng.

Dydd Iau

Os addoli di fi, dy eiddo di fydd y cyfan. *Luc 4:7*

Mae Iesu'n gwrthod cymryd y diafol ar ei air. Nid oes gan y diafol awdurdod dros neb na dim. Ym mhresenoldeb Crist mae pob gallu ac awdurdod a fu'n caethiwo a difetha pobl yn cael eu concro, ac mae pobl glwyfedig, gaeth yn cael cerdded yn rhydd.

Dydd Gwener

Os mab dyn wyt ti, bwrw dy hun i lawr iddi yma . . . *Luc 4:9*

Dirgelwch! Dyna'r cynnig olaf sydd gan ddiafol yr anialwch. Beth am hudo pobl gyda gwyrthiau? Bydd pobl yn siŵr o'm canlyn wedyn. **Gwna wyrth i mi**, meddai Herod pan oedd Iesu ger ei fron, fel tase Iesu'n fwnci yn gwneud triciau. Mor ofnadwy o rymus y demtasiwn hon! Wrth ddilyn Iesu, wrth wahodd eraill i ddilyn ar ei ôl, gwyliwn rhag temtasiwn yr amlwg a'r arwynebol.

Dydd Sadwrn

Cofiwch eiriau *Grand Inquisitor* Dostoyevsky, 'Dy gamgymeriad mawr oedd caru'. Dirgelwch ein ffydd yw'r Duw hwn, sydd yn gwrthod gorfodi ei hun arnom ni, ond sydd, yn hytrach, yn ein gwahodd i chwilio, a dilyn, a holi, a gweld. Duw sydd yn 'syrthio ganwaith i'r un bai' o'n caru ni.

6: LOIS, EUNICE a DAMARIS

Dydd Sul
2 Timotheus 3:10–17

LOIS ac EUNICE

Mae Paul yn sôn wrth Timotheus am y ffydd oedd gan **dy fam Eunice a'th nain Lois**. Teulu duwiol, llawn ffydd oeddent ac yn byw yn Lystra yn Lycaonia. Cawsant dröedigaeth o dan weinidogaeth Paul a Barnabas pan oeddent ar daith yn Asia Leiaf. Daeth Timotheus, yr hwn y mae Paul yn sôn amdano fel **fy mhlentyn annwyl yn yr Arglwydd** *(2 Timotheus 1:2)*, yn un o gynorthwywyr mwyaf ffyddlon ac effeithiol yr Apostol. Mae hyn yn cael ei adlewyrchu yn y ffaith i Paul gyfeirio dau o'i lythyrau bugeiliol at y gweinidog ifanc, disglair hwn. Rhaid pori dipyn bach ymhellach serch hynny i gael dod o hyd i wybodaeth am ei fam a'i fam-gu.

Mae Paul yn sôn am ffydd y teulu, ac yn nes ymlaen mae'n sôn fod Timotheus, o'i blentyndod, wedi cael ei gyfarwyddo yn yr ysgrythurau. Yr argraff a gawn yw mai ei fam a'i fam-gu a fu'n ei ddysgu yn y ffydd. Mae lle i amau peth ar hyn cofiwch, gan fod Actau 16:3 yn awgrymu nad oedd Timotheus wedi ei enwaedu, a hynny'n awgrymu mai o deulu gweddol lac, o ran arferion Iddewig, yr hanai.

Ond ta waeth am hynny, mae Paul wedi eu hadnabod ac mae'n siarad yn uchel amdanynt. Pan fo Paul yn paratoi ar gyfer ei ail daith genhadol, ac yn bwriadu mynd â Timotheus gydag ef, fe ddisgrifir y bachgen fel mab i Iddewes a Groegwr. Dyna egluro dirgelwch yr enwaedu efallai. Iddewes oedd Eunice, a briododd Roegwr, ac a ddaeth yn ddiweddarach yn Gristion.

O ganlyniad i hyn, diddorol yw ystyried pa genedl yw'r plant. Ai Iddewon neu Roegiaid oeddynt? Byddai'r awdurdodau Iddewig yn anhapus iawn â phriodas o'r fath ond, yn ôl yr arfer, Iddewon y cyfrifid y plant o briodas felly. Ac mae hynny yn adlewyrchu dealltwriaeth yr Iddewon o rôl a phwysigrwydd y fam yn y teulu.

Beth bynnag arall sy'n ddieithr i ni am y ffaith i Paul enwaedu Timotheus, a beth bynnag oedd ei resymau dros wneud hynny, a beth oedd barn Lois ac Eunice am y peth, wyddon ni ddim. Digon yw dweud fod yma deulu ffyddlon o Gristnogion, a'r fam a'r fam-gu yn allweddol yn y broses o greu cymeriad cadarn a ffyddlon a fu'n offeryn i ddwyn yr efengyl i feddiant llaweroedd.

Gweddi

Arglwydd, hyn a wyddom:
Mewn byd o famau a thadau, neiniau a theidiau,
Ti yw ein Tad; dy blant di ydym.

Arglwydd, hyn a wyddom:
Mewn byd o frenhinoedd a thywysogion, arlywyddion ac ymerawdwyr, arweinyddion a llywodraethau, pleidiau a gwrthbleidiau, Ti yw Brenin y brenhinoedd, Arglwydd yr arglwyddi.

Arglwydd, hyn a wyddom:
Mewn byd lle mae cymaint o alwadau ar ein hamser, ar ein hamynedd a'n hegni, Ti sydd yn gymorth ac yn gadernid i ni.

Arglwydd, hyn a wyddom:
Mewn byd a digon o arfau ynddo i ddinistrio'i hun ganwaith drosodd; byd â digon o fwyd i bawb ond fawr neb â'r awydd i rannu; byd llawn gwybodaeth ond heb ddigon o gariad, Ti sy'n rhoi ystyr a chyfeiriad i fywyd . . . yn sicrhau dyfodol i'th bobl.

Arglwydd, hyn a wyddom:
Fe wyddost amdanom, yr hyn a wnaethom,
yr hyn nas gwnaethom, yr hyn ydym, yr hyn y gallem fod.
Maddau i ni a thrugarha wrthym.   Amen.

Dydd Llun

> **PAUL YN ATHEN**
> **Tra bu Paul yn disgwyl Silas a Timotheus yn Athen, cythruddid ei ysbryd ynddo wrth weld y ddinas yn llawn eilunod.** *Actau 17:16*

Beth tybed oedd ym meddwl Paul wrth iddo gerdded o gwmpas Athen? Roedd dod i Athen yn gyfle gwych iddo – os llwyddai i blannu Cristnogaeth yno, byddai'r effaith ar y byd dysgedig yn enfawr. Gwyddai hanes y ddinas yn iawn. Gwelai'r holl dduwiau oedd yno, ac mae'n debyg fod mwy o dduwiau yn Athen bryd hynny nag oedd yn holl wlad Groeg gyda'i gilydd. Dywedodd un ysgolhaig fod Athen mor llawn o dduwiau nes ei bod yn haws cyfarfod â duw yna nag â dyn. Nid rhyfedd felly i ysbryd Paul gael ei gynhyrfu yno.

Dydd Mawrth

> **DAMARIS**
> **Daeth hebryngwyr Paul ag ef i Athen, ac aethant oddi yno gyda gorchymyn i Silas a Timotheus ddod atynt cyn gynted ag y gallent.** *Actau 17:15*

I'r gogledd-ddwyrain o Athen mae bryn yr Ares, yr Areopagus. Man cyfarfod cynnar oedd hwn i'r cyngor a roddai arweiniad i frenhinoedd Athen, ac er bod ei ddylanwad gwleidyddol wedi dihoeni erbyn cyfnod Paul, roedd pobl yn dal i ddod yno i ddadlau a sgwrsio'n frwd am bethau mawr bywyd a materion gwleidyddol cyfoes o bwys. Ac, yn wir, yr oedd yn dal yn bwerus fel llys barn, ac roedd ganddo bwerau i ddelio â materion crefyddol a moesol.

Dydd Mercher

> **Safodd Paul yng nghanol yr Areopagus.** *Actau 17:22a*

Gerbron y llys hwnnw y galwyd Paul i ddatgan ei gred a'i ddysgeidiaeth. Hanner llwyddiannus fu ei ymdrechion, gan mai dim ond ychydig a gredodd; mae dau ohonynt yn cael eu henwi gan Luc, gŵr o'r enw Dionysius, aelod o lys yr Areopagus, a gwraig o'r enw Damaris. *(Actau 17:34)* Pwy oedd hon tybed? Yr un wraig o Athen a enwir fel un a ddaeth i gredu. Mae'r ffaith ei bod yn cael ei henwi yn awgrymu ei bod yn **rhywun**. Rhaid fod hon o radd gymdeithasol uchel.

Dydd Iau

> **Ni wêl neb fawredd a gogoniant Crist nes dyfod i weled na wna neb arall y tro yn ei le.** *Daniel Owen*

Ai un o'r inteligensia a wrandawai ar Paul oedd Damaris tybed? Neu rhywun a'i clywodd yn pregethu yn y synagog, neu yn siarad a thrafod wrth ei gwaith, wrth iddi archebu pebyll? Mae rhai'n awgrymu mai gwraig Dionysius oedd hi, neu'n fam i un o'r athronwyr ifanc a hogai eu harfau ar y bryn.

Dydd Gwener

> *The Holy Sprirt ... writes his own gospel and he writes it in the heart of the faithful.* Jean-Pierre de Caussade

Dywed ysgolheigion fod y Groeg gwreiddiol yn awgrymu mai cael ei henwi mae hon yn rhinwedd ei safle **ei hunan**. A dyna pam, mae'n debyg, bod rhai testunau, yn enwedig y rhai Dwyreiniol, yn hepgor pob sôn am Damaris – am fod y wraig hon yn cael lle fel gwraig yng nghorff yr Eglwys. Mae iddi le arbennig, felly, yn hanes ennill lle i wragedd ym mywyd a gwaith yr eglwys.

Dydd Sadwrn

Nid yw'r Testament Newydd yn rhoi manylion bywyd y gwragedd hyn, ac er bod hynny'n siom i ni sydd am wybod popeth am bawb, onid yw'n dweud yr hyn sy'n bwysig i'w ddweud, o safbwynt hanes y ffydd a'r eglwys? Mae yma wragedd da a ffyddlon yn ennill ac yn cadw'u lle, ochr yn ochr ag arweinwyr mawr yr eglwys. Y maen nhw'n dystion gwir, da a gloyw, o lawer cenedl a thras. Yn y pen draw, beth arall sydd eisiau ei ddweud?

7: Y SALMAU

Dydd Sul
TYWYLLWCH A GOLAU
Salm 143; Job 23:1–10 a 1 Ioan 1:5–10

Beth sy'n dod i'ch meddwl wrth glywed y gair 'Tywyllwch'? Mi fentra i fod y rhan fwyaf o'r darluniau yn rhai negyddol – tristwch, ofn, ansicrwydd, perygl? Siaradwn weithiau am fynd drwy dwnnel tywyll, gan anghofio mai amcan twnnel yw gwneud y daith yn haws. Er na allwn weld y golau y tu draw i'r twnnel, nid yw hynny'n golygu nad oes golau yno. Dim ond, am y tro, ni allwn ei weld.

Mae pawb ohonom yn gorfod mynd drwy gyfnodau tywyll, diflas. Nid oes modd eu hosgoi. Fe ddaw nos ddu yr enaid i bawb ohonom.

Fe wyddai Iesu wrth gwrs am y dyddiau tywyll, y tywyllaf ohonynt i gyd – yn yr ardd, ar y groes, yn brwydro gydag ofn ac unigrwydd, ac yn gweiddi mewn arswyd pan deimlai ei fod wrtho'i hun, heb na dyn na Duw.

Trowch os gwelwch yn dda at Salm 143. Sôn y mae am fynd drwy amser anodd, a phopeth yn mynd o chwith, y dydd wedi troi'n nos, a honno'n dywyll iawn. Mae'n fagddu yn yr enaid a ninnau'n edrych yn ôl, a cheisio gweld pa le yr aethom oddi ar y llwybr; beth a wnaethom i achosi'r cyflwr hwn? Wedi'r cyfan, mae'n haws dioddef rhywbeth os gallwn ddweud o ba le y daeth a pham y daeth. Beth a'i hachosodd? Mae ceisio gweld achos ac effaith yn rhan o'n hymchwil ddynol. Ond, wrth wneud hynny, fe lithrwn i lawr rhyw allt beryglus ac yn fuan iawn fe ddechreuwn holi cwestiynau fel, 'Pam fi?'; 'Beth wnes i i haeddu hyn?' Yn y Salm hon, dyna gyflwr Dafydd. Mae wedi dod i ben ei dennyn, ac mae'n gweiddi am gymorth. Ni all oddef rhagor. Mae pethau'n drech nag ef. Fel Job *(23:1–10)*, mae'n teimlo fod Duw yn chwarae gêmau ag ef.

Mae rhai pethau'n gyffredin rhwng Dafydd a Job fan hyn. Mae'r ddau'n credu fod bywyd yn annheg. Mae'r ddau yn gwybod nad ydynt yn haeddu'r hyn sydd yn digwydd iddynt. Mae'r ddau yn crafu yng nghilfachau'r cof i weld a ydynt wedi gwneud rhywbeth i ddigio Duw. Gofyn mae Dafydd, fel Job, am i Dduw ei amddiffyn. Ond mae Dafydd yn mynd ymhellach na Job. Mae'n dweud wrth Dduw beth ddylai ei wneud, e.e., **yn dy gyfiawnder dwg fi o'm cyfyngder, ac yn dy gariad distawa fy ngelynion; dinistria'r holl rai sydd yn fy ngorthrymu, oherwydd dy was ydwyf.** *(adnodau 11b a 12)* Teg gofyn, a oes ffordd arall? Tybed faint ohonom sy'n gweddïo drosom ein hunain heb falio am yr effeithiau ar eraill?

Gweddi

O Dduw Dad,
Ni allaf ymladd y tywyllwch hwn drwy ei guro â'm dwylo.
Helpa fi i ddwyn goleuni Crist i'w ganol. Amen.
Light of the World Prayer Book, CMS

Pam ofni'r tywyllwch?
Oni allwn lai na'i garu gan mai'r tywyllwch sy'n dod â golau'r sêr i ni?
Ac, yn fwy na hynny, oni wyddom mai ar y noson dduaf y mae sêr ar eu mwyaf llachar?
Pobl y goleuni, pobl y dydd ydych chwi oll.
Nid ydym yn perthyn i'r nos nac i'r tywyllwch. *(1 Thesaloniaid 5:5)*
Helder Camara

Dydd Llun

Arglwydd, yr wyt wedi fy chwilio a'm hadnabod. *Salm 139:1*

Pwyslais y Testament Newydd, os nad y Beibl drwyddo, yw fod goleuni yn dod hyd yn oed yn y tywyllwch gwaethaf. *'Ni bu nos erioed cyn dded na chawn afael yn ei law.'* Yn wir, un o eiriau mawr y Testament Newydd yw **goleuni**. Fe ddaeth Iesu Grist a'i ddisgrifio ei hunan fel **goleuni'r byd**. Ond mae Iesu'n pwysleisio fod rhai pobl yn gyfforddus yn y tywyllwch. Maen nhw wedi dewis y tywyllwch, a hynny oherwydd fod y goleuni yn eu dangos nhw fel ag y maent.

Dydd Mawrth

> **Chwilia fi, Arglwydd, a phrofa fi, rho brawf ar fy nghalon a'm meddwl.** *Salm 26:2*

Nid profiad dymunol yw'r chwilio hwn o bell ffordd. Ond, wyneb yn wyneb â Iesu Grist, dyna brofiad pawb ohonom. Ni ellir osgoi yr hunanddinoethi, y chwilio a'r adnabod sy'n anochel o dan lewyrch goleuni Crist.

Dydd Mercher

> **... goleuni yw Duw, ac nid oes ynddo ddim tywyllwch.** *1 Ioan 1:5b*

Os gallwch chi ddarllen y darn hwn o lythyr cyntaf Ioan yn dawel gartref, gwnewch hynny ond, cyn gwneud hynny cyneuwch gannwyll, ac ystyriwch fel mae'r gannwyll yn rhannu ei goleuni. Er mwyn rhoi golau i chi, mae'r gannwyll yn rhoi o'i hunan. Wrth oleuo, mae'n llosgi allan – yn marw. Nid yw'n llonydd chwaith. Mae'r fflam yn symud yn barhaol fel petai'n chwilio am y mannau tywyll.

Dydd Iau

> **Felly boed i'ch goleuni chwithau lewyrchu gerbron dynion.** *Mathew 5:16*

Fe roddodd Iesu Grist, Goleuni'r byd, ei fywyd fel y byddai tywyllwch a phechod yn cael eu trechu – eu gorchfygu'n llwyr ac yn gyfan gwbl. Nid yw'r rhai sy'n cerdded gyda Iesu yn rhodio yn y tywyllwch. Mae gennym oleuni cariad i'n goleuo, ac fel pobl y goleuni, gelwir arnom i roi goleuni i eraill.

Dydd Gwener

> **Y mae'r apêl *Llewyrched eich goleuni* yn gwneud i ddyn feddwl am oleuadau disglair Piccadily Circus!** *Walter P. John*

Rhaid i bobl y goleuni, nid yn unig edrych ar y goleuni a mwynhau ei olau o'n cwmpas ni a rhyfeddu at y pethau hyfryd y mae'n ei ddangos, ond hefyd, godi'r goleuni a'i gario o fan i fan, a thrwy hynny ei alluogi i dreiddio i bob math o gorneli tywyll a digalon. Wrth wneuthur hynny, cario'r golau, a'i roi, fe fyddwn yn rhoi o'n hunain. Bydd y goleuni yn ein meddiannu ac fe fydd ein goleuni ninnau yn llewyrchu ymhlith dynion.

Dydd Sadwrn

Os codwch yn fore fe allwch weld y wawr yn torri a'r haul yn codi. Sylwch fel mae'r haul, wrth godi, yn taflu ei oleuni ar y wlad. Nid gweld y wlad i gyd ar unwaith a wnawn, ond darn wrth ddarn, ac o dipyn i beth, bydd golau'r haul yn goleuo'r wlad i gyd wrth i'r haul godi i'w anterth. Pa agweddau yn ein bywydau sydd angen eu goleuo o'r newydd â goleuni cariad Duw?

8: GALWAD ABRAM

Dydd Sul
Genesis 12:1-9 a Hebreaid 11:8-11

Dyma ddisgrifiad T. Glyn Thomas o Abraham:
Gŵr oedd hwn a glywodd alwad, a gredodd mewn addewidion, a ufuddhaodd i orchmynion, a dderbyniodd fendith. Nid un yn cael ei gyflyru gan ei amgylchedd oedd, nac yn gaethwas i amgylchiadau, nac yn caniatáu i ddisgwyliadau teulu neu ffrindiau neu i ragolygon bydol benderfynu ei ddull o fyw.

Awn am dro i ddinas o'r enw Ur, ar lannau'r afon fawr, Ewffrates, ychydig uwchlaw Ceufor Persia (De Irac heddiw). Dyma le reit gosmopolitan; addolid amrywiaeth o dduwiau yno, yn arbennig, efallai, dduwies y lleuad. Roedd Abram a Sarai yn oedrannus, wedi hen gynefino â ffyrdd y ddinas a'i thrigolion.

Pan oedd Abram yn saith deg a phum mlwydd oed daeth Duw i ymweld ag ef; ni fu na sŵn na chynnwrf mawr, dim ond llais tawel awdurdodol – sibrydiad yn mynnu gwrandawiad ac yn hawlio ufudd-dod – llais tawel yn gorchymyn i Abram adael tylwyth a theulu a theithio i wlad ddieithr. Roedd y llais ysgogol hwn yn addo pethau mawr, **Gwnaf di yn genedl fawr a bendithiaf di; mawrygaf dy enw a byddi'n fendith**. Ond roedd gan Abram gymaint i'w golli – pob diogelwch a chysur sydd ymhlyg yn y cyfarwydd. A allai hwn fentro ymateb i'r her? A oedd dewis ganddo mewn gwirionedd?

Mae mentro gyda Duw wastad yn golygu gadael y cyfarwydd. Bu raid i ddisgyblion Iesu, fel Abram, adael cynefin, bywoliaeth, tylwyth a theulu. Anturiaeth fawr yw ffydd yn Nuw, ac o ymrwymo'n hunain i'r anturiaeth honno, rhaid inni lyncu dogn go fawr o ansicrwydd. Bellach rhaid oedd i Abram ganiatáu i'w ffydd ei gynnal a'i gadw yn hytrach nag ef yn cynnal a chadw ei ffydd. Wedi hir flynyddoedd hapus a chartrefol, wedi cadw'n glir o holl lanast y byd, bu raid iddo fentro allan i'w ganol. Trodd y *settler* yn *nomad* – pererin oedd hwn bellach, crwydryn heb wybod i ba le roedd yn mynd. Ond ymhlyg yn her Duw i Abram, **Dos o'th wlad,** roedd 'na apêl, Dilyned Fi.

Trwy holl ddryswch byd nid oes angen i'r pererin dorri cwys iddo'i hunan gan fod Duw eisoes ar y blaen iddo. **Oherwydd ymdeithydd gyda thi ydwyf, pererin fel fy holl dadau.** *(Salm 39:12b)* Pererindod yw bywyd – *Nid oes inni yma ddinas barhaus.*

Fel Abram rydym yn chwilio am **ddinas ac iddi sylfeini, a Duw yn bensaer ac yn adeiladydd iddi** *(Hebreaid11:10)*, ac yn gymorth i'r daith mae hyfryd addewidion Crist, **Ac yn awr, yr wyf gyda chwi bob amser hyd ddiwedd y byd.** *(Mathew 28:20)* **Yn nhŷ fy nhad mae llawer o drigfannau; pe na bai felly, a fyddwn i wedi dweud wrthych fy mod yn mynd i baratoi lle i chwi?** *(Ioan14:2)*

Gweddi/Myfyrdod:

Duw a ddywedodd wrth Abraham,
"Dos o'r lle hwn, daeth yr amser i ti deithio."

Duw a ddywedodd wrth Sara,
"Dyro wên i mi, mae bywyd yn dy fru."

Duw a ddywedodd wrth Moses,
"Gwared fy mhobl, rhanna'r dyfroedd hyn."

Duw a ddywedodd wrth Miriam,
"Cydia yn dy dympan a dyro gân a dawns i mi – rwyt ti'n rhydd!"

Duw a ddywedodd wrth Joseff,
"Gad dy lif a'th forthwyl, dos gyda Mair."

Duw a ddywedodd wrth Mair,
"Yn dy fru mae fy mab."

Crist a ddywedodd wrth Pedr, Andreas, Iago a Ioan,
"Dim rhagor o hel pysgod i chi, o hyn allan byddaf yn eich dysgu i bysgota am bobl."

Crist a ddywedodd wrth Martha,
"Rhaid i ti wrando arnaf yn gyntaf, ac yna cei baratoi te." Duw yng Nghrist sydd yn ein galw ni i dderbyn y fraint o fod yn dystion iddo, a'r cyfrifoldeb o fod yn gyfryngau ei gariad.

Dydd Llun

> **Yna symudodd oddi yno i'r mynydd-dir tua'r dwyrain o Fethel a gosod ei babell, gyda Bethel o'i ôl ac Ai o'i flaen; adeiladodd yno allor i'r Arglwydd, a galw ar enw'r Arglwydd.** *Genesis 12:8*

Wedi symud i'r mynydd-dir mae Abram yn gwneud dau beth – codi pabell ac adeiladu allor. Cododd babell iddo'i hun. Rhywbeth dros dro ydy pabell. Er i Abram gael profiad dwys o realiti ei Dduw newydd, fe wyddai'n iawn y deuai'r angen i symud ymlaen gam ymhellach eto. Cododd allor fel testament gweladwy, arhosol i'r profiad hwn o Dduw nid allor gain a hardd mo hon ond allor hollol syml, at-y-pwrpas – a'r pwrpas oedd adrodd yr hanes, hanes rhyfeddol Duw ar waith yn ei fywyd.

Dydd Mawrth

> **Rabbi, y mae'n dda i ni fod yma; gwnawn dair pabell, un i ti ac un i Moses ac un i Elias.** *Marc 9:5*

Gyda phob pennod newydd yn hanes gweithgarwch Duw ym mywyd Abraham, adeiladodd allor. Gyda phob profiad a gawn o Dduw, hollol naturiol yw adeiladu allor, cael aros yng ngwefr y profiad, ond mae pob profiad o Dduw, yn ei hanfod, yn her i symud ymlaen. Bu'n rhaid i Pedr ddysgu'r wers hollbwysig honno ar fynydd y Gweddnewidiad.

Dydd Mercher

> **. . . gyda Bethel o'i ôl ac Ai o'i flaen . . .** *Genesis 12:8*

Mae hyn yn rhywbeth y mae'n rhaid i bob Cristion ei wneud. Mae pawb ohonom yn gorfod byw rhwng Bethel ac Ai, rhwng Tŷ Duw *(Genesis 28:17–19a)* a'r ddinas Gananëaidd. Heb os nac oni bai, haws fyddai trigo yn Nhŷ Duw a throi cefn ar Ai yn gyfan gwbwl. Mae'r grefydd honno sydd yn addo diogelwch rhag y byd yn siŵr o fod yn grefydd boblogaidd. Ond nid crefydd felly yw crefydd Iesu Grist. Ei genhadaeth ef oedd mynd â chrefydd reit allan i ganol annibendod bywyd. **Dyma fi yn eich anfon allan fel defaid ymhlith bleiddiaid . . . (Mathew 10:16a)**

Dydd Iau

> **Nid wyf yn gweddïo ar i ti eu cymryd allan o'r byd, ond ar i ti eu cadw'n ddiogel rhag yr Un drwg.** *Ioan 17:15*

Mae Iesu'n rhag-weld gwrthwynebiad; bwriadwyd . . . llawn fwriadwyd i'r bywyd Cristnogol gael ei fyw allan yn y byd – byd anodd, peryglus, arswydus. Rhaid i ni adael y pethau cyfarwydd a chysurlawn. Rhaid i ni adael pob peth sydd wedi ei hoelio i lawr yn ddiogel a mentro allan i'r anialwch heb fap na chwmpawd na gwarant o'n diogelwch. Anturiaeth go iawn!

Dydd Gwener

> **Llewyrched eich goleuni.** *Mathew 5:16*

Ie, rhwng Bethel ac Ai mae pawb ohonom. Rhaid inni fod yn ofalus; cofiwch nad yw dylanwad Bethel arnom yn cael ei ddofi wrth inni symud ymlaen i Ai. Na ato Duw i ni, ynghanol prysurdeb Ai, gadw'n crefydd o'r golwg neu ymddiheuro amdani. Rhaid i Dŷ Duw wneud gwahaniaeth yn y ddinas. **Llewyrched eich goleuni** oedd apêl Iesu. Rhaid i oleuni Bethel ddisgleirio ym mhob Ai.

Dydd Sadwrn

Pe baech yn cael eich argyhoeddi fod Duw am i chi adael eich cartref a symud i le na wyddech ddim amdano, beth fyddai'n ei gwneud hi'n anodd i chi ufuddhau?

9: MADDEUANT A DERBYNIAD

Dydd Sul
Luc 15:1–32

Siaradodd Iesu am Dduw mewn ffordd syml a chlir, gan amlygu cyfiawnder *a* thrugaredd Duw. Gallai'r bobl a wrandawodd arno ddeall, parchu a charu Duw yn well oherwydd hynny; gallasent ymhyfrydu yn ddirodres yn y ffaith mai pobl i Dduw oeddent ac felly ofni o ddifrif bechu yn ei erbyn. Dyma'r hyn a ddenodd bobl at Iesu yn ystod ei fywyd daearol a dyma yn union a wna Iesu yn gymeriad mor ddeniadol ar ddechrau'r unfed ganrif ar hugain – hyn a'r gallu i dorri drwy ein difaterwch gyda darluniau twyllodrus o syml o Dduw sydd yn caru ac yn gofalu. Nid rhyw bethau dof a sentimental mo'r cariad a'r gofal hyn, ond i'r gwrthwyneb, maent mor fyw â deinamig â Duw ei hun.

Cawn dri o'r darluniau hyn ar ddechrau'r bymthegfed bennod o Efengyl Luc, y bugail yn colli dafad, gwraig tŷ yn colli darn arian a thad yn colli mab. Mae'r storïau yn troi o gwmpas y gofal a gymerwn i ddod o hyd i rywbeth a gollwyd a'r llawenydd a ddaw o'i ail-ddarganfod. Fe wyddom i gyd am y profiad, "Lona, wyt ti wedi gweld fy ngoriadau?" neu, yn dibynnu ar yr hwyl, "Lona, lle wyt ti wedi dodi fy ngoriadau?!" ac yna chwilio'r tŷ o'r top i'r gwaelod, troi'r tŷ ben i waered. Ac yna, bloedd, "Dyma nhw!" – hedd a rhyddhad.

Fe wyddom yn iawn am y rhwystredigaeth o golli rhywbeth ac am y boddhad o ddod o hyd i'r hyn a gollwyd. Felly, meddai Iesu, yn y cyd-destun mae Luc yn gosod y storïau hyn, dyma pam fod Duw yn ymdrafferthu â phob un ohonom fel unigolyn, yn arbennig, efallai, y rheini a gefnodd arno neu a gollodd olwg arno. Wrth gwrs, mae Duw yn mentro popeth i ddod o hyd iddynt, ac yn gorfoleddu wrth iddo eu croesawu yn ôl ato. Dyna pam yr aeth Iesu allan i'r strydoedd cefn, gan fod pob putain a chasglwr trethi a phechadur yn eiddo personol i Dduw.

Ystyriwch wedyn fod Mathew yn gosod stori'r ddafad golledig tu mewn i gyd-destun bywyd yr Eglwys. Rhaid i'r eglwys ofalu am ei holl aelodau, y bobl ar yr ymylon yn ogystal, os nad yn fwy, na'r ffyddlon. Yr un neges mewn gwahanol gyd-destun.

Oni ellid dadlau felly, fod y damhegion hyn yn dderbyniad hawdd a llwyr i bawb ohonom, fel ag yr ydym, heb nac amod na chwestiwn gan Dduw, yr hwn sy'n barod i oddef ein gwendidau, y Duw sy'n ymatal rhag barnu?

Na, does dim awgrym o nonsens felly yn nysgeidiaeth Iesu. Mae Duw yn derbyn pawb ohonom, nid ar sail yr hyn ydym, ond oherwydd ei ymwybyddiaeth o'r hyn y bwriadwyd inni fod a'i obaith o'r hyn y gallem fod. Nid yw'r hyn yr ydym yn cael ei ddal yn ein herbyn tra bod ynom awydd i newid.

Gweddi

Rhag ein beiau,
Rhag y llwfrdra sy'n methu wynebu gwirionedd...
Rhag y diogi sy'n bodloni ar hanner y gwir...
Rhag y balchder sy'n meddwl ei fod yn gwybod popeth...
Arglwydd da, gwared fi. Amen.
Gweddi o Kenya

Dydd Llun

Onid oes neb yn dy gondemnio? *Ioan 8:10*

Dyma un o'm hoff storïau yn y Testament Newydd. Meddai Iesu wrth y wraig a ddaliwyd mewn godineb, **Nid wyf finnau yn dy gondemnio chwaith** ond fe â ymlaen – dyma'r ail filltir, **Dos ac o hyn allan paid â phechu mwyach**. Nid yw'r Iesu yn fodlon ei chondemnio hi nac ychwaith yn barod i gyfiawnhau yr hyn a wnaeth, ond cynigia iddi gyfle i ddechrau o'r newydd, a'r cymorth i wneud hynny.

Dydd Mawrth

> **Rwy'n dweud wrthych ... bydd mwy o lawenydd yn y nef am un pechadur sy'n edifarhau nag am naw deg a naw o ddynion cyfiawn.** *Luc 15:7*

Hanfod y damhegion hyn yw dychwelyd i'r lle y dylem fod, lle y bwriadwyd inni fod – yn ôl at Dduw. Os yw Bugail yn falch o ddarganfod ei ddafad golledig, os yw'r wraig tŷ yn falch o ddarganfod y darn arian, os yw'r tad yn falch o weld ei fab eto . . . felly mae llawenydd yn y nef pan fo unrhyw bechadur yn dychwelyd at Dduw. Mae'r pwyslais i gyd ar adfer y berthynas.

Dydd Mercher

> **Yr oedd dyn a chanddo ddau fab.** *Luc 15:11a*

Trown ein sylw am ychydig at ddameg y mab afradlon. (Ni theimlodd Iesu'r angen i roi teitlau i'w eglurebau ond pe bai, am wn i, byddai wedi galw'r ddameg hon yn "Ddameg y Tad Trugarog".) Ym Mhalesteina byddai meibion y teulu yn ariannu eu dechrau byw drwy holi am eu siâr o ystad y tad pan ddeuent i oed. Byddai'r mab hynaf yn cael siâr ddwbwl o holl eiddo ei dad er mwyn cynnal a chadw enw, cartref, busnes neu broffesiwn y teulu. Roedd dau fab yn nheulu'r ddameg, felly, a byddai'r mab ieuengaf hwn yn derbyn traean o holl eiddo ei dad.

Dydd Iau

> **Fy nhad, dyro imi'r gyfran o'th ystad sydd i ddod imi.** *Luc 15:12*

Mae tad yn 'nabod ei blant. Fe wyddai'r tad y byddai'r mab hwn yn defnyddio ei siâr o'r stad i fynd o'i gartref a byw yn wyllt. Ond mentrodd y tad, cymerodd y risg – yr un modd yn union y mae Duw yn caniatáu i fi a chi ein cyfran o'r stad, sef ein hannibyniaeth, gan

Iawn sylweddoli y gall arddel yr annibyniaeth hon ein dwyn yn nes ato neu, yn wir, fagu penrhyddid ac awn i ffwrdd i wlad bell, a'r berthynas ar chwâl. Gyda phob un ohonom cymer Duw anferth o fenter. . .

Dydd Gwener

> **... yr oedd hwn, fy mab, wedi marw, a daeth yn fyw eto; yr oedd ar goll a chafwyd hyd iddo.** *Luc 15:24*

Aeth yr ieuengaf i ffwrdd yn llond ei groen, mewn dillad da; daeth yn ôl mewn rhacs . . . ond *fe ddaeth yn ôl*, yn waglaw, ie, ond o'i wirfodd. Doedd neb wedi ei orfodi. Roedd y fenter wedi gweithio, wedi talu. Cyn i'r afradlon gael cyfle i ddweud, **Gwna fi yn un o'th weision cyflog**, tyr y tad ar ei draws gan alw am wledd, gosod modwry am ei fys, dillad newydd amdano a sgidiau am ei draed a'r cyfan yn datgan, "Nid gwas wyt ti fy machgen i, ond mab."

Dydd Sadwrn

A oes gennych unrhyw gydymdeimlad â'r mab hynaf?

Ystyriwch ymhellach eiriau Emil Brunner,
When we speak about the two sons, we speak in each case of ourselves. True, the parable mentions two different people, the younger brother who went away, and the elder one who stayed home. But as we meditate on this parable, we are both; now we resemble more the one son, now more the other.

10: GŴYL DDEWI

Dydd Sul
1 Brenhinoedd 21

Efallai fod rhai ohonoch yn cofio'r hanes hwnnw am wraig a wrthododd symud allan o'i chartref, a rhwystro cynlluniau un o'r archfarchnadoedd mawr i adeiladu siop a maes parcio. Yn y diwedd adeiladwyd y cwbwl, a'i chartref bach hithau yn ynys yn y canol. Menyw benstiff? Ffŵl? Wn i ddim. Ond y mae'n cynrychioli'r patrwm cyfoes o bobl yn protestio yn erbyn annhegwch ac anghyfreithlondeb pan fo cynllunio mentrau newydd yn digwydd. Y peth mawr, wrth gwrs, yw fod gan y bobl sy'n protestio ddewis – dewis bod yn ddewr neu yn ffŵl neu yn benstiff, ond mae ganddynt ddewis.

Mae'r stori hon o lyfr cyntaf y Brenhinoedd yn sôn am ddyn bach nad oedd ganddo ddewis. Roedd ganddo ei hawliau, ond nid oedd y rheini'n sacrosanct wyneb yn wyneb â grym brenin a theyrn. Ga i gyflwyno i chi, heddiw, dri chymeriad canolog yr hanesyn hwn.

Dyna i chi **AHAB** – Brenin a theyrn. Mae'n un grymus a phwerus, strategydd meistraidd ac adeiladwr o radd aruchel. Roedd ei balas ifori yn Samaria yn ddiarhebol ac fe ddefnyddid y palas hwnnw fel llinyn mesur ysblander. Dyma ddyn a chanddo rym. Mwynha ryddid dilyffethair.

A dyna **JESEBEL**, ei wraig. Roedd hi'n ddylanwad drwg, os bu un erioed. Fel y canodd Elvis rywdro,

> I heard about a king who was doing swell
> 'til he started playing with that evil Jezebel!

Priodas wleidyddol oedd hi mewn gwirionedd. Brenin Sidon oedd ei thad, ac offeiriad crefydd y dduwies rhyw, Astarte. Doedd gan ferch hwnnw ddim diddordeb yng nghrefydd ddi-liw Yahweh a'i bobl. Yr oedd yn mwynhau gormod ar fywyd a'i bleserau, a'i phenrhyddid a'i hawliau. Fe ddaeth ei henw hi yn ddiarhebol am dwyll a chreulondeb ac annhegwch.

Ac yna roedd **NABOTH**, ffarmwr cyffredin, yn weddol geidwadol, teyrngar i'w Dduw, traddodiadol, di-ildio.

Dyna'r cymeriadau. Mae plot y ddrama'n ymwneud â'r modd y mae grym a phŵer yn cael eu camddefnyddio.

Mae Ahab yn dymuno ehangu ei diroedd, a chael gardd newydd i'w balas. Yr unig ddarn o dir na all brynu yw'r winllan honno sy'n eiddo i Naboth. Er tegwch i Ahab, mae'n cynnig ei phrynu am bris teg, neu roi gwinllan arall i Naboth yn gyfnewid amdani. Ond, 'Na' yw ateb Naboth. Mae'r winllan wedi bod yn ei deulu ers cenedlaethau. Mae'n rhan o'i etifeddiaeth, yn ymddiriedaeth sanctaiddd a gafodd gan ei dad, ac roedd yn teimlo cyfrifoldeb arbennig i'w diogelu a'i chadw ar gyfer ei fab yntau a mab ei fab. Brenin neu beidio. *No Sale!*

Pwdodd Ahab. Oni bai am ddagrau'r stori byddai hyn yn chwerthinllyd. Dyma'r plentyn, yn y dyn mawr, yn dod i'r amlwg. Methu cael ei ffordd, ac fe bwdodd. Mae'n debyg ei fod wedi stampio'i draed, a slamio drysau hefyd. Byddai unrhyw wraig ddoeth wedi dweud wrtho am ddod at ei goed, a rhoi persbectif newydd iddo ar bethau. Ond nid Jesebel ...

Gweddi

Ein Duw a'n Tad trugarog, dy blant Di yw holl genhedloedd y ddaear, ac nid gwiw gennyt weld un ohonynt yn cael cam. Nid dy ewyllys Di ydyw cyfyngu o neb ar ein rhyddid, na marw o'n hiaith, na dirywio o'n pobl. Cofia am bob cenedl fach sy'n methu byw ei bywyd oherwydd bod cysgod gormes y cenhedloedd cryfion yn gorffwys arni. Maddau fusgrellni meibion a merched ein cenedl sydd yn ddi-rym ei chenhadaeth i'r byd a maddau fursendod y plant sydd yn diystyru'r etifeddiaeth a roddaist. Dyro inni gariad angerddol at heddwch, a dyhead i geisio rhodio'r llwybrau a rodiodd dy was Dewi Sant gynt. Amen.

Lewis Valentine

Dydd Llun

> A dywedodd Jesebel wrtho, 'Dangos yn awr mai ti yw'r brenin yn Israel. Cod, bwyta, cod dy galon, fe roddaf fi winllan Naboth y Jesreeliad i ti. *1 Brenhinoedd 21:6*

Mae Jesebel ym mynd ati i gynllunio ffyrdd i sicrhau fod Ahab yn cael ei ffordd, a phob mympwy yn cael ei bodloni. Beth oedd ots ganddi hi am draddodiadau bach ffôl y bobl anwar hyn? Wedi'r cyfan, nid ei phobl hi oeddynt, ac yn sicr doedd ganddi ddim diddordeb yn eu crefydd, nac unrhyw awydd i nabod eu Duw cul a di-bleser. Beth sydd yn digwydd yma mewn gwirionedd? Mae a fynno'r ymrafael â hawliau dynol. Ac yn achos Naboth nid oes ddadl ynglŷn â lle mae'r iawn yn gorwedd.

Dydd Mawrth

> **Cyhoeddwch ympryd, a gosodwch Naboth i fyny o flaen y bobl.**
> *1 Brenhinoedd 21:9*

Hyd yn oed pe carai Naboth werthu'r winllan, roedd deddf yn ei wahardd. Ni allai ddwyn anfri ar ei deulu a'i gefndir wrth werthu'r etifeddiaeth, ac nid oedd gan neb yr hawl i'w orfodi. Y mae'n credu fod Duw o'i blaid ac yn amddiffyn ei hawliau fel dyn, ac fel rhan o deulu a threftadaeth. Ond, mae grym a atelir yn gallu bod yn beryglus. Mae Jesebel wedi dysgu deddf y genedl ac fe ŵyr, os gall gael gan Naboth gablu Duw, fe fydd o dan farn, ac fe gaiff Ahab y winllan. Felly dyma orchymyn ympryd. Mae wedi bod yn gyfnod heb law. Mae'n iawn felly ymprydio a gweddïo am law. Yn ystod yr ympryd fe bwyntir bys at Naboth fel un a bechodd, fel na ddaeth glaw.

Dydd Mercher

> **Y mae Naboth wedi melltithio Duw a'r brenin.**
> *1 Brenhinoedd 21:13*

Does gan Naboth ddim amddiffynfa, fel llawer arall a ddelir mewn sefyllfa o gael eu camgyhuddo. Y ddeddf yw'r ddeddf. Mae cabledd yn hawlio marwolaeth, ac yn ôl pob tebyg lleddir ei feibion gydag ef – does neb yn etifeddu'r tir. Ar farwolaeth drwgweithredwr, mae ei eiddo i gyd yn mynd i feddiant y wladwriaeth. Condemnir Naboth i farwolaeth. Gwenodd Jesebel a daeth Ahab o'i bwd.

Dydd Iau

> **Wedi llofruddio, a fynni di hefyd feddianu?** *1 Brenhinoedd 21:19*

Cyfiawnder awenyddol yw eiddo Duw. Dyma Ahab yn mynd ar unwaith i Samaria i feddiannu'r winllan. Dyma Elias yn mynd i gyfarfod Ahab. Wedi holi'r cwestiwn uchod, dyma'r geiriau erchyll hyn, **Lle llyfodd y cŵn waed Naboth, fe lyfant dy waed dithau.** Nawr, fe fyddai'n deg gofyn faint o gysur a roddai hynny i deulu Naboth! Wedi'r cyfan, oni allai Duw fod wedi stopio'r *kangaroo trial* 'ma? Gallai, mae'n siŵr. Ond, nid Duw felly mohono.

Dydd Gwener

> **Y cŵn fydd yn bwyta Jesebel wrth fur Jesreel.**
> *1 Brenhinoedd 21:23*

Nid Duw mo hwn sydd yn camu i mewn, ac yn creu y fath fyd fel na fydd neb yn pechu na neb yn cael ei ladd, na neb yn cael eiddo wedi ei ddwyn, na neb yn dioddef ar gam. Nid Duw felly mohono. Duw ydyw sydd yn unioni'r cam yn hwyr neu'n hwyrach – yma neu yn nhragwyddoldeb. Fe all llawer o flynyddoedd fynd heibio cyn bod cam Ahab yn cael ei gosbi. Daw yntau a Jesebel i ddiwedd annymunol iawn yn y pen draw. Edrychwch ar *1 Brenhinoedd 22:29–40*. Sylwch ar adnod 38.

Dydd Sadwrn

> **... rhwygodd ei ddillad a gwisgo sachliain ...** *1 Brenhinoedd 21:27*

Cyn gadael y stori, cydnabyddwn y pedwerydd cymeriad yn yr hanes

– **ELIAS**. Mor ddewr ydoedd i fynd a bachu Ahab yn ei wâl. Mae pob teyrn yn atgas at y sawl a'i heria. Ond llwyddodd Elias. Nid yw'n dal dim yn ôl. Dyma, er ein syndod, Ahab yn rhwygo'i ddillad, ac yn ymprydio, ac yn mynd o gwmpas mewn galar mawr. Pwynt yr hanes? Bod cyfiawnder, yn y pen draw, yn cael ei weithredu. Mae Duw yn mynnu ei le, ac yn hawlio ei gyfiawnder, yn hwyr neu'n hwyrach.

11: LYDIA, CHLÖE a NYMFFA

Dydd Sul
Actau 16

Mae'n rhyfedd meddwl, a ninnau'n synio gymaint am yr hen fyd fel byd ceidwadol iawn, a oedd yn amharod i roi ei briod le i wragedd, i gael ar ddeall fod yn llythyrau Paul gyfeiriadau at wragedd a oedd yn benteuluoedd.

Roeddent yn fwy na hynny; roeddent, yn achos rhai ohonynt, yn arweinwyr yr eglwysi oedd yn cyfarfod yn eu tai. Mae esbonwyr yn awgrymu mai'r rheswm fod gwragedd yn benteuluoedd oedd iddynt golli eu gwŷr, a dod yn weddwon, neu efallai wedi ysgaru, neu'n syml, eu bod heb briodi. Ar ben hynny, mae'r ddeddf Rufeinig yn caniatáu i wragedd rhydd â thri o blant, a gwragedd a gafodd eu rhyddhau â phedwar o blant, yr hawl i wneud busnes a delio'n gyfreithiol heb ganiatâd nac ymyraeth eu gwŷr – yr hawl a adwaenid yn gyffredin fel *Ius Liberorum*. Efallai mai dyma sydd yma – nid fod y gwragedd yn ddibriod nac yn weddwon, ond yn gweithredu yn ôl y ddeddf arbennig hon ac yn manteisio ar eu hawl i fyw bywyd masnachol a chyfreithiol llawn.

Yn Philipi roedd **LYDIA** yn byw, a hyd y gwyddom, hi oedd y gyntaf i gael tröedigaeth o dan weinidogaeth Paul yn Ewrop. Mae'r cwbwl a wyddom amdani ar gof a chadw yn Actau 16. Sôn mae'r bennod honno am Paul yn cychwyn sefydlu'r eglwys yn Philipi. Roedd hi'n fasnachwraig yn gwerthu dillad porffor ac fe agoroddd ei thŷ i Paul i gychwyn yr eglwys. Mae'n rhyfedd wedyn nad yw Paul yn sôn amdani yn ei lythyr at y Philipiaid, nac yn unman arall.

Fe ddaeth yn wreiddiol o ardal Lydia yn Thyatria, ac mae'n debyg mai cael yr enw wnaeth hi am fod pobl yn cyfeirio ati fel, 'Y fenyw 'na o Lydia'. Awgryma hyn ei bod wedi bod yn gaeth, gan fod caethweision yn cael eu hadnabod wrth y lle y daethent ohono. Yn wir, crefft i gaethweision oedd crefft y dillad porffor.

Y lliw porffor, a dillad wedi eu lliwio'n borffor, oedd ei bywoliaeth, ac roedd y lliw hwnnw, a'r dillad hynny, yn rheidrwydd ar gyfer seremonïau ac achlysuron mawr y boblogaeth.

Cyfarfu â Paul pan oedd ef a'i ffrindiau wedi mynd y tu allan i'r ddinas i chwilio am le i weddïo. Cafodd hyd i grŵp o weddïwyr, gwragedd bob un, ac fe bregethodd iddynt. Ar yr achlysur hwn cafodd Lydia dröedigaeth ac fe'i bedyddiwyd hi a'i theulu. Mae'n debyg mai man yn Philipi, a adwaenir fel Porth Neapolis, oedd y fangre hon. Ta waeth, yno y'i bedyddiwyd hi, a hynny drwy drochiad gan Paul; ac fe ddaeth yn un o arweinyddion yr eglwys leol.

Gweddi

Dyma air i'w gredu, sy'n teilyngu derbyniad llwyr: 'Daeth Crist Iesu i'r byd i achub pechaduriaid.' A minnau yw'r blaenaf ohonynt. Ond, cefais drugaredd, a hynny fel y gallai Crist Iesu ddangos ei faith amynedd.
Derbyniwn wirionedd y gair . . .
Taflwn ein hunain ar drugaredd faith amynedd Crist Iesu ein Harglwydd.
Rwy'n dweud wrthych, y mae llawenydd ymhlith angylion Duw am un pechadur sy'n edifarhau.
Edifarhawn. Trown yn ôl at Dduw, a pheri llawenydd mawr ymhlith holl angylion Duw.

Os cyffeswn ein pechodau, y mae ef yn ffyddlon ac yn gyfiawn, ac fe faddeua felly ein pechodau, a'n glanhau o bob anghyfiawnder.
Taflwn ymaith ein hesgusodion – a derbyn ein cyfrifoldeb – y cyfrifoldeb am ein gwendidau, yn y sicrwydd fod goleuni ei faddeuant yn t'wynnu arnom ac yn ein glanhau o bob anghyfiawnder.

Ein dolur ni a gymerodd, a'n gwaeledd ni a ddygodd.

O ddyfnder ei gariad, ein dolur ni a gymerodd a'n gwaeledd ni a
ddygodd.

O ddyfnder ei gariad fe gymer oddi arnom ein gofid a'n poen, ein
tristwch a'n siom. Mawrygwn dy enw, Arglwydd, am i ti ein rhyddhau
ni; yn ostyngedig derbyniwn y rhyddid newydd, bendigedig hwn.

Sylweddolwn, gyda rhyddid, y daw cyfrifoldeb.
Ac meddai Iesu, **Dos a gwna dithau yr un modd.**
Wedi ein llenwi â'th faddeuant, boed iddo, yn dy nerth, lifo a gorlifo
ohonom ni, yn gysur a chymorth i fyw i eraill.
Yn enw Iesu ein Harglwydd byw a bendigedig, clyw ein gweddi.
Amen.

Dydd Llun

> **Os ydych yn barnu fy mod yn credu yn yr Arglwydd ...**
> *Actau 16:15*

Mae awgrym bachog yn her Lydia i Paul ac mae'r hen gyfieithiad yn
well am wn i, fan hyn, **Os bernaist fi yn ffydlon ...** Hynny yw, mae
awgrym yma ei bod hi'n herio Paul ar dir cyfartaledd gwragedd.
Rhywbeth a fyddai wrth fodd Luc, awdur yr Actau. Mae hynny'n
taflu peth goleuni ar statws Lydia. Roedd hon yn ddigon eofn a grymus
a chyhoeddus i herio Paul, ac i allu edrych ar yr hyn ydoedd a'r hyn a
ddywedai'n fwy beirniadol na'i thelyw o wragedd, a llawer gŵr.
Dweud mae Lydia wrth Paul am ddangos mewn gweithredoedd ei fod
yn credu mewn cydraddoldeb. Ar ôl profi didwylledd y pregethwr,
mae'n dod i'w groesawu a'i dderbyn.

Dydd Mawrth

CHLÖE

Oherwydd hysbyswyd fi amdanoch, fy mrodyr, gan rai o dŷ Chlöe, fod cynhennau yn eich plith. *1 Corinthiaid 1:11*

Cyfeirir at Chlöe oherwydd ei phobl, ei thylwyth a'i dilynwyr. Roedd y rhain wedi gwneud cymwynas fawr â Paul drwy roi gwybod iddo fod Cristnogion yn cweryla â'i gilydd yng Nghorinth. Wyddom ni ddim ai drwy lythyr neu'n bersonol y daeth y wybodaeth, ond mae'n debyg mai yn Effesus roedd Chlöe'n byw, a'i bod wedi dod i wybod am y trafferth yng Nghorinth, oherwydd fod ganddi fusnes oedd yn golygu fod yn rhaid iddi deithio yno. Mae hynny'n awgrymu fod Chlöe yn wraig o gyfoeth a dylanwad. Does dim tystiolaeth bendant ei bod yn Gristion, er bod ei theulu'n perthyn i'r eglwys. Ond roedd hon yn wraig rymus, a fu gymaint o gymorth i'r eglwys fore a'r eglwys ar hyd y canrifoedd.

Dydd Mercher

NYMFFA

Cyfarchwch y brodyr yn Laodicea, a Nymffa a'r eglwys sy'n ymgynnull yn ei thŷ. *Colosiaid 4:15*

Mae'n gred arferol mai yn Laodicea roedd Nymffa'n byw, er bod lle i ddadlau mai yng Ngholossae neu Hierapolis yr oedd yn trigo. Ond eto, mae gennym benteulu yma, ac mae'n debygei bod yn wraig annibynnol iawn. Agorodd ei chartref i'r Cristnogion, ac fe ddaeth yn arweinydd yr eglwys gartref honno.

Dydd Iau

> **Anerchwch y brodyr sydd yn Loadicea, a Nymphas, a'r eglwys sydd yn ei dŷ ef.** *Colosiaid 4:15*

Does dim sicrwydd ynglŷn â sut y bu i Paul a Nymffa gyfarfod, er mae'n debyg mai yn Effesus y byddai hynny wedi digwydd, gan nad oes sôn i Paul ymweld â'r dref sy'n gartref i Nymffa. Mae hyn eto'n awgrymu teithio, ac, mae'n debyg, fod gennym ni yma eto un o'r gwragedd busnes, cyfoethog hynny. Mae rhai wedi awgrymu nad gwraig yw hi. Nymffas efallai yw'r enw go iawn, ac efallai mai dyn sydd yma. Ond yn ôl yr ysgolheigion, mae holl gyd-destun y Groeg yn awgrymu cysylltiadau benywaidd, ac ymgais yw newid yr enw, gan esbonwyr diweddarach, i wadu lle i wragedd.

Dydd Gwener

> **Aelwyd ddi-ffydd, aelwydd ddiffaith.**

Drwy'r cwbwl, cawn ddarlun o wragedd effro, galluog a chyfoethog, yn drefnwyr a rheolwyr da, ac yn rhai a agorodd eu cartrefi, nid yn unig i Paul, ond i'r eglwys gael man cyfarfod rheolaidd a chyson. Safant felly yn her yn ein dydd i'r rhai a fyn nad oes lle i'r wraig yng ngweinidogaeth yr eglwys.

Dydd Sadwrn

> *Ioan 3:1–6*

Wrth ystyried ymrwymiad pobl fel Lydia, Chlöe a Nymffa, rhaid yn wir ystyried ein hymrwymiad ninnau fel aelod, diacon, gweinidog, athro Ysgol Sul, a cherddor, o fewn yr eglwys. Hefyd ein hymrwymiad fel gŵr, gwraig, brawd, chwaer, mam-gu a thad-cu o fewn y teulu, ac o fewn y gymdeithas ehangach, fel cymydog a chyfaill. A fyddem yn haeddu canmoliaeth o'r math a geir yng ngeiriau uchod Ioan?

12: YR ORUWCHYSTAFELL

Dydd Sul
Marc 14:12–26 ac 1 Corinthiaid 11:17–34

Ar ddydd cyntaf gŵyl y Bara Croyw, pan leddid oen y Pasg, dywedodd ei ddisgyblion wrtho, 'I ble yr wyt ti am inni fynd i baratoi i ti, i fwyta gwledd y Pasg?'

Chag ha-Matzot – **Gŵyl y Bara Croyw**, neu Gŵyl y Pasg – *Pesach. Passover* yn Saesneg.

Ceir arwyddocâd *Passover* yng ngeiriau *Exodus 12:13*: **Pan welaf y gwaed byddaf yn mynd heibio i chwi, ac ni fydd y pla yn eich difetha.**

Ceir arwyddocâd 'Gŵyl y Bara Croyw' yng ngeiriau adnod 39: **Yr oedd yn rhaid iddynt bobi'r toes . . . yn deisennau croyw nad oedd wedi eu lefeinio.**

Mae'r Ecsodus yn rhan annatod, bwysig o grefydd yr Iddew. Dyma brawf o gariad anfeidrol Duw tuag atynt. Dyma, mewn gwirionedd, fan cychwyn eu hanes fel pobl, gydag ymdeimlad real o bwrpas a thynged. Yn ogystal, gan fod yr Exodus yn ei hanfod yn rhyddhad rhag caethiwed, roedd Gŵyl y Pasg yn ddathliad o ryddid a phosibiliadau rhyddid; dathliad dwys, fel yng nghyfnod Iesu, pan oedd y bobl dan sawdl gormeswyr.

Mae i ddathlu *Pesach* ddwy elfen yn gyntaf, ymatal yn llwyr rhag surdoes neu lefain: ac yna, yn ail, gwledd o lawenydd a dathlu, lle'r adroddir hanes yr Exodus, y bwyteir oen y Pasg, y bara croyw – *Matzah* – a llysiau chwerw – *Maror.*

Dechreuasant dristáu a dweud wrtho y naill a'r llall, *"Nid myfi?"*
I deyrngarwch pob un ohonom mae 'na 'Ond'. Y noson honno bu raid i bob un ohonynt ddodi marc cwestiwn ar ôl y geiriau **Nid myfi**. Rydym ninnau hefyd yn ymwybodol o'r 'Ond' hwnnw . . . ffyddlon i'r capel, yn athro Ysgol Sul, yn flaenor, yn ddiacon, yn weinidog . . . 'Ond', fel y dywedodd y bardd George Meredith, *We are betrayed by what is false within.* Mae brad Judas yn ein hatgoffa cyn lleied a wyddom am natur a grym yr hyn sydd yn ffug oddi mewn.

Cymerwch; 'hwn yw *fy* nghorff'.

Mae'r bara a'r gwin yn arwyddion syml ond huawdl o wir ddyfnder aberth y Groes. Mae geiriau'r sacrament yn ein gorfodi i holi,

Ai am fy meiau i
Dioddefodd Iesu mawr?

Cawn ein hatgoffa nid yn unig o faint yr aberth – **Hwn yw *fy* nghorff . . .** ond hefyd fod yr aberth hynny trosom ni, **sydd er *eich mwyn chwi*.**
Hwn yw fy ngwaed i, gwaed y cyfamod, sy'n cael ei dywallt er mwyn llawer.

Ond, mae sgôp cariad Iesu'n amgenach eto – **er mwyn llawer**. Wrth yfed o'r cwpan bu raid i'w ddisgyblion sylweddoli nad rhywbeth iddynt hwy yn unig, i Iddewon, i bobl dda yn unig, oedd cariad Iesu, ond rhodd i bobl o bob cyflwr ym mhob man. O ddarganfod Iesu rhaid hefyd ddarganfod gwir led ei gariad, rhaid ehangu ein gorwelion a darganfod ystyr amgenach i frawdgarwch, ystyr newydd i deulu.

Wedi iddynt *ganu* emyn aethant allan i Fynydd yr Olewydd. Sut mae deall Iesu? Canu a diolch ar noson mor dywyll – yn ei ddisgwyl yn y tywyllwch – brad a gwaed.

Gweddi

Ein Harglwydd byw a Bendigedig, diolchwn am dy wahoddiad cynnes a charedig. Dymunwn eistedd gyda thi, i wrando dy lais, i estyn dros y bwrdd a derbyn bara a gwin gennyt.

Yn wir, dymunwn fod yn rhan o'th gwmni.

Ond, petruso ac oedi wnawn. Wyt ti'n wir ddymuno cwmni pobl fel ni? Wyt ti'n wir gynnig dy hun i bobl fel ni?

Cynnig dy gorff, wedi ei falu'n bras
rhwng meini malais.

Cynnig dy waed wedi ei wasgu ohonot dan draed y creulon.

Ond, wrth edrych, sylwn fod lle wedi ei osod i bob un ohonom.

Ac, wrth eistedd, sylweddolwn mai mawr yw dy groeso, gan mai aelodau o'th deulu ydym, dy frodyr, dy chwiorydd, a'n lle'n ddiogel, ein cwmni'n anghenraid.

Dydd Llun

Diolchwch i'r Arglwydd, oherwydd da yw, ac mae ei ffyddlondeb yn para byth. *Salm 118:1*

O dderbyn eu bod wedi dathlu'r Pasg, mae syniad gennym o'r geiriau a ganodd y noson dyngedfennol honno – y geiriau uchod. Pan mae'r nen yn fygythiol awn i chwilio nodded ein teuluoedd, ein cyfeillion a'n cydnabod. Nid oedd y fath gysur yno i Iesu y noson olaf honno, sef pwyso ar deulu. Pwyso ar gyfeillion? *Ciliant hwythau'n fuan iawn.* Roedd ganddo neb ond Duw, ac fe wyddai Iesu, i aralleirio Eben Fardd:

> *Pwyso ar Dduw – dyma gryfder*
> *Sydd yn dal y pwysau i gyd.*

Dydd Mawrth

… dyma rywbeth nad wyf yn ei ganmol ynoch, eich bod yn ymgynnull, nid er gwell, ond er gwaeth. *1 Corinthiaid 11:17*

Mae'n amlwg o eiriau Paul fod ffordd y Corinthiaid o ddathlu Swper yr Arglwydd yn dra gwahanol i'n ffordd ni. Yn wahanol iawn i'n defnydd ni o damaid bach o fara ac ychydig win, roedd y sacrament iddynt hwy yn wledd gymdeithasol. Mae'n ymddangos mai'r bwriad oedd bod pawb yn dod â bwyd gyda hwy a'r bwyd yn cael ei rannu'n gyfartal rhwng pawb.

Dydd Mercher

… mae pob un yn rhuthro i gymryd ei swper ei hun, ac y mae eisiau bwyd ar un, ac un arall yn feddw. *1 Corinthiaid 11:21b*

Ond mewn gwirionedd nid oedd y bwyd yn cael ei rannu'n gyfartal – roedd rhai yn dioddef o fwyta gormod, tra bod eraill yn gorfod bodloni ar y briwsion oedd yn weddill. Roedd gwledd, a ddylai fagu cymdeithas, yn magu'n hytrach gynnen a chenfigen. Agorodd gagendor mawr rhwng y tlawd a'r cyfoethog yn yr Eglwys. Pan glywodd Paul am hyn i gyd gwylltiodd yn gacwn, **a ydych yn mynnu dirmygu eglwys Dduw, a pheri cywilydd i'r rhai sydd heb ddim? Beth a ddywedaf wrthych? A wyf i'ch canmol? Yn hyn o beth, nid wyf yn eich canmol**. *(11:22)* Dywed wrthynt am feddwl o ddifri' calon am eu hymddygiad wrth ddathu Swper yr Arglwydd – **pwy bynnag fydd yn bwyta'r bara neu'n yfed y cwpan yn annheilwng, bydd yn euog o halogi corff a gwaed yr Arglwydd.** *(11:27)*

Dydd Iau

> **Hwn yw fy nghorff, sydd er eich mwyn chwi. Gwnewch hyn er cof amdanaf.** *1 Corinthiaid 11:24*

Y GORFFENNOL – COFIO. Un o noddwyr mwyaf brwdfrydig a chefnog y bardd Robert Burns oedd Iarll Glencairn. Pan fu farw talodd Burns deyrnged iddo:

The monarch may forget the crown
That on his head an hour has been;
The mother may forget her child
That smiles so sweetly on her knee;
But I'll remember thee, Glencairn,
And all that thou hast done for me!

Wrth dorri'r bara ac yfed o'r cwpan, cofiwn yn ddiolchgar am Iesu, *And all that thou hast done for me!*

Dydd Gwener

> **Gwnewch hyn . . .** *1 Corinthiaid 11:24*

Y PRESENNOL – GWNEUD. Peidiwn anghofio pwysigrwydd y modd gorchmynnol yn y sacrament. Gwnewch hyn, daliwch ati i wneud hyn. Pam? Am ein bod ni yn cyhoeddi marwolaeth yr Arglwydd, cyhoeddi hyd a lled, maint a dyfnder cariad Duw i fyd anghenus.

Y DYFODOL – BYW MEWN GOBAITH – **Hyd nes y daw.**
(1 Corinthiaid 11:26)
Daw amser pan wireddir addewid Iesu – **fe'ch gwelaf chwi eto, ac fe lawenha eich calon, ac ni chaiff neb ddwyn eich llawenydd oddi arnoch.** *(Ioan 16:22)*

Dydd Sadwrn

Maddau i ni altro'r Gair a cheisio meddiannu'r Gwirionedd:
mynnu ambell gam yn gywir ac ambell ddrwg yn dda;
a chymryd y dorth a'r cwpan fel pe bai'r sacrament yn barti –
rho halen Dy boen yn y bara a blas y gwaed yn y gwin!

Rhydwen Williams

13: YR ING A'R CHWYSU DRUD

Dydd Sul
Marc 14:32–52

Aeth allan gyda'i ddisgyblion a chroesi nant Cidron. Yr oedd gardd yno, ac iddi hi yr aeth ef a'i ddisgyblion. Yr oedd Jwdas hefyd yn gwybod am y lle, oherwydd yr oedd Iesu lawer gwaith wedi cyfarfod â'i ddisgyblion yno. *(Ioan 18:1 a 2)*
Yma mewn gardd gaeedig ar lethr gorllewinol Mynydd yr Olewydd
. . . chwysodd y Gwaredwr yn ei ing a'i artaith.

Mae fersiwn Marc o ddigwyddiadau Gethsemane yn effeithiol a thrawiadol yn ei symylrwydd. Dyma gipolwg ar rai o brif gymeriadau'r ddrama.

IESU

Os bu gwewyr corfforol ar Galfaria bu gwewyr ysbrydol yng Ngethsemane. Ni fuasai'r fath arwyddocâd i wewyr Calfaria heb wewyr Gethsemane. Yn ysbrydol, croeshoeliwyd Iesu yng Ngethsemane oriau cyn iddo gael ei groeshoelio'n gorfforol ar Galfaria. Rhaid edrych ar Galfaria *trwy* Gethsemane. O edrych ar Galfaria o unrhyw ongl arall gwnawn gam â Christ a cholli ystyr yr hunanymbaratoi a'r hunanymgysegru a ddigwyddodd yno **. . . y mae pob peth yn bosibl i ti. Cymer y cwpan hwn oddi wrthyf.** Enaid unig, fflat a digalon oedd enaid Iesu yng Ngethsemane – mae'r storm yn cau yn gyflym o'i gwmpas.

Wrth wraidd ei fod, mae gwrthdaro rhwng gwneler *fy* ewyllys a gwneler *Dy* ewyllys: rhedeg rhag y mellt a tharanau neu gamu allan i ganol y ddrycin, gan lynu wrth yr un sydd yn fwy na phob storm: **Eithr nid yr hyn a fynnaf fi, ond yr hyn a fynni Di.** Peidiwn â meddwl mai rhyw ildio crintachlyd, amharod oedd hwn. Nid gorfod ildio, ond dewis ildio, wnaeth Iesu i fwriad mawr ei Dad. Fe wyddai Iesu'n iawn beth fuasai goblygiadau'r ildio hwn. Safai'n bellach, wrth fin affwys angau; fe wyddai'n iawn beth fyddai'n codi o'r affwys i'w gyfarfod.

Roedd angen mwy nawr na jest rhyw ddal-i-fynd penderfynol; roedd angen cydweithredu'n llwyr ag ewyllys y Tad – doed a ddelo.

Dyna ddigon. Daeth yr awr . . . Codwn ac awn.
Mae'r arswyd a'r trallod dwys drosodd. Mae gafael ofn arno wedi llacio, mae ei galon a'i enaid yn llawn o fwriad Duw, wedi'i gysegru i ewyllys ei Dad. Mae'r brawddegau yn fyr, mae'r naws yn gythryblus, mae Iesu ar bigau'r drain i wynebu'r anochel, gan wybod fod y frwydr derfynol eisoes wedi ei hennill. Roedd y rhyfel drosodd wrth iddo adael Gethsemane.

Gweddi

Arglwydd, da gennyf rodio yn yr ardd, arogli blodau hyfryd,
clywed sŵn adar yn trydar, gweld chwarae haul ar ddeilen, teimlo
tangnefedd a chysgod coeden. Yn yr ardd, ymdeimlaf â diogelwch
bywyd, a'i drefn ddibynnol. Buost Ti, Iesu, mewn gardd.
Gethsemane. Doedd dim blodau yno. Ond mae digon o ddrain.
Plyciwyd rhai yn dorch i'th ben brenhinol, gan bigo a chrafu'th
dalcen. Torrwyd coeden yn groes i ti, o ardd. Ac eto, o'th boen,
eginodd bywyd newydd i mi a'm bath. Tir caregog oedd Calfaria,
eto bu'n gynhyrchiol, a daeth bywyd ohono. Ffrydiodd llawenydd
o'r dagrau, ynni newydd o'r gwaed. Yno, eginodd hadau hen
obaith yn addewid newydd. Yno, blodeuodd aberth yn faddeuant.
Yno gorchfygwyd byd yng ngwendid Duw. Arglwydd, clywaf dy
lais yn fy ngalw allan o ardd fy ffantasi ffôl i'r byd real. Gad i mi,
wrth groesi'r ffin rhwng y ddwy ardd, deimlo nerth dy gadarn law.

Amen.
Byron Evans

Dydd Llun

Y mae f'enaid yn drist iawn hyd at farw ... *Marc 14:34*

Ystyriwch heddiw sut oedd Iesu'n teimlo yng Ngethsemane:
Teimlwn fel plentyn wrtho'i hunan bach yn y nos. Syrthiais ar fy wyneb
ar y ddaear gan lefain, "Abba", fel yr arferwn wneud yn blentyn. "Os

yw'n bosibl gad i'r cwpan hwn fynd heibio", erfyniais. Nid bod arna i ofn dioddef a marw, er mor ddirdynnol yw meddwl am farw mor ifanc. Teimlwn fod fy nghenhadaeth wedi methu: fy mhobl fy hun wedi'm gwrthod; satan wedi ennill y dydd.

T.Glyn Thomas, Dyddiadur Iesu o Nasareth

Dydd Mawrth

PEDR AC IAGO AC IOAN

> **Cafodd hwy yn cysgu, eu llygaid yn drwm; ac ni wyddent beth i ddweud wrtho.** *Marc 14:40*

Roedd y freuddwyd wedi troi'n chwerw, roedd rhamant canlyn y Saer enigmatig hwn yn prysur ddiflannu. Mor bell i ffwrdd, bellach, oedd dyddiau syml a nosweithiau tawel wrth lan môr Galilea. Yng nghanol y dryswch a'r dieithrwch, collasant eu ffydd ynddynt eu hunain. Collasant olwg ar yr hyn oedd ganddynt i'w gynnig iddo – solas a bendith eu cyfeillgarwch.

Dydd Mercher

> **... dyma Jwdas, un o'r deuddeg ...** *Marc 14:43*

Ers dwy fil o flynyddoedd, yr enw mwyaf atgas yng nghlustiau Cristnogion yw **JWDAS**. O holl gymeriadau drama bywyd a marwolaeth Iesu Grist, Jwdas Iscariot yw'r mwyaf trist a dyrys. Anodd deall ei resymau dros fradychu Iesu. Dywed rhai mai ariangarwch yw'r esboniad *(gweler Mathew 26:15 a Ioan 12:6)*. Ond mae'n debyg y buasai wedi sicrhau gwell pris am y Saer trafferthus o Nasareth na thri deg darn arian. Mae'n bosibl fod Jwdas wedi ei siomi ac wedi digio, am nad oedd Iesu yn fodlon bod y math o Feseia yr oedd yn gobeithio amdano. Tybiwn fod Jwdas yn perthyn i grŵp gwleidyddol, eithafol a oedd yn ymladd i gael rhyddhau Israel o ormes Rhufain. Efallai iddo fradychu Iesu er mwyn sbarduno Iesu i ddangos ei nerth, ac, wedi taro bargen gyda'r prif offeiriad, chwiliodd am gyfle, daeth y cyfle hwnnw yng Ngethsemane.

Dydd Iau

> **Yr un a gusanaf yw'r dyn.** *Marc 14:44*

Yn y geiriau uchod cawn y gair Groeg *philein* – y gair am gusan cyffredin. Roedd yn arferol i gyfarch Rabbi gyda chusan fel arwydd o barch. **Ac yn union wedi cyrraedd, aeth ato ef a dweud, 'Rabbi' a chusanodd ef.** Yma, cawn y gair *kataphilein* – y gair am gusan brwd a chariadus yn dangos, efallai, eiddgarwch Jwdas i weld Iesu yn amlygu ei nerth a chynnau fflam ei chwyldro mawr; ond trechwyd ef gan gywilydd pan sylweddolodd nad hynny oedd bwriad Iesu. Aeth ar garlam at yr offeiriad i roi'r arian yn ôl, ond, cafodd ei wrthod yn greulon, ac yn wyllt taflodd yr arian ar lawr y deml; ac aeth i ffwrdd a chrogi ei hun.

Dydd Gwener

> **... aeth Satan i mewn i Jwdas.** *Ioan 13:27*

Dyma hanfod trasiedi Jwdas. Yn hytrach nag ildio yn llwyr ac yn gyfan i amcanion mawr Iesu, roedd Jwdas am weld Iesu'n ildio i'w amcanion bach ef ei hun. Dyna yn y pen draw yw Satan – pob peth sydd yn groes i ewyllys Duw, pob peth sydd yn gwrthod ildio i fwriad Duw.

Dydd Sadwrn

Ystyriwch eich teimladau am Jwdas a'i frad:
. . . yr oedd i'w fargen ddeg-ar-hugain ac i'w gusan gwyllt
Le yn nhrefn iachawdwriaeth goch y Drindod.
Y mae llinyn rhwng crocbren Jwdas a Chrocbren y Crist:
Crocbren y bradwr a Chrocbren y Brawd.

Gwenallt, 'Judas', Coed

14: MAE'N HOLL ELYNION NI YN AWR MEWN CADWYN...

Dydd Sul
Marc 15:21–47

Dechrau Efengyl Iesu Grist, *Mab Duw*
Dim ond dwy waith mae Marc yn defnyddio'r cymal hwn i ddisgrifio
Iesu, yma yn ei frawddeg agoriadol ac yna, yn y bymthegfed bennod,
canwriad paganaidd yn ei arswyd yn sibrwd. 'Yn wir, *Mab Duw* oedd
y dyn hwn'. Trwy gydol gweddill ei Efengyl, mae Marc yn cyfeirio at
Iesu fel **Mab y Dyn.**

Yn wir mae Marc yn cynnig inni ddarlun o Grist dynol iawn –
Crist agos atom. Mae Marc yn ein dwyn yn nes at Iesu na gweddill yr
Efengylwyr. Fe ddywed fwy wrthym am emosiwn a theimlad Iesu;
cawn sôn amdano'n **ochneidio'n ddwys** *(7:34, 8:12)*; **tosturiodd** wrth
dyrfa fawr *(6:34)*; **rhyfeddodd** at anghrediniaeth pobl Nasareth *(6:6)*;
ceryddodd Pedr *(8:33)*; **hoffodd** y dyn ifanc cyfoethog *(10:21)*.

Ga i fynd â chi 'nôl felly at y canwriad hwn? Beth welodd
hwn a barodd iddo ddatgan, **Yn wir, Mab Duw oedd hwn.** Roedd
hwn yn filwr proffesiynol, wedi magu croen mor galed fel nad oedd
dim yn treiddio drwyddo. Hwn wedi arfer gyda gwaed a lladd, wedi
gweld y cyfan droeon o'r blaen . . . ond . . . doedd hwn heb weld neb
yn marw fel Iesu.

**Pan welodd y canwriad . . . mai gyda gwaedd felly y bu
farw,** dywedodd, **Yn wir, Mab Duw oedd y dyn hwn.** Doedd dim
amheuaeth yn ei feddwl fod y farwolaeth hon yn aruthrol arwyddocaol,
gan mor hollol wahanol oedd i'w brofiad arferol. Syfrdanwyd ef gan
gariad a dewrder yr 'Iesu o Nasareth' hwn, ac fe wyddai ei fod ym
mhresenoldeb y dwyfol.

Fe welodd y canwriad hwn saer cyffredin yn gwrthod ateb
casineb gyda chasineb. Mewn poen difrifol yn hongian ar ei hoelion,
a gwatwarwyr yn sefyll wrth droed ei groes, **O! ti sydd am fwrw'r
deml i lawr a'i hadeiladu mewn tridiau, disgyn oddi ar y groes ac
achub dy hun.** Fe achubodd eraill; ni all ei achub ei hun. Gwrthododd

ildio i'r herio creulon, gwrthododd ildio i gasineb, mynnodd gadw gafael ar yr un peth na allent byth ddwyn oddi arno – urddas cariad.

Fe welodd y canwriad hwn ei filwyr yn prysur hoelio saer cyffredin i'r pren, a hwnnw yn ei boen a'i waed yn deisyf maddeuant Duw iddynt, **O Dad, maddau iddynt, ni wyddant beth y maent yn ei wneud.** *(Luc 23:34)*

Gwelodd un â'i ofal dros eraill yn drech na hunanofal; hyd yn oed, ac yntau'n darfod, a'r pren yn goch gan ei waed.

Gweddi

Iawn, hollol iawn yw i ni roi iti ein Diolch.

Beth arall sydd inni, ymhob man, ymhob hwyl ac amgylchiad? Nid oes inni ond diolch iti. Fe glywsom amdanat, asgwrn ein hesgyrn, cnawd ein cnawd yn gadael dy orsedd gyfforddus a thorri i mewn i dlodi a chyffredinedd ein byw a'n bod. Gadewaist fyd y goleuni, daethost ac ymuno â ni yn ein tywyllwch. Ti, o bawb, yn sefyll gyda ni yn y llaid a'r llacs. Ti yn gwthio yn erbyn y pechod oedd yn dy amgylchynu heb unwaith ildio na chyfaddawdu dim. Er ein mwyn ni y daethost.

Ninnau'n anodd, styfnig a phigog fel ag yr ydym. Anodd mynegi maint a dynfder ein diolch iti. Pan aeth dy garedigrwydd, dy amynedd a'th gariad yn ddi-sylw gennym, dringaist i ben Golgotha i brofi dy bwynt, i brofi mai nid malu awyr mohonot. Mynnaist gyfieithu geiriau'n weithredoedd. Am oriau tywyll fe ddawnsiaist mewn poen ac mae'n anodd dawnsio a'r diafol ar dy gefn. Parhaodd y ddawns ymhell i oriau mân y bore.

Dydd Llun

> **Eloï, Eloï, lema sabachthani.** *Marc 15:34*

Fe glywodd y canwriad yr Iddew syml hwn, yn dyheu am anadl, yn benthyg geiriau Salm yn weddi, **Fy Nuw, fy Nuw, pam yr wyt wedi fy ngadael?** Nid drosto'i hun yn unig y gweddïodd ond dros ei bobl a'i genedl. I'r Iddew, wrth weddïo'r salmau, mae rhagenwau personol yn cynrychioli'r holl bobl gerbron Duw.

Dydd Mawrth

> **O fy Nuw, gwaeddaf arnat …** *Salm 22:2*

Dyma weddi un a oedd ar fin trengi, yn nyfnder ei boen, yn cael ei demtio i amau gofal a chariad Duw. Yn ei uffern personol, ac, wrth weld ei bobl yn dewis uffern o fywyd iddynt hwy eu hunain, sut oedd credu bellach mewn Duw agos a chariadus. Ac *eto,* gweddïodd Iesu drosto'i hun a thros ei bobl.

Dydd Mercher

> **Pan welodd y canwriad, a oedd yn sefyll gyferbyn ag ef, mai gyda gwaedd felly y bu farw . . .** *Marc 15:39*

Wrth weld a chlywed poen difrifol yr ochenaid olaf, deallodd y canwriad hwn pa mor ddrud oedd y weddi olaf hon i Iesu. O gwmpas Iesu ymhob man mae gwacter absenoldeb Duw, a nawr mae'n rhaid iddo wneud dewis – Duw neu ddim. Naill ai roedd ei weinidogaeth a'i fywyd yn werth dim neu roedd Duw yno, nawr, yn rhywle, wrth y llyw. Ar yr eiliadau olaf hyn, penderfynodd gredu, **O Dad, i'th ddwylo di yr wyf yn cyflwyno fy ysbryd.** (*Luc 23:46*)

Credaf yn yr haul hyd yn oed pan na thywynna.
Credaf mewn cariad, hyd yn oed pan na allaf ei deimlo.
Credaf yn Nuw, hyd yn oed pan mae E'n fud.

Anhysbys Iddewig

Darfu poen a gofid Crist gyda'r llef **Gorffennwyd**...

Dydd Iau

> ... **dywedodd, 'Yn wir, mab Duw oedd y dyn hwn'.** *Marc 15:39*

I'r canwriad hwn, roedd y cyfan a glywodd ac a welodd tu hwnt i ffiniau ei brofiad, heb fod yn perthyn i drefn ei ddealltwriaeth. Bu i'r saer coed hwn droi diwedd yn ddechrau, troi dioddef yn fuddugoliaeth. Syllodd y canwriad i fyny a gweld corff briw, dolurus a gwaedlyd, ond nid oedd modd tosturio dros hwn; nid truenus mohono ond gorfoleddus a buddugoliaethus. Yn wir, *Mab Duw* oedd y dyn hwn. Nid yw Crist eisiau ein tosturi ni. Yr hyn mae Crist ei angen yw edifeirwch, a llawenydd. Gwerth mawr ei boenau yw eu bod yn datguddio ei ufudd-dod i Dduw a'i raslonrwydd cyflawn tuag at ddyn.

Dr R.Tudur Jones, Ffydd yn y Ffau.

Dydd Gwener

> I Galfaria trof fy wyneb,
> Ar Galfaria gwyn fy myd:
> Y mae gras ac anfarwoldeb
> Yn diferu drosto i gyd:
> Pen Calfaria,
> Yno, f'enaid gwna dy nyth.
>
> *'Dyfed', Rhif 496, Caneuon Ffydd*

Wrth ddynesu at y Groes, druan ohonom os yr unig beth a welwn ydyw ymgais ofer dynion i'w ddinistrio Ef. Ef sy'n dinistrio bob cam o'r ffordd, llwyr ddinistrio muriau ein caethiwed mawr.

Walter P. John, Rhwydwaith Duw.

Y mae gan bob disgybl iddo Ef ei Galfaria. Ymrithiai'r groesbren yn erchyll rhwng pob sant a phyrth gogoniant.

Emrys ap Iwan, Teulu Bethania

Dydd Sadwrn

Yn syml, credaf y dylai'r Groes gael ei dyrchafu ynghanol y farchnad yn ogystal â thŵr yr eglwys. Rhaid i ni gofio nad mewn cadeirlan rhwng dwy gannwyll y croeshoeliwyd Crist, ond ar groes rhwng dau leidr, ar domen sbwriel y dre, mewn croesfan gosmopolitan lle bu'n rhaid ysgrifennu ei deitl mewn Hebraeg, Lladin a Groeg, y math o le lle y clywid mân siarad, lladron yn cablu, a milwyr yn hap chwarae. Oherwydd dyna lle y bu farw. Dyna pam y bu farw.

George MacLeod

15: CHWALU PYRTH Y BEDD

Dydd Sul
Marc 16:1-20

Onid oes raid i nofel, drama, cerdd neu bregeth ddechrau'n dda er mwyn dal ein sylw? Fel hyn mae James Joyce yn dechrau un nofel o'i eiddo: *Once upon a time, and a very good time it was.* Gwych!

Mae Marc hefyd yn dechrau'n dda . . . dim ffŷs: **Dechrau Efengyl Iesu Grist, Mab Duw.** Ond, o ddechrau'n dda, rhaid hefyd orffen yn daclus. Mae Iris Murdoch yn gorffen un llyfr gyda'r geiriau syml: *Everything was all right now.* Marc, wedi dechrau mor dda, yn gorffen gyda nodyn fflat o ofn a dryswch: **. . . ni ddywedasant ddim wrth neb, oherwydd yr oedd ofn arnynt . . .**

Nawr, mae rhai yn dadlau fod tudalen olaf llawysgrif wreiddiol Marc wedi mynd ar goll i rywle, rywbryd. Efallai, ac yn wir, mae diwedd gwaith Marc mor anfoddhaol rhywsut fel bod Cristnogion cynnar wedi ceisio ychwanegu clo mwy taclus i'r stori fawr. Ond mae'r llawysgrifau gorau i gyd yn gorffen gyda'r geiriau **. . . yr oedd ofn arnynt.**

Felly, rhaid i ni dderbyn fod Marc yn dewis gorffen ei waith heb unrhyw sôn am Iesu'n ymddangos i'w gyfeillion. Cawn awgrym yn adnod 7 fod rhagor i ddigwydd yn Galilea, ond nodyn o arswyd yw nodyn olaf Marc.

Mae geiriau olaf Marc yn fy nharo i yn real iawn. Ystyriwch yr Atgyfodiad, y "Ffrwydrad di-sŵn" fel y dywedodd Robin Williams; mae rhywbeth rhyfedd iawn, iawn wedi digwydd, rhywbeth annaearol,
anhygoel,
annirnadwy,
anesmwythol!

I ninnau, does dim byd mwy pendant na marwolaeth – fe ddaw i ni i gyd. Hanfodol bwysig yw cael talu'r gymwynas olaf i gyfaill, cymydog neu anwylyd. Felly'r merched hyn, ar frys i dalu'r gymwynas olaf i'r Saer o Nasareth. Wrth fynd ar ffrwst at y bedd, rhaid oedd trafod problem ymarferol: **Pwy a dreigla'r maen i ffwrdd i ni oddi** wrth ddrws y bedd? Ond, wedi cyrraedd, mae'r maen eisoes wedi ei symud. Rhaid bod rhywun neu rywrai wedi bod yno o'u blaen. Wrth edrych i mewn i'r bedd nid corff sydd yno ond gŵr ifanc a gwisg laes wen amdano, a daeth arswyd arnynt. Ew! Does dim rhyfedd! Wedi clywed ei eiriau dyma nhw'n ffoi oddi wrth y bedd nerth eu traed – Pam? Ofn! Roedd eu byd bellach â'i wyneb i waered!

Er fy mod i, fel chithau mae'n siŵr, yn hoff o hanes y daith i Emaus:

>. . . wrth y bwrdd
>Gyda'r fendith a thorri bara –
>Y bwyta sy'n gryfach nag anobaith –
>Agorwyd llygaid y ddeuddyn trist.
>*Gwyn Thomas, 'Emaus', Symud y Lliwiau*

Dwi'n hoff hefyd o gynnwrf mawr hanes yr Atgyfodiad yn Efengyl Mathew, **A bu daeargryn mawr; daeth angel yr Arglwydd i lawr o'r nef . . .** A'r hanes bendigedig hwnnw am y sgwrs rhwng Mair a Iesu . . . dywedodd y dieithr hwnnw

>'Mair'
>Un gair, 'Mair', a'r marw
>a gyfododd yn fyw.
>*Gwyn Thomas, 'O Farw'n Fyw', Symud y Lliwiau*

Ond rywsut, mae rhywbeth *mawr* yn fersiwn gynnil, gynnil Marc – y gwragedd hyn, â'u gwynt yn eu dwrn, yn rhedeg rhag y wyrth mewn arswyd.

Gweddi

. . . Ymhen tridiau fe ddaethost yn ôl dros riniog y tywyllwch,
Newidiodd tempo'r ddawns
Ac fe aeth y ddawns ymlaen;
felly, gyda'n gilydd,
Gyda'r cwmwl tystion
Unwn yn y ddawns.
Fe'th ddilynwn di, Arglwydd y ddawns.
Bendigedig wyt ti,
Ti yw rhoddwr y bara hwn, y gwin hwn,
Ffrwyth y ddaear a llafur dynol.
Gwna hwy i ninnau'n fara'r Bywyd a gwin y Deyrnas Dragwyddol,
Fel y bydd i'r grawn a wasgarwyd unwaith yn y meysydd
A'r grawnwyn a dyfodd unwaith ar lethrau'r bryniau
Gael eu haduno heddiw, ar y bwrdd hwn.

Arglwydd, una ni bob un yn dy gariad,
Dysg ni hen ac ieuanc i ddawnsio llawen ddawns
Arglwydd y ddawns.

Dydd Llun

> **Aethant i mewn i'r bedd, a gwelsant ddyn ifanc yn eistedd ar yr ochr dde, a gwisg laes amdano, a daeth arswyd arnynt.**
> *Marc 16:5*

Daeth y gwragedd at y bedd a dod wyneb yn wyneb â pheth cwbl newydd iddynt, ac fe ddaeth arnynt, yn naturiol ddigon, ofn yr anwybod. Daeth cadfridog Rhufeinig i'r Cysegr Sancteiddiolaf unwaith, a'i gleddyf yn slasio'r llen honno, ond pan gerddodd i mewn, ni welodd ddim. Eto, er na welodd ddim, ni allai anghofio y gweld od hwnnw a'r arswyd a greodd. Felly'r gwragedd hyn ar fore'r Pasg. Mae ofn o'r math yma bob amser yn digwydd pan fo pobl yn synhwyro rhyw ddirgelwch newydd yn torri i mewn i'w bywyd.

Dydd Mawrth

Peidiwch ag arswydo . . . *Marc 16:6*

Eto mae 'na ofn arall oherwydd nad ydynt yn gwybod beth yw'r pŵer newydd a adawyd yn rhydd a pha fodd na pha le yr ymddengys. Maen nhw'n teimlo'r ofn o wybod fod rhywbeth ar ddigwydd, a wyddon nhw ddim beth. Ystyriwch eiriau Howard Williams. Pan mae dyn ag ofn, ofn yr Arglwydd, oherwydd ei fod wedi edrych yn ddwfn i mewn i'r bedd gwag, does dim ar ôl i'w ofni.

Howard Williams, Down to Earth.

Dydd Mercher

Y mae'n mynd o'ch blaen chwi i Galilea; yno y gwelwch ef, fel y dywedodd wrthych. *Marc 16:7*

Mae rhai esbonwyr yn awgrymu mai dim ond rhan o'r neges a gawsent a ddywedodd y gwragedd wrth y disgyblion. Ni ddywedasant y cyfan am fod arnynt ofn. Ofn syml, ac eto ofn dychrynllyd – ofni am eu diogelwch ac am ddiogelwch eu hanwyliaid. Yr oedd ofn arnynt fynd yn ôl i Galilea, am mai mewn cysgod a chilfach ac ystafell gudd yn Jerwsalem yr oedd eu nodded a'u hamddiffynfa. Teimlent yn saff yno o afael pobl oedd yn hoelio'u math nhw ar groes. Ymhlith pobl ofnus ac unig fel'na, y dechreuodd gweinidogaeth y Crist Byw.

Dydd Iau

**Marwolaeth sy gryf, ond cryfach ydy bywyd,
Cryfach na'r tywyllwch, goleuni
Cryfach na drygioni, daioni.**
Phillip Brooks

Dros y Pasg nid dathlu rhywbeth a ddigwyddodd ganrifoedd lawer yn ôl mohonom. Nid dathlu dyfodiad y gwanwyn mohonom, ond dathlu'n hytrach fod rheolau'r gêm wedi newid. Am ganrifoedd angau oedd yr unig fuddugwr; roedd rheolau'r gêm o'i blaid. Bellach, a Christ wedi dryllio pyrth y bedd, mae'r rheolau wedi newid, a bywyd yn fuddugol.

Dydd Gwener

> **Ofni'r peth y dylid ei ofni a alluoga ddyn i beidio ag ofni'r pethau na ddylid eu hofni. Ofn Duw, yn anad dim arall, a fwrw allan ofn dyn.**
>
> *Emrys ap Iwan*

Ydi, mae'r newyddion yma yn peri llawenydd a gorfoledd, ond mae'r peth hefyd yn ein gorfodi i ystyried gwir sgil-effeithiau yr hyn a ddathlwn ar ddydd Sul y Pasg.

Mae ffrwydrad mor fawr o arswydus egni bywyd yn ddigon i beri braw nid bychan i bawb ohonom . . . **ni ddywedasant ddim wrth neb,** *oherwydd yr oedd ofn arnynt . . .*

Dydd Sadwrn

Datgloi angau a fu yno,
Troi'r allwedd ym mhyrth marwolaeth
Ac agor y tywyllwch.
Gwyn Thomas, 'O Farw'n Fyw', Symud y Lliwiau

Os ydym wirioneddol yn credu yn yr atgyfodiad, rhaid i ni adael rhai pethau i farw. Dydi Duw ddim yn delio â chyrff; sefydliadau diffrwyth a phobl ddi-fywyd sy'n bodoli gan geisio osgoi'r diwedd.
John Bell, Wrestle and Fight and Pray

16: YR ESGYNIAD

Dydd Sul
Effesiaid 4:1–16 a Salm 68

Am hynny y mae'r Ysgrythur yn dweud:
"Esgynnodd i'r uchelder, gan arwain ei garcharorion yn gaeth;
rhoddodd roddion i ddynion." *(Effesiaid 4:8)*
Cymerodd Paul y geiriau o Salm 68, a'u defnyddio mewn aralleiriad
er mwyn tynnu allan ogoniant concwest Crist ar alluoedd drygioni,
a'r modd y mae ef wedi ei orseddu yn y lle uchaf mewn awdurdod a
gallu a gogoniant. Sôn oedd y Salm wreiddiol am Ddafydd frenin yn
esgyn i Jerwsalem, y ddinas gaerog yr oedd newydd ei choncro.
Ymdaith fuddugoliaethus oedd hon, wrth iddo arwain ei elynion yn
garcharorion mewn gorymdaith i fyny'r bryn at furiau'r ddinas, ac
yno ar yr uchelfannau mae'n sefydlu ei brifddinas, Jerwsalem. Dinas
anorchfygol heddwch oedd hi. Ar ôl iddo dderbyn clod a gwrogaeth,
fel arwyddion ei ras a'i fwriadau o heddwch, mae'n dechrau rhannu
rhoddion, yn symbol mai brenin tangnefedd a chymod ydyw.

DISGYNNODD I'R ISELDERAU
Mae Paul yn datblygu thema goruchafiaeth Crist dros alluoedd y
tywyllwch ac i fawrhau mawredd yr esgyniad, drwy aros am ychydig,
a phwysleisio fod Iesu wedi DISGYN i'r lefel waelodol, hyd yn oed
i'r parthau hynny sydd islaw'r ddaear. Roedd y Cristnogion Iddewig
cyntaf yn deall hyn fel SHEOL, byd cysgodion, lle'r oedd ysbrydion
y meirw. Mae Paul yn dychmygu Crist yn ymosod ar y gaer hon. Yn
syth o'i fuddugoliaeth ar y groes, mae'n mynd i lawr i Uffern ei hun a
phregethu Efengyl gras a maddeuant i ysbrydion Sheol, ac mae'n torri
eu rhwymau a'u harwain i ryddid plant Duw. Yn ôl epistol Pedr: **Er ei**
roi i farwolaeth o ran y cnawd, fe'i gwnaed yn fyw yn yr ysbryd, ac
felly aeth a chyhoeddi ei genadwri i'r ysbrydion yng ngharchar. *(1*
Pedr 3:19) Hyd yn oed os oes rhai diwinyddion diweddar wedi dilorni
safbwynt fel hyn, a dweud mai ymgais sydd yma, a honno yn ddigon
amrwd, i ddiffinio rhywbeth nad yw'n bosibl i eiriau ei ddiffinio, ac

mai dychymyg a damcaniaeth sydd ar waith yma, eto i gyd, y mae'r symboliaeth yn cael ei gwneud yn glir, dwi'n credu, yng Nghredo'r Apostolion: **Efe a ddisgynnodd i Uffern.**

ESGYNNODD I'R UCHELDER

Mae'r 'mynd i lawr' yn gweithredu hefyd fel gwrthbwynt i'r 'mynd i fyny', ac mae Paul yn pwysleisio eto fawredd y Crist sydd wedi esgyn. **Beth yw ystyr 'esgynnodd'? Onid yw'n golygu ei fod wedi disgyn i barthau isaf y ddaear? Yr un a ddisgynnodd yw'r un a esgynnodd hefyd ymhell uwchlaw'r nefoedd i gyd, i lenwi'r holl greadigaeth.** *(adnodau 9 a 10)*

Mae **ymhell uwchlaw'r nefoedd i gyd** yn trawsnewid y syniad oedd gan ein tadau am fydysawd tair lefel. Mae Paul yn sôn am gael ei gipio i'r drydedd nef. Ond nid i rywle uchel yn y bydysawd y mae esgyniad Crist – mae'n cael ei ddyrchafu i fyd Duw. Mae'n cael ei ddyrchafu, nid yn gymaint mewn lle ac mewn anrhydedd, nid i fan ond i safle, i law ddeau Duw ei hun.

Gweddi

Dragwyddol Dduw, pan ddychwelodd dy Fab Iesu Grist i ogoniant, ni adawodd mohonom yn ddigysur, eithr anfonodd yr Ysbryd Glân i aros gyda ni am byth; caniatâ i'r un Ysbryd ein dwyn ni yn y diwedd i'r cartref hwnnw y mae Crist wedi myned iddo o'n blaen i baratoi lle i ni, a'r lle yr addolir ac y gogoneddir ef gyda thi a'r Ysbryd Glân, yn awr ac yn oes oesoedd. Amen.

Llyfr Gwasanaeth yr Eglwys Fethodistaidd

Dydd Llun

> **A dyma'r rhoddion: rhai i fod yn apostolion, rhai yn broffwydi, rhai yn efengylwyr, rhai yn fugeiliaid ac yn athrawon, i gymhwyso'r saint i waith gweinidogaeth, i adeiladu corff Crist.**
> *Effesiaid 4:11 a 12*

Fel brenin dyrchafedig, fel pen yr eglwys, mae Crist yn rhoi ei roddion drwy'r Ysbryd Glân. Fe roddir y rheini i'r sawl sy'n plygu glin a chydnabod ei arglwyddiaeth a'i hawl, gant y cant, arnyn nhw. Mae'n rhoi'r rhoddion er mwyn grymuso'r bobl hynny i gyflawni eu gwaith yn ei enw.

Dydd Mawrth

> **Wrth eu ffrwythau yr adnabyddwch hwy.** *Mathew 7:16*

Yn ein dyddiau ni, un o'r geiriau sy'n cael eu camddefnyddio yw CARISMATIG. Mewn gwleidyddiaeth a'r bywyd cyhoeddus fe'i defnyddir weithiau am bobl sydd â rhyw bŵer dengar yn eu cymeriad. Maen nhw'n gallu cael gafael ar ddylanwad trwy rym eu personoliaeth. Yn y byd Cristnogol, mae rhai yn eu disgrifio'u hunain fel Cristnogion carismataidd, fel pe bai ganddynt ddoniau arbennig, neu ryw ysbrydolrwydd o radd uchel. Ond mae neges Iesu yn dal yn weddol ddiogel, pan ddywedodd mai **wrth eu ffrwythau yr adnabyddwch hwy.**

Dydd Mercher

> **Oherwydd mewn un Ysbryd y cawsom i gyd ein bedyddio i un corff ... a rhoddwyd i bawb ohonom un Ysbryd i'w yfed.**
> *1 Corinthiaid 12:13*

Mae ffrwythau'r Ysbryd yn cael eu rhoi, nid er mwyn tynnu sylw at yr unigolyn sy'n eu cael, ond er lles i'r gymdeithas, ac er mwyn twf eglwys Dduw. Nid er mwyn clod i'r unigolyn y rhoddir doniau'r ysbryd ond er lledaeniad y Deyrnas a gogoniant Duw.

Dydd Iau

> . . . bydd ysbryd yr Arglwydd yn gorffwys arno, yn ysbryd doethineb a deall, yn ysbryd cyngor a grym, yn ysbryd gwybodaeth ac ofn yr Arglwydd. *Eseia 11:2*

Mae ffrwythau'r Ysbryd wedi eu rhoi i gymhwyso'r saint ac i'w dysgu a'u cynorthwyo yng ngwaith y weinidogaeth. Pe byddem ni'n cofio hyn byddai llai o sôn am ddoniau personol; llai o ddilyn y sbectaciwlar; llai o ofyn am arwyddion; llai o wneud sioe o ddyn a gogoneddu safle a phwysigrwydd dyn; llai o ddangos ein hunain mewn addoliad a gwasanaeth . . . a llawer mwy o ogoneddu'r Crist, o'r hwn y daw y doniau.

Dydd Gwener

> Esgynnodd i'r uchelder, gan arwain ei garcharorion yn rhydd; rhoddodd roddion i ddynion. *Effesiaid 4:8*

Mae'r Crist esgynedig, drwy ei gorff, yr eglwys, yn rhoi ei ddoniau a'i alluoedd a'r grym i'w cyflawni er mwyn i'r eglwys lenwi'r bydysawd fel y bydd i bobl ymhobman adnabod Crist, yr hwn yw awdur bywyd a choncwerwr marwolaeth, a'i adnabod yn frenin esgynedig, a gogoneddus.

Dydd Sadwrn

Ystyriwch oblygiadau'r weddi hon:
O Dduw, bydded i dân dy Ysbryd Glân ddifa ynom bopeth nad yw wrth Dy fodd, a chynnau yn ein calonnau sêl ysol i'th wasanaethu, trwy Iesu Grist ein Harglwydd. Amen. *Addaswyd o hen golect.*

17: DRYLLIO PLANT YN ERBYN Y GRAIG

Dydd Sul
Salm 137:7-9

Profiad annymunol yw darllen ac ystyried y geiriau yma. Sut all Duw siarad â ni, drwy'r fath eiriau cas, gwenwynig a dialgar? Sut mae myfyrio uwchben y fath syniadaeth? Sut mae gweddïo'r fath eiriau?

Yn ôl pob tebyg, mae llyfrau emynau ac addoliad y gwahanol enwadau yn rhannu ein hanesmwythyd. Wrth droi at y Salm hon yn *Baptist Praise and Worship* dwi'n gweld nad yw'r adnodau olaf – geiriau anodd y Salm – yno o gwbl. Cawn y bobl yn wylofain wrth afonydd Babilon, a gorffennwn gyda'r anogaeth i gofio Jerwsalem hyd byth. Mae'r golygydd wedi dileu y malais a'r gwenwyn o'r Salm. Wedi dweud hyn i gyd, mae Salm 137, pob adnod ohoni, yn absennol o lyfr y Methodistiaid *Hymns and Psalms*. Diolch byth, yn *Alternative Service Book* yr Eglwys, mae'r Salm yno yn ei chyfanrwydd, ond mae'r adnodau dan sylw mewn cromfachau, yn dangos fod hawl gan yr arweinydd i'w gadael allan pe dymunai.

Trown felly at yr esbonwyr am ychydig o gymorth. Mae un yn awgrymu fod mynegiant mor wenwynig o deimlad yn perthyn i feddylfryd yr Hen Destament, meddylfryd sydd wedi ei oresgyn gan y datguddiad Cristnogol. A dyna pam ein bod ni'n teimlo mor anesmwyth wrth ystyried y geiriau yma. Maen nhw'n perthyn i gyfnod a meddylfryd cyn-Gristnogol.

Wna hynny ddim mo'r tro. Dw i ddim wedi clywed neb yn awgrymu y dylid dileu geiriau cyntaf Salm 22, *Fy Nuw, Fy Nuw, pam yr wyt wedi fy ngadael?* gan eu bod nhw'n perthyn i gyfnod a meddylfryd cyn-Gristnogol. Felly, mae'n anodd gen i gredu mai'r rheswm am anesmwythyd yr eglwys gyfan am y geiriau hyn yw eu bod nhw'n perthyn i feddylfryd cyn-Gristnogol. Mae'n rhaid bod rhyw reswm amgenach, dyfnach. . .

Mae'r geiriau yma yn peri gofid i ni a'n tebyg achos ein bod ni'n methu ymdopi o gwbl â'r dyfnder emosiwn sydd ynddynt. Yn wir, mae pawb ohonom yn gwylltio a cholli tymer, pawb ohonom yn dal dig; ond, mae hyn yn wahanol: **O Babilon, gwyn ei fyd y sawl sy'n talu'n ôl i ti am y cyfan a wnaethost i ni. Gwyn ei fyd y sawl sy'n cipio dy blant ac yn eu dryllio yn erbyn y graig.** Yr hyn sydd gennym yn y fan yma yw mynegiant o lid cynddeiriog yn hawlio dialedd – dialedd gwaedlyd – a'r cyfan yn weddi i Dduw. Mae'r cyfan i gyd y tu hwnt i ffiniau'n profiad, ac felly yn peri ofn mawr i ni.

Mae fy holl brofiad capel yn fy argyhoeddi fod hawl gennyf, gerbron gorsedd gras, i fynegi clod a moliant. Yn ogystal, gallaf gynnig i Dduw ddagrau fy edifeirwch, fy ofnau, hyd yn oed fy amheuon, hyd yn oed fy anobaith a thorcalon. Hyn i gyd gan wybod fod Duw yn gallu gwaredu'r cyfan.

Gweddi

Fe'th garwn, O Dduw ein Tad. Fe wyddom, weithiau, i ti osod o'th amgylch dywyllwch yn babell, a chymylau duon yn orchudd, nid er mwyn cuddio dy wyneb rhagom, ond er mwyn ein hatgoffa fod gennyt drysorau wedi eu cadw inni yn y lleoedd tywyll – aur dy fendith wedi ei gronni mewn mannau dirgel. Gemau cysur yn nhrigfa'r ddraig. Perlau cymorth yn encilion y graig. Amen.

Dydd Llun

Fy Nuw, fy Nuw, pam yr wyt wedi fy ngadael, ac yn cadw draw rhag fy ngwaredu ac oddi wrth eiriau fy ngriddfan. *Salm 22:1*

Er fod dicter yn emosiwn sydd yn rhan annatod o nifer o emosiynau eraill, does dim lle i ddicter yn ein perthynas â Duw. Pa greulondeb bynnag a ddioddefwn, pa anghyfianwder bynnag, ym mhresenoldeb Duw, teimlwn nad oes gennym yr hawl i weiddi allan yn ein dicter. Oherwydd fod ein dicter ddim yn cael mynegiant does obaith yn y byd na'r nef iddo gael ei waredu. Felly, wrth ddarllen y geiriau gonest poenus yma o Salm 137, mae'n anodd inni ymdopi â hwy oherwydd maen nhw'n gorfodi pobl fel fi a chi i wynebu'r holl deimladau na chaniatawn i ni'n hunain eu mynegi gerbron Duw.

Dydd Mawrth

> ... yr oedd pobl Israel yn dal i riddfan oherwydd eu caethiwed, ac yn gweiddi am gymorth, a daeth eu gwaedd o achos eu caethiwed at Dduw. *Exodus 2:23*

Mae'r adnodau caled hyn yn ein herio i gredu mewn Duw cyfiawn, yn caru ei bobl gymaint fel ag i ddod yn un ohonom, i wrando ein cri o ddyfnder pob profiad a gweithredu i'n hachub. Ni ddylai syniad felly ein synnu; wedi'r cyfan mae'r Beibl yn ein hatgoffa am bobl Dduw, yn gaeth yn yr Aifft, yn galw arno ac yntau yn ymateb i'w gofid. Pobl oedd y rhain oedd yn gweithio fel caethweision i frenin yr Aifft, pobl yn dioddef yn enbyd. Yn sgil hyn i gyd, a oes disgwyl inni gredu nad oedd casineb, llid, malais a dicter yn tanlinellu pob gweddi o'u heiddo am waredigaeth?

Dydd Mercher

> 'Codaf yn eu herbyn,' medd Arglwydd y lluoedd, 'a dinistrio enw Babilon . . .' *Eseia 14:22*

I'r Duw hwn, a wrandawodd ganrifoedd gynt ar gri dorcalonnus y caethweision hynny, y mae'r salmydd yn galw nawr, yng ngeiriau ola' Salm 137. Dyma eto genhedlaeth amddifad – pobl wedi dioddef anghyfiawnder anferthol – eu dinas sanctaidd yn adfeilion, wedi eu hcl at ci gilydd yn ddiseremoni a didrugaredd a'u symud fel gwartheg o'u cynefin a'u gorfodi i fyw ymhlith pobl estron – pobl a'u goresgynnodd, pobl yn eu casáu â chas perffaith. Mae'r dolur sydd yn eu calonnau, yn troi'n wenwyn yn eu heneidiau. Mewn gonestrwydd anferthol maent yn cynnig y dicter a'r casineb i Dduw. Yn siŵr ddigon, os Duw cyfiawn yw'r Duw hwn, bydd yn gweld yr anghyfiawnder a ddaeth iddynt o law Babilon.

Dydd Iau

> **Chwi gaethweision, byddwch ddarostyngedig, gyda phob parchedig ofn, i'ch meistri, nid yn unig y rhai da ac ystyriol ond hefyd i'r rhai gormesol.** *1 Pedr 2:18*

Pe bawn i'n deyrn – yn unben – yn arwain cyfundrefn ormesol greulon, byddwn yn cefnogi rhyw fath o Gristnogaeth. Byddwn yn gefnog i bob ymdrech i argyhoeddi'r bobl i gredu mewn gwaredwr a aeth i'w ddiwedd fel oen i'r lladdfa. Byddwn am i'r bobl dderbyn hwn fel sylfaen ac esiampl i'w byw a'u bod. Byddwn yn dymuno iddynt gael eu dysgu i ildio a derbyn, i ddysgu anogaeth Pedr ar eu cof.

Dydd Gwener

> **Oherwydd ni ddirmygodd na diystyru gorthrwm y gorthrymedig.** *Salm 22:24*

Yn ogystal, byddwn yn cefnogi pob ymdrech i ddileu neu anwybyddu geiriau cas a lletchwith y Beibl – wedi'r cyfan, os ydym am osgoi strach a thrafferth, gwell peidio atgoffa pobl nad bwriad Duw yw iddynt riddfan a dioddef dan draed eraill. Gwell peidio atgoffa pobl mai holl bwrpas bywyd a marwolaeth Iesu Grist oedd ein RHYDDHAU – ein rhyddhau rhag gormes pob teyrn, tu mewn a thu allan.

Dydd Sadwrn

O Babilon, gwyn ei fyd y sawl sy'n talu'n ôl i ti am y cyfan a wnaethost i ni. Gwyn ei fyd y sawl sy'n cipio dy blant ac yn eu dryllio yn erbyn y graig! Be' rydych chi'n ei glywed yn y geiriau? Dialedd? Casineb? Malais? Ie, hyn i gyd, ond yn tanlinellu'r cyfan mae GONESTRWYDD. Mae'r geiriau yn ein herio i fod yn onest gyda Duw. Os nad ydym yn gadael i'n hunain wylltio gyda Duw, Duw pell fydd gennym. Prin y gall Duw pell ein helpu. Dim ond o fod yn onest gyda Duw y cawn brofi ei agosatrwydd a grym ei gariad mawr.

18: ABRAHAM

Dydd Sul
Genesis 12:10–13:18

ABRAM AR EI WAETHAF YN EI YMWNEUD Â SARAI

Druan o Sarai. Wedi hir deithio – hithau hefyd wedi gorfod gadael cynefin a chyfeillion – bron â chyrraedd yr Aifft, dyma Abram yn mynnu fod Sarai yn dweud wrth bawb mai chwaer iddo oedd hi, ac nid ei wraig. Fe gofiwch fod Sarai yn hanner chwaer i Abram *(Genesis 20:12)* ond fel y dywed y ddihareb, "Gwaethaf celwydd, hanner y gwir." Roedd amcanion Abram yn hollol hunanol – **roedd Sarai yn wraig brydferth iawn;** *The plain ones be as safe as churches,* meddai un o gymeriadau Thomas Hardy yn *Tess of the D'Urbevilles.* Byddai Sarai yn ychwanegiad reit ddymunol i harim Pharo. Pe bai hi'n briod, ni fyddai modd iddi berthyn i'r harim, oni bai fod ei gŵr wedi marw. Doedd Abram ddim yn ymddiried rhyw lawer yn egwyddorion Pharo, ac felly, yn hytrach nag arddel ei wraig, penderfynodd Abram ei defnyddio hi – fel brawd iddi byddai'n derbyn anrhydedd gan Pharo ac, yn wir, dechreuodd elwa'n fawr o brydferthwch Sarai – **a chafodd Abram ganddo ddefaid, ychen, asynnod, gweision, morynion, asynnod a chamelod.**

Beth oedd teimlad Sarai ynglŷn â hyn i gyd? Mae'n debyg na fuasai Abram yn poeni rhyw lawer am ei theimladau hi; wedi'r cyfan, gwraig oedd hi, ac ar ben hynny yn wraig na allai genhedlu plant – llinyn mesur gwerth merch yn y cyfnod hwn. Roedd Abram yn reit fodlon ar y sefyllfa, yn arbennig ac yntau'n tyfu'n feunyddiol mewn parch, dylanwad a chyfoeth.

Ond roedd rhywun yn anfodlon iawn ar y ffordd roedd Sarai yn cael ei thrin. Roedd Abram, yng nghanol y llwyddiant mawr, wedi anghofio am Dduw ac, heb feddwl am eiliad y buasai gan Sarai, y wraig ddiffrwyth hon, ran annatod bwysig i chwarae yng nghynllun ysblennydd Duw. *(Genesis 17:17)*

Peth peryglus iawn yw synied yn rhy isel am Dduw ... **trawodd yr Arglwydd Pharo a'i dŷ â phlâu mawr, o achos Sarai gwraig Abram.**

Galwodd Pharo Abram ato a ffyrnigo wrtho, **Pam na ddywedaist wrthyf mai dy wraig oedd hi?** Perchid gwir onestrwydd yn fawr iawn gan yr Eifftiaid. Datgelwyd holl dwyll hunanol Abram; rhaid iddo nawr oddef y gosb a haeddo. Dan hebryngiad gwŷr arfog danfonwyd Abram a Sarai i ffwrdd.

ABRAM AR EI ORAU YN EI YMWNEUD Â LOT

Wedi ffoi rhag llid Pharo, cododd problem arall a barodd ofid mawr i Abram. Wrth adael Haran, daeth nai i Abram, Lot a'i deulu i gyd-deithio gyda hwy. **Yr oedd gan Lot . . . hefyd ddefaid ac ychen a phebyll; ac ni allai'r tir eu cynnal ill dau gyda'i gilydd.** Yn y tensiwn, cododd strach rhwng bugeiliaid Lot a bugeiliaid Abram. Mae'r un gair bach mae awdur llyfr Genesis yn ei ddefnyddio – **cynnen** – yn awgrymu cryn dipyn o helynt, ac, yn naturiol, yng nghanol yr ymgecru a'r ymladd, esgeuluswyd y defaid a'r ychen, ac yn y pen draw roedd pawb yn colli – rhaid oedd gwneud rhywbeth i ddatrys y broblem.

Gweddi
Dyro i ni dy weision,
Tuag at ein Duw – galon o dân,
Tuag at ein cyd-ddynion – galon o gariad,
Tuag atom ein hunain – galon o ddur.
Amen.
Awstin Sant

Dydd Llun

> **... ni allai'r tir eu cynnal ill dau gyda'i gilydd.** *Genesis 13:6a*

Mam y gynnen oedd prinder tir i'r ddau braidd. Edrychodd Abram tua'r gorwel a gweld bod y tir o'i flaen yn rhannu'n ddau, gwastadeddau ffrwythlon a mynydd-dir garw. Nawr, fel yr hynaf, Abram oedd â'r hawl i ddewis gyntaf; gallasai yn hawdd fod wedi dewis yn eiddo iddo'i hun a'i breiddiau, y gwastadeddau ffrwythlon. Ond yn hytrach, rhoddodd y dewis cyntaf i Lot. Yn naturiol, dewisodd Lot y tir da, gwastad. Wedi cytuno ar y ffiniau, gwywodd y gynnen – bu heddwch rhwng y ddau.

Dydd Mawrth

> **Peidied â bod cynnen rhyngom ... oherwydd brodyr ydym.**
> *Genesis 13:8*

Gellid dadlau fod Abram wedi cael cam, ond gwell ganddo ddioddef cam na bod y gynnen rhyngddo a Lot yn parhau, ac o barhau, yn gwaethygu. Yma, wrth ddiogelu ei berthynas â Lot, sylweddolodd Abram mai'r berthynas hon â'i gyd-ddyn oedd cyfrinach popeth o werth mewn bywyd. Os yw'r hanes hwn yn dweud rhywbeth o gwbl, y mae'n dweud fod yn rhaid parchu'r berthynas anwahanadwy – Duw, fi a'm cyd-ddyn.

Dydd Mercher

> **Aeth Lot i fyw . . . yn ninasoedd y gwastadedd, gan symud ei babell hyd at Sodom.** *Genesis 13:12*

Gadawodd Lot gymdeithas fach glòs, bersonol, a throi at gymdeithas amhersonol y ddinas. Methodd â gwrthsefyll hudoliaeth dinas Sodom. Llyncwyd ef gan ddrygioni'r lle, llygrwyd a thanseiliwyd ei gymeriad. **Yr oedd Lot yn oedi, ond gan fod yr Arglwydd yn tosturio wrtho,** cydiodd y gwŷr yn ei law ac yn llaw ei wraig a'i ddwy ferch, a'u harwain a'u gosod y tu allan i'r ddinas. *(Genesis 19:16)*

Dydd Iau

Cod dy olwg o'r lle'r wyt . . . *Genesis 13:14b*

Wedi'r gwahanu, daeth Duw i ymweld eto ag Abram, i gadarnhau'r addewid mawr iddo, **Cod dy olwg o'r lle wyt . . . yr holl dir yr wyt yn ei weld, fe'i rhoddaf i ti ac i'th ddisgynyddion hyd byth.** Cafodd orchymyn i rodio **hyd a lled y wlad,** fel petai yn arwydd mai ef, yn wir, oedd perchennog yr holl dir . . . **oherwydd i ti yr wyf yn ei rhoi.**

Dydd Gwener

. . . ac adeiladodd allor yn Hebron i'r Arglwydd. *Genesis 13:18b*

Ac, wrth dderw Mamre, adeiladodd allor. Allor arall yn destament i ofal ac arweiniad ei Dduw newydd. Allor newydd yn arwydd o wers arall wedi ei dysgu, o gam arall wedi ei fentro, cam yn nes at wireddu'r addewid anhygoel, **Gwnaf di yn genedl fawr a bendithiaf di** . . .

Dydd Sadwrn

The man who makes no mistakes does not normally make anything. Ystyriwch eiriau Edward John Phelps yng nghyd-destun profiad Abram, ac eraill, megis Dafydd a Phedr ac, yn wir, eich profiad personol.

19: CYMORTH CRISTNOGOL

Dydd Sul
Deuteronomium 15: 1–11

Na fydded tlodion yn eich plith ... Onid yw geiriau fel y rhain yn swnio fel breuddwyd gwrach. Llond trol o freuddwydio gwag. Nawr yn ddi-os, mae tlodi yn beth drwg. Fe ddylid gwneud popeth a fedrwn i'w ymladd. Mae'n difa personoliaeth, yn lladd egni, yn dinistrio hunan-barch. Nid rhyfedd fod economegwyr ar hyd yr oesoedd wedi ymroi i greu byd lle nad oes tlodi – cymdeithas wâr, lle mae pawb yn cael digon, a neb ar ei gythlwng. Mae gweledigaethau o Iwtopia yn britho tudalennau athroniaeth wleiddyddol a moesol.

Sefydlwyd ym Mhrydain, drwy weledigaeth pobl a wyddai beth oedd tlodi, y Wladwriaeth Les; ymgais ydoedd i sefydlu safon byw cyfartal a digonol ar gyfer pawb o'r crud i'r bedd. Er gwaethaf eu hymdrech, mae miliynau heddiw eto'n dlawd.

Ateb rhai i'r argyfwng yw chwarae â geiriau. Mae'n dibynnu medden nhw, beth rydych chi'n feddwl wrth dlodi. Beth tase chi'n cymharu bywyd rhywun yma â bywyd rhywun yn Swdan, neu Zaire. Na, mae tlodi'r wlad hon yn rhywbeth rhy berthnasol i'w gymryd o ddifrif. Ond chwaraewch chi â geiriau faint a fynnoch, fe erys y ffaith fod pobl yn ein byd Gorllewinol ni, yn ogystal â'r gwledydd sy'n datblygu, yn dioddef beichiau tlodi ac angen economaidd. Y mae pobl yn dlawd. Dyna'r ffaith. Felly, sut all y Beibl, sydd filoedd o flynyddoedd oed, ddweud yn ddigon llipa a hapus – **Na fydded tlodion yn eich plith**. Yn wir, **Ni fydd tlodion yn eich plith ... os gwrandewch ar Air yr Arglwydd**. Beth sydd tu ôl i ddatganiad mor syfrdanol o feiddgar?

Sôn rhywbeth y mae am **GYMDEITHAS GYFIAWN**. Mae deddf Moses yn fwy na rhestr 'na wna' hyn a 'gwna' y llall. Wrth wraidd Deddf Moses mae Gweledigaeth. Wrth i'r bobl baratoi ar gyfer bywyd newydd mewn gwlad newydd, mae llyfrau cyntaf y Beibl, yn tynnu amlinelliad o sut y gallai pethau fod, sut y dylai pethau fod. Mae argymhellion a rheolau ynglŷn ag ymarweddiad personol a chymdeithasol, ond wrth wraidd y cyfan mae *blueprint* o'r gymdeithas wâr a chyfiawn y mae plant Israel i ymgyrraedd tuag ati.

Rhan annatod bwysig o'r *blueprint* hwn yw egwyddor y **FLWYDDYN SABOTHOL** a **BLWYDDYN y JIWBILÎ**. Roedd pob saith mlynedd yn garreg filltir arbennig – yn flwyddyn sabothol. Roedd saith gwaith saith yn flwyddyn Jiwbilî. Nid esgus i ddathliadau mawr yn unig, ond blwyddyn pan ollyngid caethwesion yn rhydd. Roedd eiddo yn cael ei ddychwelyd i'w berchennog gwreiddiol. Roedd dyledion yn cael eu gosod o'r neilltu, a meysydd yn cael gorffwys am flwyddyn gron. Beth sydd gan hynny i wneud â thlodi? Fe ddown at yr ateb yn ystod yr wythnos.

Gweddi

O Dduw, rho inni'r awydd i gynorthwyo'n brodyr a'n chwiorydd led-led byd yn eu dyhead am fara beunyddiol. Wrth hyn cyflawnwn dy ewyllys, gan wireddu egwyddorion dy deyrnas ym mywydau anffodusion ein byd. Boed i'n cefnogaeth a'n cymorth fod yn deilwng ohonom fel disgyblion i ti, gan roi iddynt y cyfle a'r cyfrifoldeb i gynllunio a datblygu eu bywydau eu hunain. Hyn fyddo ein braint er budd eraill ac er gogoniant i'r Hwn a roddodd ei hun er mwyn eraill. Amen.

Dydd Llun

Gorchmynnodd Moses iddynt, 'Ar ddiwedd pob saith mlynedd ... pan fydd Israel gyfan yn dod i ymddangos gerbron yr Arglwydd dy Dduw, yr wyt i gyhoeddi'r gyfraith hon yng ngŵydd ac yng nghlyw Israel gyfan. *Deuteronomium 31:10 ac 11*

Y rhesymeg y tu ôl i'r mesurau hyn oedd na allai neb werthu tir mewn ystyr llwyr a therfynol, gan mai eiddo Duw yw'r tir, nid eiddo pobl. Ni allai yr un Iddew gael bod yn gaeth am byth i'r un dyn, gan ei fod yn eiddo i'r Duw a'i dygodd o gaethiwed yr Aifft. Ni allai'r un dyledwr y cymerwyd ei dir oddi arno, yn iawn am ei ddyled, fod heb dir mewn ystyr absoliwt. Ni ellir gwerthu tir y dyledwr yn *freehold*, ond yn *lease-*

hold yn unig. Fe werthir tir, nid ar sail ei werth ariannol, ond ar sail sawl cynhaeaf y disgwylid iddo ddwyn cyn y Jiwbilî nesa'.

Dydd Mawrth

> **Paid â gwyro i'r dde na'r chwith oddi wrth yr un o'r pethau yr wyf fi'n eu gorchymyn iti heddiw ...** *Deuteronomium 28:14*

Fe ellir dadlau fod hyn i gyd yn perthyn i fyd a chenedl a chyfnod tra gwahanol, a phell iawn oddi wrth ein byd modern ni. Mae byd o wahaniaeth yn llythrennol rhwng byd fel yna a byd *Interest rates* a'r *Footsie Index* a *Barclaycard*, ac *American Express*. A pha mor ffyddlon bynnag y dymunwn fod i ddysgeidiaeth y Beibl, nid yw hi bob amser yn hawdd cyd-fyw â rhai o'r gofynion hynny sydd i bob golwg yn amherthnasol i fywyd ein cymdeithas ni.

Dydd Mercher

> **Ni fydd byth dlotyn yn eich plith ...** *Deuteronomium 15:4a*

I fynd yn ôl at y geiriau allweddol, sôn y mae am **GYFARTALEDD CYMDEITHASOL**. Yr hyn sy'n glir yw fod yr Hen Destament wedi sefydlu trefn gymdeithasol ac economaidd a fyddai'n rhwystro twf caethwasiaeth a thlodi. Y ddelfryd oedd cyfartaledd a thegwch. Pan welid perygl i'r ddelfryd honno gael ei difetha, roedd yn rhaid wrth rywbeth i adfer y patrwm. Yr oedd y seithfed flwyddyn honno – blwyddyn y Jiwbilî, yn rhoi cyfle i hynny ddigwydd – cyfle i adfer y ddelfryd. Cyfle i ailddechrau.

Dydd Iau

> **Paid â symud yr hen derfynau a osodwyd gan dy dadau.**
> *Diarhebion 22:28*

Mae i weledigaeth awduron y Beibl Hebraeg rywbeth i'w ddweud wrthym ni heddiw. Yr oeddent yn credu mai Duw a'u galwodd i ryddid. Fe'u rhyddhawyd o gaethiwed yn yr Aifft drwy gariad achubol Duw. Fe ddylai eu bywyd newydd adlewyrchu y rhyddid hwnnw a ddaeth oddi wrth Dduw. Nid ydynt yn gaethweision i neb, na dim.

Dydd Gwener

> **Gwrandewch hyn, chwi sy'n sathru'r anghenus ac yn difa tlodion y wlad ... trof eich gwyliau yn alaru a'ch holl ganiadau'n wylofain.** *Amos 8:4 a 10a*

Yr oeddent yn gwybod pa mor werthfawr oeddent yng ngolwg Duw. Fel plant Israel, hwy oedd eiddo Duw, a hynny mewn ffordd arbennig. Os oedd Duw wedi gosod y fath werth arnynt, fe ddylent hwythau osod gwerth cyffelyb ar bobl eraill. Nid oedd hawl manteisio ar neb. Yn drydydd, roedd y gwahaniaethau mawr rhwng tlodi a chyfoeth, eiddo a dim, perchnogaeth a dibyniaeth, i'w hymladd i'r eitha. Nid oeddent yn gymwys i blant Duw a brynwyd i ryddid ganddo ef, drwy ras.

Dydd Sadwrn

> **Ni fydd prinder tlodion yn y tir ...** *Deuteronomium 15:11*

Mae rheidrwydd arnom i ymladd y frwydr yn erbyn tlodi, yn erbyn pob peth sydd yn caethiwo pobl. Dyma'r ddelfryd, **Ni fydd byth dlotyn yn eich plith.** Dyna hanfod y ddeddf fel y'i rhoddwyd hi gan Moses. Yna, ar ddiwedd yr adran dan sylw yr wythnos hon, mae awdur Deuteronomium yn cydnabod realiti bywyd: **Ni fydd prinder tlodion**

yn y tir; dyna pam yr wyf yn gorchymyn i ti agor dy law yn hael i'th frawd anghenus a thlawd yn dy wlad. Dyma gleddyf llym a dau-finiog yn torri drwy bob agwedd hunanol a hunanganolog. Yr ydym, fel pobl Dduw, i weithio tuag at gymdeithas lle nad oes tlodi, ac, ar yr un pryd, lle bynnag y gwelwn dlodi, disgwylir i ni wneud rhywbeth ynglŷn â'r sefyllfa honno.

20: Y WLEDD FAWR

Dydd Sul
Mathew 22: 1–14 a Luc 14: 7–13

Llond y nefoedd, llond y byd
Llond uffern hefyd yw.
Llond tragwyddoldeb maith ei hun
Diderfyn ydyw Duw.

Rhif 215, Caneuon Ffydd

Mae'n rhaid i ni gytuno gydag Edward Jones Maes y Plwm – mawr ydyw Duw. Hynod fawr a rhyfedd o fentrus a gostyngedig yn ei fawredd. Ef sydd yn paratoi'r wledd. Ef piau'r wledd. Meddai'r meistr wrth y gwas: **Dos a'u gwahodd NHW.** Ni ydi NHW – trigolion y strydoedd cefn. Nid oes yr un ohonom yn deilwng i dderbyn gwahoddiad i wledd briodas mab y brenin. Ond fe'n gwahoddir. Cawn wahoddiad i bresenoldeb y brenin. Bwriad y Brenin Mawr yw profi cymundeb â chi a fi; ni yn rhannu ei fywyd a phrofi ei gariad, a thrwy hynny, yn darganfod ystyr a phwrpas i'n tipyn byw.

    Nid oes modd osgoi Duw. Mae Ef yn "Llond pob lle, presennol ym mhob man"; ac eto, nid yw'n gorfodi neb i droi ato ac ildio iddo. Yr ydym yn rhydd i benderfynu. Dyma ryddid arswydus. Mae'r dewis yn ein dwylo ni. Derbyn neu wrthod gwahoddiad y brenin. Os "Na", wel, rhaid derbyn y canlyniadau: **Bydd yno wylo a rhincian dannedd.** *(Mathew 22:13b)*

Ond os mentrwn ateb yn gadarnhaol, cawn brofi hyfryd groeso. Gwledd groesawgar, lawen yw gwledd y brenin. **Yr hwn a ddêl ataf fi, nis bwriaf ef allan ddim.**

O brofi cymundeb gwefreiddiol y wledd, cawn ddarganfod Duw a chael ein darganfod ganddo. Darganfyddwn wir ystyr brawdgarwch. Un bwrdd mawr sydd i'r wledd hon, am wn i, nid nifer fawr o fyrddau bach.

Sylwch ymhellach ar adnodau 11–13. Mae un ymhlith y gwahoddedigion heb groeso iddo. Teflir hwn allan yn ddiseremoni a'r holl gynnwrf yn magu cwestiwn, yn syml, Pam? Does ganddo ddim gwisg briodas neu, yn nes at y gwir, gwrthododd wisgo amdano wisg addas i'r achlysur. Aeth hwn i wledd briodas mab y brenin yn ei ddillad cyffredin, pob dydd. Oherwydd ei ddiffyg parch tuag at yr achlysur, ac yn arbennig at yr hwn a'i gwahoddodd, fe'i teflir allan i'r nos.

Rydym ni weithiau'n barod a bodlon gwrando gair Duw am faddeuant pechodau heb fod yn barod i dderbyn goblygiadau anorfod y maddeuant hwnnw, sef troi'r hen bethau heibio. Diosg oddi amdanom yr hen a gwisgo amdanom y newydd. Os ydym am brofi gorau Duw rhaid ildio'n llawn iddo. Diddorol yn y cyswllt hwn yw ffordd ryfedd Paul o sôn am Iesu ym mhennod 13 o'r llythyr at y Rhufeiniaid: **Gwisgwch amdanoch yr Arglwydd Iesu Grist**. O wisgo'r Arglwydd amdanom cawn urddas a gwerth newydd. Yn wir, yr ydym yn "Hardd gerbron y Tad". Bydd croeso inni wrth fwrdd y wledd.

Mae adnod 14 yn boenus. Mae'r gwahoddiad yn cael ei roi i bawb. Mae pawb â'r hawl i glywed y gwahoddiad ond nid pawb sy'n derbyn. Yr etholedig yw'r rheini sydd yn derbyn y gwahoddiad ac yn ildio'n llawn i'r hwn sy'n gwadd. Mae'r brenin yn hawlio ymgysegriad llawn oddi wrth ei wahoddedigion.

Gweddi

Ymgyflwyno i Dduw

Dysg ni, Arglwydd,
i'th wasanaethu fel yr haeddi;
i roi heb gyfri'r gost;
i frwydro heb ystyried y clwyfau;
i weithio heb geisio gorffwys;
i lafurio heb ddisgwyl gwobr
ond gwybod ein bod yn gwneud dy ewyllys di.

Ignatius o Loyola

Dydd Llun

> **Pan wahoddir di gan rywun i wledd briodas,
> paid â chymryd y lle anrhydedd ...** *Luc 14:8*

Tithau â'th hunanbwysigrwydd yn dy orfodi i chwilio am y lle amlycaf,
ond cei dy siomi. Hei! Nid ti sydd i fod yma; rho dy le i hwn a dos
lawr, cymer y lle isaf. Os wyt yn ddigon gonest a gostyngedig i gymryd
y lle isaf, pwy a ŵyr na ddaw cyfaill a'th annog, "Tyrd i fyny, tyrd yn
uwch." Gwers mewn gostyngeiddrwydd oedd y wers i'r gwesteion, a
doedd neb mwy gostyngedig na'r Athro ei hun: **Ni ddaeth Mab y dyn
i'w wasanaethu ond i wasanaethu.**

Dydd Mawrth

> **Oherwydd darostyngir pob un sy'n ei ddyrchafu ei hun, a
> dyrchefir pob un sy'n ei ddarostwng ei hun.** *Luc 14:11*

Ystyriwch am eiliad bobl sydd â'u gostyngeiddrwydd yn cywilyddio
ein hunanbwysigrwydd ni. Meddyliwch yn ôl at eich plentyndod: oes
yna rywun yno, hwn neu hon yn plygu i'ch lefel, yn gwrthod siarad

yn nawddoglyd â'r bychan, yn gwrando ar eich cleber fel pe baech chi y person pwysicaf yn y byd i gyd? Ystyriwch y bobl hynny sydd yn gwenu â'u llygaid yn ogystal â'u gwefusau. Pobl sy'n gwneud daioni gan arswydo rhag clod a chymeradwyaeth. Pobl sy'n cynnig drws a chalon agored i eraill. Pobl sy'n siarad yn dda amdanom pan nad oes fawr neb arall yn gwneud. Pobl sy'n gweddïo trosom heb inni wybod. Pobl sy'n fwy sensitif tuag at anghenion eraill nag i'w hanghenion eu hunain. Diolchwn i Dduw amdanynt. Boed iddynt brofi gan eraill, yr union fendith sy'n llifo mor hael ohonynt hwy.

Dydd Mercher

> **Pechadur aflan yw fy enw, o ba rai y penna'n fyw; rhyfeddaf fyth, fe drefnwyd pabell im gael yn dawel gwrdd â Duw.**
> *Ann Griffiths, Rhif 338, Caneuon Ffydd*

Meithrin dealltwriaeth gwir a chywir ohonom ein hunain sydd wrth wraidd y gostyngeiddrwydd hwn. Yn blwmp ac yn blaen, bach ydym. Ym mhresenoldeb y Duw mawr, hynod fawr hwn, mae'n balchder ni'n gwywo a'n hunanbwysigrwydd yn edwino.

Dydd Iau

> **Pan fyddi'n trefnu cinio neu swper, paid â gwahodd dy gyfeillion na'th frodyr na'th berthnasau na'th gymdogion cyfoethog, rhag ofn iddynt hwythau yn eu tro dy wahodd di.** *Luc 14:12*

Mae'r wers nesaf yn torri'n nes fyth at yr asgwrn. Mae'r geiriau hyn yn ein gorfodi i ystyried y gwir resymeg tu ôl i'n haelioni a'n helusengarwch. Beth yw ein cymhelliad dros roi? Ydyn ni'n rhoi er mwyn derbyn? Duw a'n gwaredo ni rhag haelioni crintachlyd a snobyddlyd. O roi felly, gwell o lawer i ni, a phawb arall, pe na byddem wedi rhoi o gwbl! Na, mae Iesu am inni fod yn wirioneddol hael, drwy roddi pan nad oes cyfle inni dderbyn dim yn ôl. Pobl ddifreintiedig yw'r unig rai all ganiatáu inni fod yn hael felly. Dyna ydy eu rhodd hwy inni.

Dydd Gwener

> **Pan fyddi'n trefnu gwledd, gwahodd yn hytrach, y tlodion, yr anafusion, y cloffion, a'r deillion; a gwyn fydd dy fyd, am nad oes ganddynt fodd i dalu'n ôl iti; cei dy dalu'n ôl yn atgyfodiad y cyfiawn.** *Luc 14:13*

Yn sŵn y geiriau hyn gawn ni ystyried ein rhoi? Os gwir yw dweud, *Charity begins at home*, onid oes raid iddo ddechrau gartref gyda ni, yn ein defnydd personol ni o amser ac arian? Rhaid ystyried yn ddwys, gonest, a gweddigar, faint rydyn ni'n ei roi, a pham rydyn ni'n rhoi? Rhaid iddo ddechrau, hefyd, gartref yn ein gwlad – yn ein parodrwydd i wrando, nid dim ond clywed cri ingol y tlawd ymhell ac agos. Rhaid i ddrysau ein cartrefi, ein byrddau a'n waledi fod yn agored i eraill, rhag inni ffeindio fod ein lle wrth fwrdd y nefol wledd wedi ei gymryd gan un a wrthodasom.

Dydd Sadwrn

Gweddi o ymostyngiad

Cymer, Arglwydd, fy rhyddid,
fy nghof, fy neall,
a'm hewyllys i gyd.
Ti a roddaist bob peth i mi,
gwnaethost fi yr hyn ydwyf,
cyflwynaf y cyfan i'th ewyllys ddwyfol di,
gwna fel y mynni â mi.
Dyro i mi'n unig dy ras a'th gariad di.
Gyda'r rhain, cyfoethog ydwyf,
nid oes raid imi ofyn am ragor.

Ignatius o Loyola

21: LLAWENYDD YR YSBRYD

Dydd Sul
1 Samuel 9:15–10:16
Rhufeiniaid 8:14–17
Effesiaid 5:18–21

I fyd melancolaidd a diobaith daeth Iesu â llawenydd Duw. Llawenydd na allai'r un arall gynnig na'r un arall ddileu.

C. S. Lewis

Dyma genhadaeth Efengyl Iesu Grist i'r byd – Llawenydd!
Llawenydd amgenach na llawenydd y botel a'r chwistrell a holl firi'r byd.

Teitl hunangofiant C. S. Lewis yw *Surprised by Joy.* Tybed os nad oes angen i ninnau ganiatáu i lawenydd yr ysbryd dorri i mewn i'n byw a'n bod, i ddatod cwlwm parsel taclus ein crefydd a'i agor led y pen. Tybed wir nad amod profi llawenydd yr Ysbryd yw ildio, yn llwyr ac yn gyfan, i Ysbryd y Duw byw a bendigedig?

Gweddi

Ysbryd Glân, Golomen Nef,
Gwrando'n rasol ar ein llef,
Aethom yn wywedig iawn,
Tyred yn dy ddwyfol ddawn.
Roger Edwards, 592, Caneuon Ffydd

Clodforwn di, Arglwydd, wrth i ni gofio am dy ddyfodiad at y disgyblion ar Ŵyl y Pentecost, a'th fod, yn y dyfod hwnnw, wedi dwyn bywyd newydd a roddodd fod i'th eglwys ar y ddaear. Yr oeddet ti wedi addo hynny cyn i Iesu esgyn atat, **Chwi a dderbyniwch nerth yr Ysbryd Glân**, meddai, ac yn ôl dy arfer fe gedwaist dy air. Diolch i ti am ddanfon dawn dy ysbryd, yn ddigon i fywhau dy eglwys ddoe a heddiw, ac a fydd yn parhau i roi nerth a bywyd i'th eglwys yfory.

Diolch i ti am roi i ni'r brwdfrydedd i ganmol yr enw mwyaf mawr, a'r person harddaf a welodd y ddaear erioed.

Mae'n brwdfrydedd ni weithiau'n llesgáu, a'r tân ar ein hallorau ond yn mud-losgi, a fflam ein ffydd yn wan. Tyred Ysbryd Sanctaidd, unwaith eto, â'th nefol wynt a'th dafodau o dân, i'n bywiocáu a'n llonni. Does dim ond dy Ysbryd a all ddifa'n hunanoldeb, a'n helpu i ddiosg ein hofnau a'n hamheuon, ac i wthio'r anawsterau o'r neilltu. Does dim ond dy Ysbryd a all ein gwisgo â mantell ffydd a hyder a gobaith.

Gelwaist dy ddisgyblion allan o'r oruwchystafell ddiogel i ganol cynnwrf y ddinas. Galw ninnau o'n diogelwch cyfforddus, o'n tyrrau eifori, o'n myfyrdodau sidêt, a heria ni, i gyhoeddi Gair dy ras, a dweud am Iesu yn y mannau tywyll a thost a dyrys hynny lle mae dy bobl di'n bod. Helpa ni i weld na allwn fyw'n unig ar waddol ein doe a'n hechdoe, nad digon i ni ffydd mamau a thadau, neiniau a theidiau, er diolch ohonom amdanynt. Dyro i ninnau y profiad bywiol o bresenoldeb dy Ysbryd fel y cawn ni yn ein hoes ein tanio i ddweud yn dda amdanat, ac i gyflawni dy ewyllys yn y fan lle gosodaist ni, gyda'r bobl y rhoddaist ni yn eu plith.

Gwisg dy eglwys â'th nerth, a bydded dy air ynddi megis tân. Cyffeswn i ni ar brydiau fwynhau cwyno, a chyffeswn ein tuedd i ddigalonni. Grëwr Eglwys Dduw, Ddiddanydd dy bobl, Arweinydd Pererinion, clyw ein gweddi, a thor eto i ganol a chalon ein dydd, yn danchwa o gariad, yn ffrwydrad o ras fydd yn troi'r byd â'i ben i waered. Gwrando ar ein cri, a chymhwysa bopeth sydd o'i le ynom. Maddau ein pechod. Yn enw Iesu Grist. Amen.

Dydd Llun

> **Thou hast conquered, O pale Galilean: the World has grown grey from thy breath.**

Ydi Swinburne yn iawn?
Ai rhywbeth diflas ydi Cristnogaeth?
Rhywbeth sydd yn crebachu meddwl pobl?
Ein hateb i wawd Swinburne yw **Na!** uchel a phendant.

Mae Cristnogaeth yn ehangu gorwelion pobl. Ffydd y posibiliadau mawr yw Cristnogaeth; fe all unrhyw beth ddigwydd os ydym yn cysegru'n hunain iddi!

Dydd Mawrth

> **Addolwch yr Arglwydd mewn llawenydd, dewch o'i flaen â chân.** *Salm 100:2*

Aethom yn hoff o'r nodyn lleddf, aeth ein haddoliad yn llipa o barchus ac yn grynedig o weddus. Mae nodyn lleddf ein haddoliad allan o diwn gyda llawenydd mawr Efengyl Iesu Grist ac, felly, wedi lleihau apêl yr Efengyl honno fel anturiaeth ddi-ben-draw. Aethom i guddio gwir wefr ein ffydd tu ôl i drefn ac arfer a rigmarôl ein crefydd.

Dydd Mercher

> **. . . ni chaiff neb ddwyn eich llawenydd oddi arnoch . . .**
> *Ioan 16:22*

Ni ddylai ein ffydd yn Iesu Grist fod yn llednais. Na, fe ddylai fod, mewn llawer ffordd, yn amrwd! Nid yn ddiachos y galwyd y Seiadwyr Methodistaidd cynnar yn "Neidwyr". Roedd llawenydd Efengyl Iesu Grist wedi cydio ynddynt gan beri iddynt ddawnsio, bloeddio a thaflu'u capiau i'r awyr. Oes, gyfeillion, mae achos gennym ni hefyd i daflu ein capiau i'r awyr!
Er bod ein capeli'n cau . . .
Er bod ein gweinidogaeth yn wan
Er bod ein cynulleidfaoedd yn heneiddio . . .
Er mor niwlog ein gweledigaeth . . .
Taflwch eich capiau i'r awyr!
Gyrrwch *Il Penseroso* ar ffo gydag ychydig o *L'Allegro* . . .
Pam? Oherwydd, **ni chaiff neb ddwyn eich llawenydd oddi arnoch . . .**

Dydd Iau

> **Llawenydd buddugoliaethus yw llawenydd yr Ysbryd.**

Yn y dyddiau pan oedd eangderau mawr o'r byd nad anturiodd neb iddynt, pan baratowyd y mapiau, yn y gwacter ysgrifennwyd y geiriau, *Here be Devils*. Yna, trwy fuddugoliaeth Iesu Grist, mae modd 'sgrifennu *Here be God* ar bob modfedd o fap bywyd.

Mae 'na lawenydd mawr, diysgog yn y sicrwydd mai plant i Dduw ydym, ac na all yr un peth ein gwahanu ni oddi wrth gariad Duw yng Nghrist Iesu ein Harglwydd.

Dydd Gwener

> **Llawenydd diogel yw llawenydd yr Ysbryd.**

Mae'r llawenydd Cristnogol yn hollol annibynnol ar amgylchiadau. Roedd y ffaith fod disgyblion Iesu mewn trafferth, bron yn feunyddiol, ddim yn amharu dim ar y llawenydd oedd ganddynt yn eu meddiant. Dyna Paul a Silas yn canu clod i Dduw yn y carchar yn Philipi. Pan deimlwn waetha'r byd a'i bethau yn cau amdanom fe wyddom fod Ann Griffiths yn iawn i ganu:

. . . Duw yn Dad, a Thad yn Noddfa,
    Noddfa'n Graig, a'r Graig yn Dŵr,
    Mwy ni allwn ei ddymuno.

Onid dyma'r hyn sydd gan Paul yn ei feddwl wrth ddatgan ei fod **dan dristwch, ond bob amser yn llawenhau.** *(2 Corinthiaid 6:10a)*

Dydd Sadwrn

> **Llawenydd bythol yw llawenydd yr Ysbryd**

Mae marwolaeth yn ffaith ddiymwad mewn bywyd.
I believe the moment of birth
Is when we have knowledge of death.

T. S. Eliot

Ac mae'r ffaith hon wedi peri arswyd i bobl erioed. Cawn hyd yn oed enaid mawr Eseia yn ochneidio:

Canys ni fydd y bedd yn diolch i ti,
nac angau yn dy glodfori:
ni all y rhai sydd wedi disgyn i'r pwll
obeithio am dy ffyddlondeb *(Eseia 38:18)*

Ond mae ein "Ceidwad cry'" ys dywed George Rees, wedi cwrdd ag angau ei hun ac wedi dryllio ei deyrnas yn deilchion, wedi llwyr ddinistrio achos ein harswyd.

22: YR YSBRYD GLÂN A DONIAU LLAFAR

Dydd Sul
Actau 2:1–42 a Joel 2:28–32

Gawn ni ddechra gyda geiriau Joel.

Tywalltaf fy ysbryd ar bawb. . .

Gellir meddwl am yr Ysbryd hwn fel grym gweithredol Duw. Ysbryd oedd hwn yn disgyn yn rymus ar bobl gan roddi nerth a chymorth iddynt yn ôl yr angen. Ysbryd yn bendithio'r proffwyd â neges i'w chyhoeddi, y brenin a'r barnwr â doethineb arwain a'r crefftwr â dawn i weithio. *(Exodus 31:3)* Ond pan ddaw Dydd yr Arglwydd, meddai Joel, bydd Duw yn tywallt ei Ysbryd ar bawb:

bydd eich meibion a'ch merched yn proffwydo,
bydd eich hynafgwyr yn gweld breuddwydion,
a'ch gwŷr ifanc yn cael gweledigaethau . . .

Bydd y fendith neilltuedig yn fendith gyffredinol. Bydd grym Ysbryd Duw yn eiddo i bawb: **Hyd yn oed ar y gweision a'r morynion fe dywalltaf fy ysbryd . . .**

Ie, hyd yn oed ar bysgotwyr a chasglwyr trethi . . . Y fendith a'r her yn eiddo i'r tlawd a'r cyfoethog, y gwryw a'r benyw, yr hen a'r ifanc, pawb fel ei gilydd.

Bydd pob un sy'n galw ar enw'r Arglwydd yn cael ei achub.
Mae Pedr yn dyfynnu'r frawddeg fawr hon. Heb os nac oni bai, roedd
yr Arglwydd yn Dduw ar bobl Israel. Ei eiddo Ef oeddent, ond nid eu
heiddo hwy oedd yr Arglwydd. Ef oedd Duw a Thad Iesu Grist, yr
hwn a daflodd ddrws y deyrnas led y pen ar agor i bawb. (*Ioan 3:16*)
Felly, mae Pedr yn gwahodd pawb oedd yn gwrando arno i edifarhau a
chael eu bedyddio a derbyn yr Ysbryd Glân yn rhodd (*Actau 2:38*), ac
mae e'n gorffen gyda'r geiriau:
". . .Oherwydd i chwi mae'r addewid, ac i'ch plant (sef yr Iddewon)
ac i bawb sydd ymhell (y cenhedloedd), **pob un y bydd yr Arglwydd
ein Duw ni yn ei alw ato."** *(adnod 39)*

Mae Duw yn galw arnom ym mywyd, marwolaeth ac
atgyfodiad Iesu Grist, a ninnau mewn ymateb yn galw arno mewn
ffydd ac ymgysegriad a derbyn y bywyd newydd sydd eiddo inni yng
Nghrist Iesu.

Neidiwn yn ôl o Joel i'r unfed bennod ar ddeg o lyfr Genesis – hanes
TŴR BABEL – Sylwch ar adnod 4,
**Yna dywedasant, "Dewch, adeiladwn i ni ddinas, a thŵr a'i ben yn
y nefoedd, a gwnawn inni enw, rhag ein gwasgaru dros wyneb yr
holl ddaear."**

Balchder dyn yw gwraidd y drwg. Nid un iaith nac un
ymadrodd oedd i'r holl fyd; wedi'r balchder hwn, daeth Babel –
dryswch. Awdur y dryswch oedd Duw, yn cymysgu ieithoedd a drysu
trefniadau er mwyn gwared pobl rhag canlyniadau eu ffolineb.

Nid trefnus mo digwyddiadau Dydd y Pentecost ychwaith;
yma hefyd mae dryswch:
**Yr oeddent wedi drysu'n lân am fod pob un ohonynt yn eu clywed
hwy yn siarad yn ei iaith ei hun.** (*Actau 2:6*)
Pobl yn synnu a rhyfeddu oeddent oherwydd fe wyddent fod grym ar
waith a oedd y tu hwnt i'w deall – grym anfeidrol Duw. O ildio i'r
grym rhyfeddol hwn, grym sydd yn ysgwyd a chwalu ein syniadau
a'n daliadau, yn drysu ein cyfrifon a'n cynlluniau, mae'r posibiliadau
yn ddi-ben-draw.

Gweddi

Ysbryd Sanctaidd, disgyn
O'r uchelder glân;
Nes i'n calon esgyn
Mewn adfywiol gân.

Pennar Davies, 595, Caneuon Ffydd

O Dduw, bydded i dân dy Ysbryd Glân ddifa ynom bopeth nad yw
wrth dy fodd, a chynnau yn ein calonnau sêl ysol i'th wasanaethu,
trwy Iesu Grist ein Harglwydd. Amen.

(Addaswyd o hen golect)

Dydd Llun

LLEFARU Â THAFODAU DIEITHR

. . . a llanwyd hwy oll â'r Ysbryd Glân, a dechreuasant lefaru â
thafodau dieithr, fel yr oedd yr Ysbryd yn rhoi lleferydd iddynt.
Actau 2:4

Yn yr ychydig eiriau hyn mae cyfrinach **llefaru â thafodau dieithr**.
Yn ôl pob tebyg roedd oedfaon yr Eglwys yng Nghorinth, yng
nghyfnod Paul, yn reit fywiog. Roedd rhywun neu rywrai yn aml yn
codi i'r fath hwyl nes dechrau siarad â thafodau. Roedd Paul yn
pwysleisio mai rhywbeth rhwng yr unigolyn a Duw oedd siarad â
thafodau dieithr. Meddai ym mhennod 14 o'i lythyr cyntaf:
**. . . y mae'r sawl sydd yn llefaru â thafodau yn llefaru, nid wrth
ddynion, ond wrth Dduw. Nid oes unrhyw ddyn yn ei ddeall; llefaru
pethau dirgel y mae, yn yr Ysbryd.**

Dydd Mawrth

> **Y mae'r sawl sy'n llefaru â thafodau yn ei adeiladu ei hun . . .**
> *1 Corinthiaid 14:4*

Er yn fodlon rhestru siarad â thafodau dieithr ymhlith doniau'r Ysbryd, mae'r Apostol yn mynnu nad yw siarad â thafodau yn adeiladol i'r gynulleidfa gyfan os nad oes modd cyfieithu na dehongli'r tafodau. Efallai, felly, mai arwydd o gymundeb personol rhwng yr apostolion a Duw oedd y tafodau dieithr hyn, yn baratoad i'r rhyfedd wyrth honno pan fu modd i bawb yn y dyrfa glywed am **fawrion bethau Duw** yn iaith ei fam.

Dydd Mercher

> **ARAITH PEDR**
> *Actau 2:14–42*

Sylwch yn gyntaf ar y Pregethwr. Cymeriad digon gwamal a simsan oedd y pysgotwr hwn, ond, wedi ei fedyddio â'r Ysbryd Glân daeth gwroldeb, egni a sêl newydd. Ond peidiwn ag anghofio'r gweddill – **Safodd Pedr ynghyd â'r un ar ddeg . . .** Yno yn gefn iddo, yn cynnal ei freichiau, yn ei gymell i ddal ati.

Dydd Iau

> **. . . yr ydym yn eu clywed hwy yn llefaru yn ein hieithoedd ni am fawrion weithredoedd Duw.** *Actau 2:11*

Sylwch heddiw, ar destun pregeth Pedr – Mawrion weithredoedd Duw. Y rhain yw Alpha ac Omega pob pregethu Cristnogol. Sylwedd y bregeth – adnodau 37–39 – yw edifeirwch a maddeuant. Ni ellir ysgaru un oddi wrth y llall. O bregethu edifeirwch heb faddeuant ni lwyddwn i wneud dim amgenach na thaflu pobl i anobaith, heb gynnig iddynt unrhyw ddihangfa rhag y gors honno. O bregethu maddeuant heb edifeirwch gwnawn gam ag awdurdod Duw, a stripio aberth Calfaria o'i ystyr. Rhaid plethu y naill i mewn i'r llall.

Dydd Gwener

> **Felly, bedyddiwyd y rhai a dderbyniodd ei air, ac ychwanegwyd atynt y diwrnod hwnnw tua thair mil o bersonau.** *Actau 2:41*

Dyma lwyddiant anhygoel. Nid y pregethwr oedd yn gyfrifol am y llwyddiant, ond arddeliad a dylanwad yr Ysbryd Glân. Nid y cyfryngau sy'n bwysig ond y grym sydd yn gweithio ynddynt a thrwyddynt. **Nid trwy lu, ac nid trwy nerth, ond trwy fy ysbryd, medd Arglwydd y lluoedd.**

Dydd Sadwrn

Ystyriwch her Walter P. John:
Colli diddordeb mewn crefydd sy'n cyfrif i raddau helaeth am enciliad y lliaws o'r eglwysi yn ein dyddiau ni. Nid gwrthwynebiad yn gymaint yn achos y cefnu ond dim dileit! I'r mwyafrif llethol, erbyn hyn, y mae bywyd yr eglwysi wedi hen beidio â bod yn ddiddorol, heb sôn am fod yn gyffrous.

Mae'n daear ni'n sensitif gan *aerials* ac *antennae* o bob math, a'r rheini'n negeseua â'i gilydd yn barhaus – o bellterau'r sêr ac o agos. Am *drigolion* y ddaear dechnegol sensitif hon, sut mae eu *haerials* nhw tybed? Ie, ie . . . yr *aerials* ysbrydol dwi'n feddwl."

Derec Llwyd Morgan

23: BENDITH DRIPHLYG

Dydd Sul
Effesiaid 1:3–14

Mae pob gweinidog wedi cael y fraint a'r wefr o arwain parau drwy baratoad ar gyfer priodas, a thrwy'r gwasanaeth ei hunan, ac wedi cael llawenydd yn fynych o weld y pâr yn dod yn deulu, a'r teulu'n dod yn rhieni maes o law.

O bosibl dyma un o'r digwyddiadau ym mhrofiad bywyd sydd yn allweddol ac yn rhoi cyfle i'r efengyl wneud ei waith. Fe welwch y fendith yn disgyn yn amlwg. Maen nhw'n sefyll yno, yn ffres a gobeithiol, a'u hieuengoed yn fynych yn her ac yn ofn ar yr un pryd. Mae eu cariad cynnes yn amlwg ac yn cymysgu gyda'r nerfusrwydd a'r gobaith. Mae popeth o'u plaid yn arwyddo bendith a gobaith a chymorth ar y daith. Un o'r pethau sy'n synnu dyn weithiau yw'r emynau y mae pobl yn gofyn amdanyn nhw. Nid mor rhyfedd, cofiwch, â'r rhai y gofynnir amdanyn nhw i ambell angladd! Dwi'n hoff iawn o'r geiriau gafodd eu dewis i un briodas o dan fy ngofal 'chydig yn ôl, *Lead us heavenly father, lead us*. Mae'r emyn yn mynd rhagddo i weddïo am gymorth ac arweiniad yn y bywyd sy'n ymagor, ac yn gorffen mewn gweddi am fendith y Tri yn Un, y Duw sy'n Dad, Mab ac Ysbryd Glân; yr hwn fel Crëwr fydd yn cynnal; fel Gwaredwr fydd yn maddau a chywiro; fel Arweinydd fydd yn gwmni ar y daith. Mi welais ambell ddeigryn ac aml wên wrth eu gweld yn uno'n swil yn y gân, cyn gadael y capel i fendith golau dydd a chroeso teulu a her bywyd, a'r geiriau olaf yn sicrwydd a sêl eu bywyd – *Thus provided, pardoned, guided / Nothing can our peace destroy.*

Dwi'n gweld yn hyn ddarlun. Mae bywyd y Cristion i gyd yn dod o dan yr un fendith – bendith ryfedd a chyfoethog: y Duw sy'n Un yn Dri.

YR UN DUW SY'N DRI

Yn y ffaith honno'i hunan mae dirgelwch wrth gwrs. Nid yw un yn dri na thri yn un! Eto, yn y Duwdod, y mae felly. Ar ben tŵr yr eglwys y bu i Geraint, fy mrawd, a Helen briodi, sef *Holy Trinity* St Austell, Cernyw, lle mae cerflun a ddisgrifir yn y cyhoeddusrwydd i dwristiaid fel, *one of the sights most worth seeing in Cornwall.* Darlun mewn carreg ydyw o'r Drindod. I'w weld ar ei orau, rhaid camu yn ôl i sgwâr y farchnad a dringo grisiau'r farchnad ei hunan a throi eich cefn ar sŵn a ffrwst y gwerthwyr a'r prynwyr, ac edrych i fyny. Cawn Dduw y Tad fel brenin yr oesoedd, wedi ei goroni a'i orseddu ar gymylau'r nef. Mae'n cynnal croes ar yr hon y mae ei fab, Iesu, wedi ei grogi. Yn hedfan allan o law y tad ac yn eistedd ar ben y mab, yn wreiddiol yr oedd Colomen yn arwyddo'r Ysbryd Glân. Yn anffodus, mae'r gwyntoedd a'r glaw ar hyd yr oesoedd wedi dileu'r golomen, ac nid oes yno ond cof amdani. Mae'r ffaith nad yw'r golomen yn weladwy yn symbol ynddo'i hunan o'r presenoldeb parhaol, anweledig.

Gweddi

Boed clod a mawl i ti, O Dduw ein Tad. Mawr yw dy ffyddlondeb. Gyda thi nid oes troi a throsi. Nid oes diwedd i'th gariad. Nid oes terfyn i'th ddaioni. Gallwn ymddiried ynot. Yr wyt ti'n hollol ddibynadwy.

O Dad, clodforwn di; pan siomwyd di gan bobl, yn hytrach na chefnu arnom, yn hytrach nag atal dy gariad, danfonaist dy fab i'n gwared rhag gwaethaf ein hunain a'n tynnu'n ôl atat.

Iesu, ein Harglwydd, clodforwn di. Er mwyn ein hachub rhag sefyllfa hollol anobeithiol, dioddefaist y groes, gan ddirmygu'r gwawd a'r boen. Arglwydd, mae tlodi ein bywydau, ein hanufudd-dod parhaol, ein methiant cynyddol mewn daioni, ein hymdrechion gwan i fyw'n iawn yn dy frifo di.

Ysbryd Sanctaidd, clodforwn di. Dim ond gyda'th nerth di y mae gobaith gennym i fod yr hyn y gallem fod, ac i wneud yr hyn y dylem wneud. Cymer feddiant ohonom fel yr ysbrydolir ni i ufuddhau i'r gorchmynion, i garu'r hyn sydd dda, ac i ddyheu am gyfiawnder, fel y gallwn osod ein gorffennol anobeithiol y tu ôl i ni; ac y bydd ein byw yn gallu dod yn rhywbeth prydferth, yn blodeuo o'th gariad. Amen.

Dydd Llun

> **Bendigedig fydd Duw a thad ein Harglwydd Iesu Grist yr hwn a'n bendithiodd yng Nghrist â phob bendith oddi wrth yr Ysbryd yn y nefoedd.** *Effesiaid 1:3*

Sylwch ar y cymal olaf yn yr adnod uchod, **â phob bendith oddi wrth yr Ysbryd yn y nefoedd**. Mae'r cyfieithiad hwn yn tynnu allan yn glir drydydd person y drindod. Mae'r tri yn cael rhan yn y fendith: Duw'r Tad, yn ein dewis ers cyn creu'r byd; Duw'r mab a anwyd i'n prynu â'i waed ei hun; Duw'r Ysbryd Glân sy'n ein galluogi a'n nerthu ac sy'n selio ein hetifeddiaeth.

Dydd Mawrth

> **EDRYCHWCH I FYNY**
> **Rhowch eich bryd ar y pethau sydd uchod, nid ar y pethau sydd ar y ddaear.** *Colosiaid 3:2*

Mae twristiaid yn mynd i Rufain ac i'r Capel Sistinaidd, a chan geisio gweld gogoniannau'r darluniau ar y nenfwd maen nhw'n defnyddio drych. Ond darlun o chwith gewch chi o hyd mewn drych! Os ydych am weld y gogoniant ni fyddwch yn fodlon edrych yn y drych a gweld y darlun o chwith. Fe fydd yn rhaid i chi godi'ch golygon a throi eich gyddfau, a chael cric yn eich gwar efallai, ac edrych i fyny. Mae'n rhaid gweld y gwaith go iawn, ac felly, rhaid edrych i fyny.

Dydd Mercher

> **Oherwydd yn y nefoedd y mae ein dinasyddiaeth ni ...**
> *Philipiaid 3:20*

Fe ddylem gofio, fel Paul, fod ein dinasyddiaeth ni yn y nef, ac fe ddylem ganoli ein golygon yn y fan lle mae ein trysorau. Mae nodwydd y cwmpawd, er cymaint y pethau sydd yn tynnu arni, yn troi o hyd tua'r *Magnetic North*. Felly hefyd, mae'n rhaid i feddwl a chalon y Cristion ogwyddo tuag i fyny yn naturiol a pharhaol mewn gweddi, myfyrdod a dymuniad.

Dydd Iau

> **COFIWCH I BLE RYDYCH CHI'N PERTHYN**
> **P'run bynnag ai byw ai marw yr ydym,**
> **eiddo'r Arglwydd ydym.** *Rhufeiniaid 14:8*

Mae'n debyg mai Sangster oedd yn dweud y stori am yr aelod eglwysig a oedd, drwy ddibyniaeth ar ddiod feddwol, wedi ei dynnu i lawr i'r gwaelodion, o fywyd cyffordus i'r gwter. Ar yr adegau prin hynny pan oedd y dyn yn ei synhwyrau, roedd Sangster yn ceisio siarad ag ef am bethau gwell ac uwch. Yna, ar y diwedd, a'i holl fywyd ar ddarfod, wrth iddo orwedd ar wely marwolaeth, daeth Sangster ato i weddïo gydag ef yn ei funudau olaf. *Mr Sangster*, meddai, *I'm down and out, and in the depths, but I don't belong there, do I? No my friend*, meddai Sangster, *you don't!* Aeth ymlaen i siarad am ei gartref, a'i rieni a'i deulu a'i fedydd a'i obaith am nefoedd. Aeth i dragwyddoldeb heb anghofio'n llwyr i ble yr oedd yn perthyn.

Dydd Gwener

> **Felly, nid estroniaid a dieithriaid ydych mwyach, ond cyd-ddinasyddion â'r saint ac aelodau o deulu Duw.**
> *Effesiaid 2:19*

Efallai bod amryw ohonom ni hefyd, fel y gŵr uchod, ers cychwyn ar y bererindod bywyd Gristnogol hon, wedi gwenud pethau y mae'n edifar gennym amdanyn nhw – pethau nad oeddent yn ffitio bywyd y Crist. Rywle, fe gymersom y tro anghywir. Ond beth bynnag yw, ac a fu, troeon yr yrfa, diolch byth nad ydym ni wedi colli golwg ar ble rydym ni'n perthyn iddo, o ble rydym ni wedi dod, nac i ble rydym ni'n mynd. Yr ydym yn gyd-aelodau o gorff Crist, ac yn gyd-etifeddion y teulu brenhinol. Na ato Duw i ni golli'r Llyfr Cyfeiriadau. Pwrpas Duw ar ein cyfer ni hefyd yw dwyn ei blant i ogoniant.

Dydd Sadwrn

> **CYRCHU AT Y NOD**
> **Yr wyf fi, gan hynny, yn rhedeg fel un sydd â'r nod yn sicr o'i flaen.** *1 Corinthiaid 9:26*

Dychmygwch eich bod yn edrych ar gêm bêl-droed ar y teledu: mae rhyw chwaraewr yn cael anaf, ac mae e ar lawr; fe ddaw'r *physio* â'r *magic sponge*, ac mae'n cael triniaeth. Hyd yn oed ar ôl syrthio'n galed a chael ei fwrw i'r llawr, does yr un chwaraewr eisiau mynd oddi ar y maes. Mae am ddal ati i chwarae'r gêm. Dyna mae Paul yn ei ddweud am gêm bywyd, y gwnaeth ef ei gymharu i yrfa, neu ras. **Gan anghofio'r hyn sydd o'r tu ôl, cyrchwch am y nod**. Felly daw'r fendith i ni, am fod Iesu Grist o'n hochor ni.

24: PAM Y MAE ARNOCH OFN?

Dydd Sul
Marc 4: 35–41

Bob nos, mae cant a mil o bobl, a ddylai fod yn cysgu'n dawel braf, yn troi a throsi, yn methu'n deg â chysgu oherwydd fod ofn yn eu llethu. Pobl ydynt sy'n gofidio am yr hyn a fu, pryderu am yr hyn sydd gan arswydo rhag yr hyn a ddaw. *Ofn*, meddai Kate Roberts, *yw ein gelyn mwyaf, yn ifanc ac yn hen.*

Bûm wrthi dro'n ôl yn dal i fyny gydag ychydig o ddarllen – tipyn o bopeth, gan gynnwys *Les Misérables* gan Victor Hugo. Yn wir Victor fydd yn ein cynorthwyo'r wythnos hon wrth inni ystyried ofn. Mae *Les Misérables* yn perthyn i gyfres o dair nofel sydd yn ymwneud ag ofnau pobl. Y gyntaf, *The Toilers of the Sea* sydd yn ymwneud ag ofn pobl o natur, *Les Misérables* yn ymwneud ag ofn pobl o'i gilydd – ofn cymdeithas; a'r olaf *Notre Dame de Paris* – ofn Duw.

OFN NATUR

Llosgfynyddoedd . . . daeargrynfâu . . . corwyntoedd . . . tsunami . . . llifogydd . . . sychder . . . newyn: grym arswydus a dinistriol natur sy'n ein hatgoffa mor fach a di-rym ydym mewn gwirionedd. Rhyw syniad felly oedd gan ryw bysgotwr Llydewig wrth iddo weddïo: *Dduw annwyl, bydd dda wrthyf. Mae'r môr mor lydan a'm cwch i mor fychan.*

Clywsom y geiriau droeon – *"Henaint ni ddaw ei hunan, – yn dilyn/Mae ei deulu anniddan"*. Ffrwyth natur yw'r teulu anniddan hwn. Fe ddaw pawb ohonom yn hwyr neu'n hwyrach i wybod beth yw bod yn hen. Ac yn blwmp ac yn blaen daw pawb ohonom wyneb yn wyneb ag angau.

Y pethau hyn sy'n magu toreth o ofidiau a phryderon – a phob un yn codi'r cwestiwn: **A oes Gair oddi wrth yr Arglwydd?**

Ystyriwch hanes y storm ar lyn Galilea, pysgotwyr profiadol mewn panic llwyr a Iesu'n cysgu'n dawel braf. Yn cysgu oherwydd fod ei Dad wrth y llyw. A dyma yw'r cysur sydd gennym. Wrth edrych ar y byd naturiol o'n cwmpas, wrth edrych ar y dirgelwch naturiol sydd ynom, does dim posib i ni ddeall pam y mae pethau fel ag y maen nhw. Ni wyddom ni – ond Duw a ŵyr. Duw sydd wrth y llyw.

Gweddi

Arglwydd daionus, dyro inni wybod digon amdanom ein hunain i deimlo ofn; a gwybod digon amdanat Ti i golli'n hofn. Pan fo'r temtasiynau'n ymosod arnom waethaf, dyro inni ras i ymgastellu yn dy nerth. Er digalonni'n fynych, na ad inni anghofio'r Eiriolwr gyda'r Tad, Iesu Grist, y Cyfiawn. Pan ballo ein hymbiliadau ni, ni phaid ei eiriolaeth Ef. Dyro inni ddeall da, i adnabod ei lais Ef ym mhob cyfyngder, ar y rhiwiau serth ac yn y glynnoedd lle'r ymgasgl y tywyllwch. Tywys ni i'r goleuni: goleuni ydwyt Ti. Yn y goleuni yn unig y gallwn ninnau ymgartrefu: na wna i ni rodio yn y tywyllwch, na thrigo mewn ofn. Ni all rhif y nosweithiau trallodus, na dyfnder y caddug, fod yn ormod, ond i Ti, o'r diwedd, ein dwyn yn ddihangol i ganol dydd dy gariad. Amen.

H. Elvet Lewis

Dydd Llun

OFN CYMDEITHAS
Daeth arnaf ofn ac arswyd, ac fe'm meddiannwyd gan ddychryn. *Salm 55:5*

Nid oes amau grym dylanwad traddodiad ac arfer arnom. Dylanwadau cryfion yn cyflyru ein bywyd ym mhob modd. Mae gormes ffasiwn, propaganda, a grym y farn gyhoeddus yn gorfodi'r mwyafrif ohonom i fynd gyda'r llif. Tarddiad llawer o wendidau pobl yw ofn – ofn anghydffurfio. Arswydo rhag bod yn wahanol – fel Pedr gynt, yn gwadu ei feistr a'i gyfaill. Pam? Achos fod llif y farn gyhoeddus wedi newid cyfeiriad, ac aruthrol anodd yw sefyll yn erbyn y llif.

Dydd Mawrth

> **Ac Efe a welodd dyrfa fawr ac a dosturiodd wrthynt . . . am eu bod fel defaid.** *Marc 6:34*

Beth felly a wnawn? Dau ddewis sydd gennym, chwysu a lladd ein hunain i geisio cadw i fyny gyda'r farn gyhoeddus, ymgolli yn y dorf, mynd yn gaeth i'r dorf; neu sylweddoli fod syniad Duw ohonom dipyn pwysicach na barn pobl amdanom. Onid haws yw bod yn un mewn torf na bod yn un mewn dau. Byrdwn neges Iesu yw mai perthynas agos rhyngom a Duw yw cyfrinach popeth, yr unig ffordd i gymeriadau fel fi a chi ymryddhau o gadwynau y farn gyhoeddus a sylweddoli ein gwir botensial fel unigolion.

Dydd Mercher

> **OFN DUW**
> **Y mae fy nghnawd yn crynu gan dy arswyd . . .** *Salm 119:120*

Meistr, meddai'r gwas yn nameg y Codau o Arian, **gwyddwn dy fod yn ddyn caled . . . Yn fy ofn euthum a chuddio dy god o arian yn y ddaear**. Mae pobl yn dueddol, gwaetha'r modd, i ddeall a chyflwyno Duw fel Meistr caled, didrugaredd, ac mae pobl wedi arswydo rhagddo, wedi cuddio rhagddo, wedi ceisio lleddfu ei ddicter gyda rhoddion ac ebyrth erioed. Dwi'n cofio gweld cartŵn rywdro, y darlun traddodiadol o Dduw fel hen ŵr yn y cymylau. Mae ganddo olwg ofidus ar ei wyneb wrth iddo edrych i lawr ar y byd: *I've been misquoted*, meddai.

Dydd Iau

> **Y mae ofn yr Arglwydd yn ffynnon fywiol i arbed rhag maglau marwolaeth.** *Diarhebion 14:27*

Rhag i Dduw gael ei gamddyfynnu daeth Crist atom, yn gnawd ein cnawd, a dangos inni wir natur a chymeriad ein Duw. Mae'n debyg fod gan y Bwdistiaid stori hynod o debyg i ddameg y mab Afradlon yn eu traddodiad. Ond mae un gwahaniaeth mawr. Pan ddaw'r afradlon adre', nid rhedeg i'w groesawu wna'r tad, ond ei osod ar brawf, i weld a oedd wedi dysgu ei wers a phrofi ei hun yn deilwng o gael ei le yn ôl. Ond cynnig darlun o Dad, a'i gariad yn ddiamod, mae Iesu. Tad yn ein gweld ni'n dod ymhell cyn inni ei weld Ef ac yn agor y drws led y pen. **Dewch, mwstrwch**, meddai, **dewch â'r wisg orau yn y tŷ i guddio ei garpiau**. Daeth Iesu atom, a byw yn ein plith, a hyd yn oed ddringo Golgotha, i adfer y berthynas rhyngom ni, blant digon afradlon fel ag yr ydym, â Duw ein Tad – Tad sydd yn gariad.

Dydd Gwener

Mae perffaith gariad yn bwrw allan ofn. *1 Ioan 4:18*

Wrth ystyried ein holl ofnau, bach a mawr, rhaid cofio hyfryd eiriau Ioan. Ac wrth gofio geiriau olaf Efengyl Mathew **. . . yr wyf fi gyda chwi hyd ddiwedd y byd**, onid oes gan Iesu, ein Harglwydd byw a bendigedig, hawl i holi, **Pam y mae arnoch ofn?**

Dydd Sadwrn

Ofn yr Arglwydd yw dechreuad gwybodaeth. *Diarhebion 1:7*

Ystyriwch eiriau Emrys ap Iwan:
Ofni'r peth y dylid ei ofni a alluoga ddyn i beidio ofni'r pethau na ddylid eu hofni. Ofn Duw, yn anad dim arall, a fwrw allan ofn dyn.
A geiriau Tegla Davies:
Dau gymhelliad mawr sydd i weithgarwch dynion: ofn a chariad.

25: EUODIA, SYNTYCHE a PRISCA

Dydd Sul
Philipiaid 4: 1-9 a Rhufeiniaid 16: 1-23

Mae tair o'r gwragedd y daeth Paul i gysylltiad â nhw yn cael eu nodi yn arbennig fel cyd-weithwyr – *synergoi*. Mae hwn yn deitl anrhydedd y mae Paul, ar brydiau, yn ei roi i bobl sydd wedi cydweithio ag ef yng ngwaith cyffredin y pregethu cenhadol. Mae pedair agwedd bwysig i gyfraniad y cyd-weithwyr hyn:

- Maen nhw wedi'u gwreiddio yn y gymdeithas
- Maen nhw wedi dod o dan ddylanwad Paul mewn rhyw ffordd arbennig.
- Maen nhw ar yr un lefel â Paul. Nid oes hierarchaeth o genhadaeth na swydd.
- Gwaith dros dro oedd eu gwaith. Ar ôl cyflawni tasg arbennig, aent yn ôl at eu gwaith a'u bywyd arferol.

Gallwn weld dri chylch o gyd-weithwyr:
- Y cylch canolog, sef pobl fel Barnabas, Timotheus a weithiai dros dymor hir gyda Paul ac a symudai o le i le gydag ef.
- Yr ail gylch oedd â gofal gwaith mewn eglwys arbennig, a gwaith arbennig o fewn yr eglwysi hynny, fel Euodia a Syntyche.
- Yn perthyn i'r cylch ola' oedd cenhadon arbennig a ystyrai Paul fel rhai yn gwneud yr un gwaith ag ef, fel Prisca.

EUODIA a SYNTYCHE

Cristnogion yn Philipi oedd Euodia a Syntyche; y mae Paul yn eu disgrifio fel rhai a lafuriodd ochr yn ochr ag ef. Mae'r ddwy hyn yn cael eu nodi yn Llythyr Paul at y Philipiaid oherwydd iddynt gael achos i anghydweld â'i gilydd. Epaffraditus yw'r un sy'n dwyn y busnes i sylw Paul. Mae rhai pobl yn amau ai pobl ydynt o gwbwl, ond yn hytrach mai symbolau ydynt o'r agweddau Iddewig a Groegaidd at Gristnogaeth, ac mai ceisio pwysleisio mae Paul, er y gwahaniaethau i gyd, a'r anghydweld, fod y ddwy agwedd yn ennill eu lle fel rhai sy'n cydweithio ag ef yn y gwaith o ennill y byd i gyd i Grist.

Nid yw'r syniad yma yn ffitio Paul sy'n ysgrifennu yn glir a diamwys. Dyw e ddim yn arfer defnyddio darluniau wrth siarad am y ddwy agwedd. Mae'r cwbwl ar yr wyneb. Pam newid y patrwm fan hyn? Na. Pobl go iawn ydynt am wn i. Mae'n rhaid fod y cweryl wedi dylanwadu'n fawr ar yr eglwys yn Philipi, ac, er na wyddom yn glir natur y cweryl, mae Paul yn penodi un y mae'n ymddired ynddo gant y cant i fod yn gymodwr.

Nid yw Paul yn deall y cweryl rhyngddynt. Dyma ddwy yn yr un gwaith, y ddwy yn yr un eglwys ac yn ceisio dilyn yr un Crist yn ymgecru â'i gilydd. Beth yn y byd sy'n bod arnyn nhw?!

Wrth gwrs, mae'r ffaith eu bod yn bobl flaenllaw, gyhoeddus a gweladwy yn gwneud y broblem yn waeth ac yn effeithio ar waith yr eglwys. Dyna sy'n poeni Paul; mae am ddiogelu effeithiolrwydd yr eglwys. Mae e'n benderfynol o beidio iselhau'r ddwy wrth setlo'r cweryl. Nid oes diraddiad na chondemniad i fod. Mae'r ddwy'n bwysig, mae angen y ddwy arno.

Gweddi

Rhoddaist dawelwch i'r rhai a fu mewn terfysg. Mawl i'th lonyddwch! O! Arglwydd, tawela dy eglwysi; cyplysa ac una, O! Arglwydd, y sectau cynhennus a llonydda a llywodraetha'r pleidiau gwrthwynebus; a bydded bob amser un wir Eglwys, a'i phlant cyfiawn yn ymgynnull i adnabod dy raslonrwydd. Mawl i'th gymod, O! Arglwydd Dduw!

Effraim y Syriad (tua 306–73 oc)

Dydd Llun

Yr wyf yn annog Euodia, ac yn annog Syntyche, i fyw'n gytûn yn yr Arglwydd. *Philipiaid 4:2*

Mae Paul wedi deall natur y cweryl rhwng Euodia a Syntyche. Cyn iddynt droi at Grist, bu'r gwragedd hyn yn addoli gwahanol dduwiesau Groegaidd, a phob duwies â'i phwyslais gwahanol. Nid hanfodion y ffydd oedd yn eu gwahanu, meddai Paul wrthynt, ond agweddau a theimladau a chefndiroedd gwahanol wrthdaro. Pwyslais Paul yw fod y ddwy yn chwarae yn yr un tîm. Mae enwau'r ddwy, gyda phobl eraill fel Clement, yn llyfr y bywyd.

Dydd Mawrth

> **PRISCA**
> **Rho fy nghyfarchion i Prisca ac Acwila ...** *2 Timotheus 4:19*

Mae Prisca, fel y'i henwir yn llythyrau Paul, neu Priscilla fel y'i ceir yn Llyfr yr Actau, yn un o wragedd mwyaf *cosmopolitan* y Testament Newydd. Roedd yn briod ag Acwila, Iddew o Bontus, a oedd yn wneuthurwr pebyll. Gyda'i gilydd yr oeddent yn weithgar ac effeithiol yng ngwaith yr eglwys. Mae dechreuad eu stori Gristnogol yn Rhufain. Wyddom ni ddim pam yr aeth Acwila o Bontus i Rufain. Wyddom ni ddim o ble y daeth Prisca. Er, yn ôl ei henw, Rhufeiniad yw hi. Swm a sylwedd y stori yw eu bod wedi cwrdd a phriodi, ac fe wyddom eu bod yn rhan, o'r dechrau, o'r eglwys yng Nghorinth tua 50 oc ac efallai ymhlith sylfaenwyr yr eglwys.

Dydd Mercher

> **Aeth atynt [Acwila a Priscila], ac am ei fod o'r un grefft, arhosodd gyda hwy, a gweithio; gwneuthurwyr pebyll oeddent wrth eu crefft.** *Actau 18:3*

Gorfodwyd hwy i adael Rhufain o dan ddeddf Claudius a yrrodd bob Iddew o'r ddinas. Mae'n debyg eu bod yn Gristnogion cyn dod i Gorinth, gan nad oes sôn iddynt gael tröedigaeth o dan ddylanwad Paul. Yng Nghorinth y cwrddasant â Phaul, ac y mae a fynno'r ffaith eu bod yn yr un gwaith ag ef â hynny. Roedd siop waith dawel y gwneuthurwr pebyll yn lle delfrydol i gael sgwrs am hyn a'r llall, ac mae'n debyg fod y tri wedi defnyddio'r cyfle a roddodd eu gwaith iddynt i siarad am y Crist a'r eglwys â'u cwsmeriaid. Byddai siop felly yn y farchnad, yn rhoi cyfle i lawer glywed y siarad ac aros a holi a gwrando.

Dydd Iau

> **Y mae eglwysi Asia yn eich cyfarch. Y mae Acwila a Priscila, gyda'r eglwys sy'n ymgynnull yn eu tŷ, yn eich cyfarch yn gynnes yn yr Arglwydd.** *1 Corinthiaid 16:19*

Aeth y ddau gyda Paul ar ôl tair blynedd a hanner, ac aethant mor bell ag Effesus, ac aros yno am dair blynedd, er i Paul fynd ymlaen i Syria. Ac wrth ysgrifennu at y Corinthiaid o Effesus mae Paul yn danfon cofion Acwila a Phrisca at yr eglwys yno. Mae sôn hefyd eu bod wedi gosod eu bywydau yn y fantol er mwyn Paul. Roedd cartref y ddau yn ganolfan genhadol ac yn fan cyfarfod yr eglwys. Yr oeddent yn enwog drwy'r eglwysi oll, ac y mae Paul yn eu dyled.

Dydd Gwener

> **Rhowch fy nghyfarchion i Prisca ac Acwila, fy nghydweithwyr yng Nghrist.** *Rhufeiniaid 16:3*

Y peth pwysig yw mai gŵr a gwraig yn gweithio gyda'i gilydd sydd yma. Gweinidogaeth y teulu a'r aelwyd, a'r gŵr a'r wraig yn weithgar. Roeddynt yn wahanol iawn i Paul, a weithiai ar ei ben ei hun, ac na wyddai am gysgod cartref a nodded teulu. Mae llawer eto i'w ddweud, ond digon yw gweld darlun bach, byr, anghyflawn o wragedd oedd yn gyd-weithwyr. Gwragedd o bersonoliaeth gadarn, gref – sef arweinwyr naturiol y mae'r eglwys yn fawr yn eu dyled, ddoe a heddiw.

Dydd Sadwrn

> *Exodus 31:1–11*

Maddeuwch i mi am fynd ar ôl 'sgyfarnog heddiw. Gair bach am y Tabernacl – pabell a godwyd gan y genedl yn yr anialwch. Gelwid hi yn "Babell y Cyfarfod", sef man cyfarfod Duw â'i bobl. Amgylchynwyd y Tabernacl gan golofnau pres, sicrhawyd rhaffau'r Babell wrth y colofnau hyn a rhaid oedd diogelu'r rhaffau hyn yn y tir gyda hoelion; gyda'r hoelion hyn y sicrheid y Babell. Nid mewn maint oedd gwerth yr hoelion yma ond yn eu gwasanaeth. Gellir sôn am gymeriadau fel Euodia, Syntyche a Prisca fel "Hoelion wyth", sef rhai nodedig am eu cryfder, ond nid pawb all fod yn "Hoelen wyth", ac nid oes angen i bawb fod. Mae hoelion bach lawn mor ddefnyddiol. 'Slawer dydd, ar lan y Clyde, pan adeiladid llongau mawrion, gwelid platiau haearn anferth yn cael eu sicrhau wrth ei gilydd gan rybedi bychain. Tra cadwai'r hoelion bychain hyn eu lle, byddai'r llong yn ddiogel.

26: ADDEWID AC EIRIOLAETH

Dydd Sul
ABRAHAM
Genesis 18:1–33

Erbyn hyn cadarnhawyd cyfamod Duw gydag Abram – **Gwnaf fy nghyfamod â thi**. *(*17:2) Mae enwau ein prif gymeriadau wedi newid . . . nid Abram mohono bellach ond Abraham. Golygai Abram *Hen Dad*. Rhyw fath o deitl anrhydeddus a ddaeth yn naturiol yn sgil ei flynyddoedd a'i gyfoeth. Ond roedd tinc greulon yn yr enw – tad mewn enw'n unig oedd Abram. Ni fu plant erioed ar aelwyd Abram a Sarai. Enw yn golygu *Gwawd* yw Sarai. Yn y cyfnod hwnnw roedd gwraig oedd heb genhedlu plant yn destun gwawd a dirmyg.

Roedd gan Dduw freuddwyd fawr, sef y deuai Abram yn dad,

a Sarai yn fam i genedl gyfan, i lu o genhedloedd a'u disgynyddion yn ddi-rif fel y sêr. I ddangos iddynt mor benderfynol oedd Ef i wireddu'r freuddwyd, fe newidiodd enwau'r ddau. Cafodd Abram ei ailenwi'n Abraham, sef chwarae gyda sŵn y gair, a newid ystyr, o *Hen Dad* i *Tad i nifer.* Ailenwyd Sarai yn Sara, o *Gwawd i Dywysoges.*

Mae'r peth yn wych! Pwy ond Duw fuasai'n dewis hen ŵr canmlwydd oed i fod yn dad i genedl? Pwy ond Duw fuasai'n dweud wrth hen wraig, a'i phen yn isel ar ôl blynyddoedd o wawd a gwatwar, ei bod yn Dywysoges? Dim ond ein Duw ni. Dim ond ein Duw ni sydd yn mynnu ailenwi pobl gan ddileu'r enw neu'r identiti sydd yn tanlinellu eu gofid a'u tristwch a rhoi enw newydd, identiti newydd iddynt, sydd yn pwysleisio eu rhinweddau a'u potensial.

Ystyriwch adnodau 1–8:

Cododd ei olwg a gwelodd dri gŵr yn sefyll o'i flaen *(Genesis 18:2)* – dau angel *(Genesis 19:1),* a'r Arglwydd ei hun *(Genesis 18:22).* Mae'r stori ym mhenod 18, adnodau 2–8 yn amlygu arferion lletygarwch y cyfnod.

Ymgrymodd i'r llawr mewn parch. Cyfeiriodd at un o'i westeion fel **F'Arglwydd** ac ato'i hun fel gwas, sef modd cyffredin o gyfarch eich gwell. *(gweler 19:2)*

Galwodd am ddŵr i'w westeion gael golchi'r llwch oddi ar eu traed – arwydd o groeso a chwrteisi. *(gweler Luc 7:44)*

Awn ymlaen at adnodau 9–15. Roedd Abraham ar frys i ofalu'n iawn am anghenion ei westeion: **Brysiodd Abraham i'r babell at Sara, a dweud, "Brysia . . ."**

Paratowyd gwledd iddynt – **llo tyner a da**.

Safodd gerllaw fel gwas wrth iddynt fwyta.

Na wna iti ddelw gerfiedig*. (Exodus 20:4a).* Mae Duw yma'n gwahardd nid yn unig y ddelw gerfiedig o bren, aur, arian neu beth bynnag, ond hefyd y ddelw engrafiedig yn y meddwl. Wrth droi tudalennau'r Beibl gwelwn mai un o bleserau mawr Duw yw aros tan fod pobl wedi ffurfio darlun ohono yn eu meddwl, wedi gosod ffiniau i'r gallu dwyfol, wedi troi'r Bod Mawr yn dduw bach twt – ac yna'n frwdfrydig – gyda mwynhad mawr – chwalu'r ddelwedd, a'n gorfodi ni i newid yn gyfan gwbl ein syniadau amdano. **Chwarddodd ynddo'i hun, a dweud, 'A enir plentyn i ŵr canmlwydd oed? A fydd Sara'n geni plentyn yn naw deg oed?' Chwarddodd Sara ynddi ei hun, a dweud, 'Ai wedi imi heneiddio y caf hyfrydwch?'**

Gweddi

Gofynnais am nerth fel y gallwn lwyddo;
Fe'm gwnaed yn wan fel y dysgwn ufuddhau yn ostyngedig.
Gofynnais am iechyd fel y gallwn gyflawni pethau mawr;
Rhoddwyd i mi lesgedd fel y gallwn gyflawni pethau gwell.
Gofynnais am olud fel y gallwn fod yn hapus:
Rhoddwyd i mi dlodi fel y gallwn fod yn ddoeth.
Gofynnais am bopeth fel y gallwn fwynhau bywyd.
Rhoddwyd i mi fywyd fel y gallwn fwynhau popeth.
Ni dderbyniais ddim y gofynnais amdano:
Ond derbyniais y cyfan y gobeithiwn amdano.

Gweddi Milwr Di-enw

Dydd Llun

. . . yr oedd arfer gwragedd wedi peidio i Sara. *Genesis 18:11*

Er tegwch i Abraham a Sara, roedd yntau'n gant a hithau'n naw deg;
roedd y syniad yn hollol afresymol, yn ddisynnwyr. . .

Roedd Abraham a Sara wedi gosod ffiniau ar allu Duw.
Roeddent yn mesur y dwyfol wrth linyn mesur dynol, y tragwyddol
wrth y tymhorol, yr anfeidrol wrth y meidrol.

Dydd Mawrth

. . . nid eich ffyrdd chwi yw fy ffyrdd i,
medd yr Arglwydd. *Eseia 55:8*

Mae'r holl beth yn afresymol! Buasai Duw'n siŵr o gytuno ac roedd
Duw yn gofyn i Abraham a Sarai gredu *oherwydd* fod yr holl beth
mor afresymol a disynnwyr. Roedd Duw yn eu gwahodd i ehangu
gorwelion eu crefydd . . . i ildio yn llwyr ac yn gyfan i'r paradocs.
Daw paradocs, o'r Groeg *para* a *doxa*, yn groes i'r farn neu'r dybiaeth
gyffredinol. *Christianity*, meddai Kierkegaard, *is precisely the para-
doxical.*

118

Dydd Mercher

> **. . . pan wyf wan, yna rwyf gryf.** *2 Corinthiaid 12:10*

Yn Nuw mae pob gwrthgyferbyniad yn cyfateb, ac, yn fynych, dim ond trwy baradocs y gallwn feddwl a siarad amdano. Sylwch ar eiriau Paul wrth ysgrifennu at y Corinthiaid. Sylwch hefyd ar eiriau ysgytwol Iesu – **Y dyn sy'n ennill ei fywyd a'i cyll, a'r dyn sy'n colli ei fywyd er fy mwyn i a'i hennill**. *(Mathew 10:39)*

Dydd Iau

> **A oes dim yn rhy anodd i'r Arglwydd?** *Genesis 18:14a*

Mae Rudolf Otto yn disgrifio'r sanctaidd fel *Mysterium tremendum et fascinas*, ac yn wir, mae dirgelwch anhygoel Duw yn ein hudo ni ac yn ein harswydo. Ein tueddiad yw ceisio gwneud tir ysgythrog credu yn Nuw yn llyfn a hawdd, a'r tir anwastad yn wastadedd. Ceisiwn egluro'r rhyfeddod a hoelio'r dirgelwch i'r llawr. Ond, er pob ymdrech o'n heiddo, mae Duw yn gwrthod cael ei gyfyngu gennym – yn mynnu, gyda'i fawredd anfesuradwy, dorri ar ein hymwybod. A diolch iddo am hynny!

Dydd Gwener

> **A dywedodd yr Arglwydd wrtho'i hun, "A gelaf fi rhag Abraham yr hyn yr wyf am ei wneud?"** *Genesis 18:17*

Mae neges aruthrol fawr yn y geiriau uchod. Dyma fendith y cyfamod – bod mewn perthynas â Duw, a hanfod pob perthynas yw deialog. Duw yn symud pob pellter a dileu meithder ffordd ac amser i rannu ei fwriad gyda dyn – hyd y gallai. Mae Abraham yn cael yr aruchel fraint o gael trafod gyda Duw dynged Sodom, a Duw yn gwrando barn meidrolyn! **Onid ti, ein Duw, a yrraist drigolion y wlad hon**

allan o flaen dy bobl Israel, a'i rhoi hi am byth i had Abraham, dy gyfaill? *(2 Cronicl 20:7)* **Nid wyf mwyach yn eich galw yn weision
. . .** *Yr wyf yn eich galw yn gyfeillion,* oherwydd yr wyf wedi gwneud yn hysbys i chwi bob peth a glywais gan fy Nhad. *(Ioan 15:15)*

Dydd Sadwrn

Meddyliwch am eiriau George Herbert yng nghyd-destun profiad Sara:
 And now in age I bud again:
 After so many deaths I live . . .

Edrych i Sodom a wnaiff dyn oni bydd ganddo rywle gwell i edrych iddo.

Kate Roberts

27: NICODEMUS

Dydd Sul
Ioan 3:1–21

Nid hanes am ddyn ifanc sydd eisiau newid cyfeiriad ei fywyd yw hanes Nicodemus, ond, yn hytrach, hanes am ddyn mewn oed. Bron y gellid dweud fod Nicodemus yn hen ŵr. Roedd yn hen mewn ystyr ddyfnach na blynyddoedd, ei feddwl wedi crisialu a'i fywyd crefyddol mewn rhigolau set. Ac am hwn, dywedodd Iesu:
. . . oni chaiff dyn ei eni o'r newydd ni all weld teyrnas Dduw.
    Tröedigaeth lwyr oedd ei unig obaith yn ôl Iesu; dechrau o'r newydd, ei eni drachefn, croesawu'r wawr yn lle llercian yn nhywyllwch y nos.
    Am wn i, pe bai pob un o'r Phariseaid wedi llithro allan yn dawel y noson honno i fynnu sgwrs â Iesu, buasai wedi dweud yn union yr un peth wrth bawb ohonynt – Mae'n rhaid i chi i gyd ddechrau o'r newydd.

Nid drwgweithredwyr mohonynt, ond cymeriadau uchel eu parch yn y gymdeithas, yn grefyddwyr o fri. Mae'n rhaid inni holi pam fod Iesu'n teimlo fod angen i'r rhain o bawb, a'r sefydliad a berthynent iddo, gael eu geni o'r newydd?

Wrth gwrs, mae'r holl sôn yma am gael eich geni o'r newydd yn anodd ei ddeall beth bynnag, a hynny i ryw raddau o achos fod ein genedigaeth gyntaf ni'n gymaint o ddirgelwch. Wedi'r cyfan, nid oedd gennym ddewis na barn ynglŷn â'r peth. Ni ofynnodd yr un ohonom am gael ein geni i'r byd – penderfyniad ein rhieni oedd ein cenhedlu ni, a hwythau heb syniad beth roeddent yn uno i'w greu. Meddyliwch am y peth – lliw ein llygaid, gwallt a chroen . . . wedi eu dewis drosom. Ein rhieni, cartref a chenedl, wedi eu rhoddi inni. Ond pam y ganwyd ni i fyd o gysur, dedwyddwch a chariad . . . tra bod eraill, sydd heb ddewis yn y mater, yn cael eu geni i fyd creulon, caled a thlawd?

Sut mae deall hyn i gyd? Dwi ddim yn gwybod! Ond mae gen i syniad mai rhywle ymhlyg yn y ffordd yr ydym yn ymateb i fywyd mae'r gyfrinach. Deall mai i gymdeithas â'n gilydd ac i gymdeithas â Duw y'n ganed ni. Os ydym yn fodlon cydnabod rhyw syniad felly, er mor annelwig, yr ydym yn agos at gael ein geni o'r newydd. Dydi o ddim yn ymddangos yn deg, ar un olwg, fod rhaid i berson gael ei eni o'r newydd wedi holl strach a goblygiadau dyrys y geni cyntaf. Ond er mor rhyfedd y geiriau, genir person er mwyn cael ei eni o'r newydd, nid o gig a gwaed ond o gariad. Nid trwy uniad dau berson ond trwy uniad Duw a dyn; y materol a'r ysbrydol; cysegredig a chyffredin.

Gweddi

O Dad Sanctaidd a Graslon, rho inni, bob dydd, ddoethineb i'th weled Di, a dealltwriaeth i'th adnabod. Rho inni ddiwydrwydd i'th ganlyn Di, ac amynedd i aros amdanat. Dyro inni lygad i'th ganfod, calon i fyfyrio arnat, a bywyd i'th glodfori. Amen.

O'r Llyfr Gweddi Cyffredin.

Dydd Llun

> **Sut y gall dyn gael ei eni ac yntau'n hynafgwr?** *Ioan 3:4*

Yr ydym yn byw dan drem ein gorffennol. Yn llifo yn ein gwythiennau mae profiadau ddoe – da a drwg. Mae pawb ohonom yn ffrwyth ein doe. Mae pawb ohonom yn edrych ar y byd trwy sbectol ein profiad. Mae ein dealltwriaeth o'r byd a phobl yn tyfu'n naturiol o'n cefndir. Mae rhyw bethau yn ein gorffennol yr ydym yn mynd yn ôl iddynt, i ymweld â hwy yn amal, gan feddwl beth fuasem yn ei wneud yn wahanol pe baen ni'n gwybod yr amser hynny yr hyn a wyddom nawr. Ceisio dad-wneud camgymeriadau ddoe a wnawn.

Dydd Mawrth

> **Duw cariad yw.** *1 Ioan 4:8*

Dim ond heddiw sydd gennym. Y presennol sydd yn bwysig. Dyna galon neges y Beibl. Nid sôn a wna am Dduw a fu unwaith yn gariad, nac am Dduw a fydd yn gariad maes o law, ond taeru mai Duw cariad yw. Felly, ystyriwn heddiw. Byddwn yn ofalus o nawr, cymerwn ofal ohono, oherwydd mae ddoe wedi mynd a breuddwyd yw 'fory. Ond o fyw heddiw yn iawn ac yn llawn gwnawn synnwyr o'n doe, a thry pob yfory yn freuddwyd o obaith. Y gyfrinach fawr yw adnabod cariad Crist, y cariad sydd ynghanol amrywiaeth pethau presennol, mawr a bach, ein bywyd.

Dydd Mercher

> **Yn wir, yn wir, rwy'n dweud wrthyt, oni chaiff dyn ei eni o'r Ysbryd ni all fynd i mewn i deyrnas Dduw.** *Ioan 3:6*

O bob gair ar wefus pregethwr yn ei bulpud, Ysbryd, mae'n debyg, yw'r mwyaf annelwig. Dwi'n amau a ddaw goleuni wrth rwdlan am yr Ysbryd hwn: profiad yn unig a rydd realiti iddo. Dyma sydd gan

Iesu yn ei feddwl; nid digon yw ei edmygu fel arwr neu ddelfryd; nid digon yw gwybod amdano a datblygu syniad cywir ac uniongred amdano. Rhaid ei ddarganfod, rhaid agor ein bywyd, pob darn ohono, led y pen, a'i groesawu i mewn.

Dydd Iau

Tyrd, Arglwydd Iesu! *Datguddiad 22:20*

Derbyn Iesu Grist i mewn i ganol ein byw a'n bod – dyna beth yw cael ein geni o'r Ysbryd, dyna beth yw cael ein geni o'r newydd. Derbyn llwyr iawn yw hwn, a'r derbyn yn golygu na fydd yr un ohonom yr un fath byth mwy, derbyn a olyga dröedigaeth lwyr. Pobl sicr eu cam, hyderus eu hosgo, doed a ddelo, yw'r sawl all ddweud mewn gwirionedd – "Tyrd i fewn". Dyna beth yw cael eich geni o'r newydd!

Dydd Gwener

Yr ydych wedi cael eich geni o'r newydd, nid o had llygredig, ond anllygredig, trwy air Duw, sydd yn fyw ac yn aros. *1 Pedr 1:23*

Roedd angen cael ei eni o'r newydd ar Nicodemus, a finnau hefyd, a chithau, am wn i. Ynom mae'r awydd am i Iesu ddod i'n cyfarfod yn y fan lle'r ydym a llond ei freichiau o fendithion ac yn cynnig inni ddechreuad newydd. Dyna yw'r neges syfrdanol – Crist gyda ni yng nghanol fy mywyd fel y mae. Os dwi'n barod i ildio iddo, caf fy aileni dro ar ôl tro, caf ddechrau eto, dro ar ôl tro. Ac am hynny nid yw fy sefyllfa i, na'r un sefyllfa ddynol, yn anobeithiol mwyach. Newyddion da ydy hyn yn wir.

Dydd Sadwrn

Mae yna ormod o Gristnogion ffurfiol, confensiynol, Laodiceaidd sydd wedi cau'r drws yn erbyn yr Aflonyddwr rhyfedd hwnnw, yr Un Atgyfodedig, a fyn gynnig inni y pethau nad ydynt, sydd yn diddymu y pethau sydd.

Pennar Davies

28: PHEBE a JWNIA

Dydd Sul
Rhufeiniaid 16:1–2, 7

O'r holl wragedd y daeth Paul i gysylltiad â nhw, mae dwy yn cael llawer iawn o sylw gan awduron cyfoes: Phebe a Jwnia. Mae'r rheswm am hynny'n amlwg. Fe'u disgrifir gan Paul, gyda'r teitl *Diacon* ac *Apostol*, termau sy'n awgrymu eu bod yn dal swyddi o bwys ac anrhydedd yn yr eglwys.

Mae'n rhaid i ni wybod mwy am Phebe a Jwnia, ac mae'r ymdrech i wneud hynny'n datgelu rhai pethau hynod ddiddorol ac arwyddocaol.

PHEBE

Yn 'The Yeoman of the Guard' gan Gilbert and Sullivan, mae Colonel Fairfax yn cael dweud wrtho ei fod ar fin cyfarfod â Phebe. Mae'r cyrnol yn ymateb ar gân: *Who is Phoebe? Who the deuce may she be?* Ar ddechrau'r wythnos hon, hoffwn ateb cwestiwn tebyg: Pwy yw Phebe y Testament Newydd?

Aelod yn yr eglwys yn Cenchreae, saith milltir o Gorinth, oedd Phebe. Mae ei henw'n cael ei gysylltu fel arfer â'r dduwies Artemis; mae'n debyg fod Phebe wedi addoli'r dduwies honno cyn dod yn Gristion.

Mae'r cof am Phebe yn cael ei gadw am fod Paul wedi ysgrifennu canmoliaeth iddi ar ddiwedd y llythyr at y Rhufeiniaid. Nawr, mae 'na ddadl ynglŷn â phennod olaf y llythyr hwn. Ai at y Rhufeiniaid yr ysgrifennwyd y darn hwn o'r llythyr mewn gwirionedd? Yn wir, mae'r rhan fwyaf o esbonwyr ac ysgolheigion yn credu bellach mai at yr eglwys yn Effesus yr ysgrifennwyd ef. Mae gwybod hyn yn help wrth geisio deall Phebe, gan fod sôn yn yr adnod amdani'n mynd i rywle. Os casglwn mai i Effesus yr oedd yn mynd ac nid i Rufain, yna, mae'r rheswm am ei mynd yno yn wahanol.

Mae pobl yn credu bellach mai mynd i Effesus a wnâi, a hynny ar fusnes, a bod Paul yn agor drws iddi yn yr eglwys yn Effesus. Beth bynnag wnawn ni ynglŷn â lleoliad y derbynwyr, mae'n amlwg fod Phebe wedi mynd â'r llythyr cyfan gyda hi – tasg fawr a sbesial. Mae lle, felly, i gredu bod dau lythyr yma. Un byr at yr Effesiaid – roedd yn rhaid iddi aros yno ar ei ffordd ac un hwy at y Rhufeiniaid y byddai yn mynd ymlaen atynt o Effesus.

Yr hyn sy'n bwysig yw cyflwyniad Paul ohoni. Mae'n ddiddorol ei fod yn defnyddio tri gair pwysig ac arbennig wrth ei chyflwyno.

Yr wyf yn cyflwyno i chwi Phebe, ein chwaer, sydd yn gwasanaethu'r eglwys yn Cenchreae . . . y mae hithau wedi bod yn gefn i lawer, ac i mi yn bersonol.

Mae'n amlwg felly, yn ôl y term chwaer, bod Phebe yn Gristion gloyw ac yn aelod ffyddlon o'r eglwys. Ac mae'r gair, yn naturiol, yn ein hatgoffa ein bod, o ddarganfod Iesu, a chael ein darganfod ganddo, yn darganfod ystyr newydd ac ehangach i deulu a pherthynas.

Mae'r cymal nesa, a'r defnydd o'r gair *diakonos,* yn awgrymu ei bod hi'n dal swydd gyfrifol o fewn yr eglwys yn Cenchreae. Felly, o gwmpas 60 oc, roedd gan un o brif eglwysi'r cyfnod Apostolaidd wraig yn ddiacon, a Paul yn hynod gefnogol iddi.

Mae'r cymal nesa yn ddiddorol hefyd: *y mae hithau wedi bod yn gefn i lawer, ac i mi yn bersonol*. Mae'r enw Phebe yn golygu 'Disglair'. Roedd Phebe, mewn enw ac wrth natur, yn Gristion gloyw a gofalus. Roedd ei chyffes mewn caredigrwydd, a'i chredo mewn cymwynas. Wedi'r cyfan, *Tafod a draetha, buchedd a ddengys.*

Gweddi

O Dduw, ein Tad trugarog, yr hwn a greaist dy Eglwys ac a roddaist iddi rai i fod yn apostolion, rhai yn broffwydi, rhai yn efengylwyr, rhai yn fugeiliaid ac yn athrawon, i gymhwyso'r saint i waith gweinidogaeth, diolchwn iti am roi i'th eglwys bobl sy'n barod i ymateb i'r alwad, dan dy arweiniad di, i wasanaethu dy braidd. Rho iddynt ddoniau i'w cynorthwyo i gyflawni eu gwaith yn ffyddlon, a dyro iddynt ras i fod yn deyrngar i'th achos. Rho iddynt adnabod yn ddyfnach y gwirionedd yng Nghrist a sancteiddia eu llafur o blaid dy deyrnas. Boed i'r eglwys gael ei hadeiladu drwy eu hymdrechion, a phan ymddengys y Pen Bugail, boed iddynt gael eu coroni â thorch gogoniant nad yw byth yn gwywo: trwy Iesu Grist ein Harglwydd. Amen.

Dydd Llun

> . . . y mae hithau wedi bod yn gefn i lawer . . . *Rhufeiniaid 16:2*

Porthladd prysur tu hwnt oedd Cenchreae – lle caled, creulon, ac mae'n siŵr fod pobl yn dioddef yno, yn gorfforol ac yn ysbrydol. Oedd Phebe, tybed, yn gweinidogaethu ymhlith trueiniaid y porthladd? Wyddom ni ddim, gwaetha'r modd, ond fe wyddom i sicrwydd fod cyffes Phebe mewn caredigrwydd, a'i chredo mewn cymwynas. Efallai fod rhai ohonoch yn gyfarwydd â hyfryd eiriau Abiah Roderick, geiriau sydd yn berthnasol iawn wrth feddwl am Phebe:

FY MHREGETH
Mae gennyf bregeth fechan,
Ac O, mae'n gryno i gyd,
Tri phen sydd iddi ffrindiau,
Mae'n siwtio pawb drwy'r byd.

A dyma yw'r pen cyntaf:
Gwnewch dda tra ar eich taith,
A'r ail ben: byddwch serchog
O hyd wrth wneud eich gwaith.

A'r trydydd pen: gwnewch bopeth
Er clod i'n Tad a'n Duw
Os hoffwch chwi fy mhregeth,
Ewch ati i geisio'i byw.

Dydd Mawrth

> **. . . ac i mi yn bersonol.** *Rhufeiniaid 16:2*

Bu Phebe yn gefn i Paul, yn ysbrydol ac yn faterol. Roedd ganddi safle a dylanwad yn y gymdeithas. Defnyddiodd y cyfan i agor drysau iddo. Y mae gan bawb ohonom ryw allu, rhyw ddawn, rhyw fedr y mae modd i ni ei sancteiddio yng ngwasanaeth ein Harglwydd.

> *Cymer, Arglwydd, f'einioes i*
> *I'w chysegru oll i ti;*
> *Cymer fy munudau i fod*
> *Fyth yn llifo er dy glod.*

Dydd Mercher

> **Os wyt ti wedi dewis Duw, gelli fod yn sicr fod Duw wedi dy ddewis di.** *Gemau Doethineb*

Mae Phebe'n gwybod meddwl Paul, ac mae'n gallu deall ei deimladau, a'i gymhellion, a'i anghenion. Yn wir, mae'n fwy fel *Personal Assistant* cyfoes. Mae rhai wedi awgrymu mai rôl Phebe yn Effesus a Rhufain oedd perswadio Cristnogion yno i noddi, gyda gweddi ac arian, gynllun Paul i gario'r Efengyl i Sbaen.

Dydd Iau

> **JWNIA**
> **Cyfarchion i Andronicus a Jwnia.** *Rhufeiniaid 16:7a*

Arweinydd arall yn yr eglwys oedd Jwnia. Mae rhai fersiynau o'r Testament Newydd yn mynnu ysgrifennu'r enw fel JWNIAS, gan awgrymu mai dyn ydyw. Ond yn ôl y rhan fwyaf o ysgolheigion does dim lle i gredu bod hynny'n wir. Credant fod holl bwysau'r ddadl o blaid credu mai gwraig sydd yma. Mae Paul, beth bynnag, yn cyfarch gwraig, Jwnia, ynghyd â dyn, Andronicus. Efallai mai pâr priod sydd yma, neu frawd a chwaer . . .

Dydd Gwener

> **. . . a fu'n gydgarcharorion â mi . . .** *Rhufeiniaid 16:7*

Gall y geiriau uchod awgrymu eu bod wedi bod yn yr un carchar â Paul neu, yn syml, eu bod hwythau hefyd wedi bod yng ngharchar dros eu ffydd rywdro. Mae Paul hefyd yn dweud eu bod yn enwog, yn **amlwg ymhlith yr apostolion**. Er y gall hyn awgrymu fod yr apostolion eraill yn gwybod amdanynt, mae'n fwy tebygol fod y ddau hyn yn apostolion eu hunain, yn yr un gwaith â Paul.

Dydd Sadwrn

> **. . . a oedd yn Gristnogion o'm blaen i.** *Rhufeiniaid 16:7*

Un peth arall sydd gan Paul i'w rannu â ni am Jwnia yw ei bod hi'n Gristion o'i flaen ef. Rhaid felly bod y ddau, hithau ac Andronicus, wedi bod yn rhan o'r gymdeithas Gristnogol o'r dechrau bron. Yn wir, mae lle i gredu eu bod nhw ymhlith canlynwyr Steffan y merthyr, ac mai hwy oedd y cyntaf i fynd â'r efengyl o Jerwsalem i Rufain ac Antioch. Beth bynnag am hynny, maen nhw'n bobl sydd wedi creu argraff fawr ar Paul. Fe safant yn enwog fel rhai a fu'n weithgar a ffyddlon yn y dasg genhadol.

29: PA BETH YW DYN?

Dydd Sul
Salm 8

Dyna gwestiwn, a dim ond ychydig funudau bob dydd i'w drafod!

Pa beth yw dyn iti ei gofio,
A'r teulu dynol, iti ofalu amdano?
Eto gwnaethost ef ychydig islaw duw,
A'i goroni â gogoniant ac anrhydedd. *(adnod 4)*

Mae hwn yn un o'r darnau hynny o'r ysgrythur y mae bron pawb wedi ei ddysgu a'i adrodd, rywbryd. A hynny heb sylweddoli pa mor anferth oedd y cwestiwn yr oeddem yn ei ofyn, ac yn arbennig yn ei roi ar wefusau plant bychain!

Pa beth yw dyn? Mae'r atebion yn lleng wrth gwrs. Fe allem ddweud fod dyn yn ddim ond sypyn o gemegau, gwerth ychydig geiniogau, neu yn ddim ond chwantau a nwydau yn chwilio am foddhad, neu yn ddim ond pegwn presennol datblygiad yr oesau ym myd y creadur. Mae'r atebion hyn i gyd yn wir. Eto mae pob un ohonynt, wrthynt eu hunain, yn annigonol. Wedi dweud y cwbwl y mae yna gwestiynau sy'n dal i godi a hawlio ateb.

Pa beth yw dyn? Pa beth wyf fi? Mae cael hyd i ateb i'r cwestiwn hwn yn hawlio llawer mwy nag atebion syml arwynebol. Ynof, ac ynoch, y mae ffactorau na ellir eu hepgor o'n rhesymu. Yr wyf yn gallu dod i berthynas ag eraill ... yr wyf yn gallu caru ... yr wyf yn gallu rhesymu ... yr wyf yn gallu teimlo poen a dolur ac atgasedd. Yr wyf yn gallu meddwl am fy nyfodol, yr wyf yn gallu meddwl am adeg pan na fyddaf ar y ddaear hon.

Dyna yw y cwestiwn tyngedfennol sy'n gwneud dyn yn rhywbeth arbennig a gwahanol. Beth sy'n digwydd wedi i mi farw? Ydw i, fel cannwyll wedi diffodd, wedi gorffen fy mhwrpas ar y ddaear ac yna'n cael fy nhaflu am fod fy niben wedi peidio? Neu a oes rhywbeth arall, tu hwnt, tu draw?

Wedi'r cyfan, mae gennyf y ddawn i werthfawrogi prydferthwch, a rhyfeddu at ei barhad. Yr wyf yn gallu ymateb i ddaioni a gwirionedd a gobaith – pethau sy'n barhaol. Yr wyf yn gallu ymateb i rywbeth y tu allan i mi, ac eto, y mae fy mywyd yn dod i gyswllt ag Ef – Duw. Yr wyf yn gallu addoli, ac yn gallu synhwyro llaw yn arwain, a gofal sy'n cynnal.

Nawr, fe wn i'n iawn fod 'na bobl nad ydyn nhw fyth yn holi cwestiynau fel y rhain, nac yn teimlo'r angen i'w gofyn. Digon yw heddiw a'i broblemau a'i anawsterau. Yn wir, mae'r gredo Hedonistaidd tuag at fywyd yn hynod ddeniadol: *Bwyta, yf, bydd lawen, canys yfory, ti a fyddi farw.*

Ond rwy'n amau a fuasech chi'n darllen y sylwadau yma os mai fel'na y mae eich meddyliau'n gweithio! Mae'n rhaid fod yna rywbeth mwy ac uwch a mwy parhaol. Beth felly sydd gan y Beibl i'w ddweud am hyn i gyd? Sut mae'r Efengyl yn ateb y cwestiwn, pwy wyf fi?

Gweddi

Meddai Duw:
Pan oedd Israel yn fachgen fe'i cerais, ac o'r Aifft y gelwais fy mab. Fel y galwaf arnynt, aethant ymaith oddi wrthyf. Myfi a fu'n dysgu hwy i gerdded a'u cymryd yn fy mreichiau: anghofiodd fy mhobl mai myfi oedd eu nerth, anghofiodd fy mhobl mai myfi a blygodd atynt yn eu gwendid, mai myfi a'u tywysodd â rheffynnau tirion ac â rhwymau caredig.

O Dduw Dad
Os anghofiwn di –
Anghofio mai tydi a'n creodd,
Trugarha wrthym.

Os anghofiwn di –
Anghofio mai tydi a'n cofleidiodd,
Trugarha wrthym.

Os anghofiwn di –
Anghofio mai tydi a'n cynhaliodd,
Trugarha wrthym.

Os anghofiwn di –
Anghofio mai tydi a'n carodd,
Trugarha wrthym.

Meddai Duw:
Pa fodd y'ch rhoddaf chi heibio, fy mhobl. Newidiodd fy meddwl ynof. Ni chyflawnaf angerdd fy llid. Ni ddinistriaf fy mhlant afradlon; Canys mawr yw fy nghariad tuag atoch. Duw wyf fi, ac nid dyn. Myfi, yr Un Sanctaidd sydd gyda chwi.

Yn seiliedig ar Hosea 11.

Dydd Llun

> **Yn wir, nid yw dyn meidrol ond anadl . . .** *Salm 62:9*

Mae'r Hen Destament yn llawn o gyfeiriadau fel yr uchod. Nid yw dyn ond anadl, pwff o wynt, yma am foment, yna wedi mynd, am byth. **Y mae anadl yn ei ffroenau**, tynnwch yr anadl hwnnw oddi arno a dyna ddyn yn darfod amdano. Ceir awduron eraill yn disgrifio dyn fel, **creadur, yr hwn a dderfydd**. Ychydig flynyddoedd a geir o fywyd hapus, ac yna, dim. Darfod a wnawn.

Dydd Mawrth

> **Beth yw dyn, iti ei gofio, a'r teulu dynol, iti ofalu amdano?**
> **Eto gwnaethost ef ychydig islaw duw, a'i goroni â**
> **gogoniant ac anrhydedd.** *Salm 8:4*

Fe gofiwch fod y Salmydd yn mynd allan ac yn edrych ar yr awyr, ac yn rhyfeddu wyneb yn wyneb â mawredd y cread a rhyfeddod natur, ac fe'i caiff ei hun yn gweddïo, **Beth yw dyn, iti ei gofio, a'r teulu dynol, iti ofalu amdano?** O bosib, ei fod yn disgwyl yr ateb, Nid yw dyn ond anadl, yma nawr, ac yna fe ddiflanna, am byth. Ond fe gaiff yr ateb rhyfedd, **Eto gwnaethost ef ychydig islaw duw, a'i goroni â gogoniant ac anrhydedd**. Mae dyn yn fwy na chreadur, ac anifail, a

131

dyn meidrol. Y mae yn arglwydd, yn stiward ar y cread. Hynny yw, y mae dyn yn greadur y mae ganddo elfennau anfarwol a goruwchnaturiol. Dyna elfen gyntaf y gwirionedd am ddyn – y mae ychydig is nac angylion. Y mae wedi ei wneud yn nelw Duw, y mae'n greadur arbennig yng nghread Duw.

Dydd Mercher

> **Nid da bod y dyn ar ei ben ei hun; gwnaf iddo ymgeledd cymwys.** *Genesis 2:18*

Dyma ni'n dod heddiw at yr ail elfen. Y mae dyn wedi ei greu ar gyfer byw mewn cymdeithas. Dyma wirionedd mawr y Beibl. Nid llyfr hanes na gwyddoniaeth mohono, ond ymgais gan ddyn cyntefig i ddisgrifio ei fyd, a'i bobl. Fe gawn yn stori y creu fod Duw wedi creu Adda, ac yna, fe wêl fod arno angen cwmni, ac mae'n creu Efa, yn gwmni a nodded iddo. Trwy hynny, fe bwysleisia fywyd y teulu ac ymddiriedaeth gŵr yn ei wraig, a gwraig yn ei gŵr; a bywyd cymdeithas na all fodoli a chael ei gynnal ond i'r graddau y mae pobl yn ymddwyn yn gyfartal gan fyw er mwyn eraill.

Dydd Iau

> **. . . rhoddodd dragwyddoldeb yng nghalon dynion; eto ni all dyn ddirnad yr hyn a wnaeth Duw o'r dechrau i'r diwedd.** *Pregethwr 3:11*

Mae dyn wedi ei greu ar gyfer tragwyddoldeb. Mae pawb am wybod beth sydd ar ôl, neu tu hwnt i'r byd a'r bywyd hwn. Pa beth a ddaw? Beth am Nefoedd . . . ac Uffern? Oes 'na gosb a gwobr? Ydy Hitler a'r Fam Teresa yn mynd i'r un lle? A ydyw rhywun sy'n Gristion yn cael ei achub rhag cosb a dinistr? Beth am ddeiliaid Crefyddau eraill ein byd? Nid oes ateb i gwestiynau fel hyn, ond nid yw hynny'n golygu na ddylem eu gofyn!

Dydd Gwener

> **. . . Mab y dyn, na ddaeth i gael ei wasanaethu**
> **ond i wasanaethu.** *Mathew 20:28*

Dyna ni'n dod at ein pwynt olaf. Y mae dyn, uwchlaw popeth, wedi ei greu ar gyfer gwasanaethu. Hanfod dysgeidiaeth Iesu yw adnod testun ein sylw heddiw. Efallai na fydd i neb ohonom ni gyrraedd yr wybodaeth lawn o beth yw dyn a beth yw ein hamcan ninnau yn hyn o fyd, cyn i ni sylweddoli mai ein braint yw bod yn weision i Dduw ac i'n gilydd.

Dydd Sadwrn

Pwy ydwyf fi?
Pa beth yw dyn?
Pam yr ydwyf yma?
Beth yw'r ateb?
Dyma ateb y Testament Newydd, yng ngeiriau Ioan:
Gyfeillion annwyl, yn awr yr ydym yn blant Duw, ac nid amlygwyd eto beth a fyddwn. Yr ydym yn gwybod, pan amlygir hynny, y byddwn yn debyg iddo, oherwydd cawn ei weld ef fel y mae. *(1 Ioan 3:2)*

30: ABRAHAM – PRAWF AR FFYDD

Dydd Sul
Genesis 22:1–15

Datrys Duw, a chwilio i eithaf Paham
Y cread, dyna roddwyd i rai,
Ac yn eu plith Abraham.
> *Gwyn Thomas, 'Abraham ac Isaac', Croesi Traeth*

Y blynyddoedd cynt, peidio gwybod i ble roedd yn mynd oedd yr anhawster i Abraham. Dyfnder ei anwybodaeth oedd ei ofid wrth adael cynefin a phob peth a phawb cyfarwydd. Ond bellach, roedd yn gwybod yn iawn i ble roedd yn mynd. Gwybod yn union i ba beth roedd yn mynd oedd yn gwneud y daith hon i dir Moriah mor erchyll o anodd. Y cyfarwyddyd Dwyfol oedd ei reol ym mhob amgylchiad. A hynny, beth bynnag fyddai'r canlyniadau!

Ni chawn hanes Abraham y noson honno – noson dywyll mewn llawer ystyr. Cafodd oriau hir i droi'r peth yn ei feddwl. Teimladau yn corddi yn yr enaid. Aberthu Isaac! Nid yn unig roedd i'w aberthu ond 'roedd i'w boethoffrymu! Cyflwyno ei fab, cnawd ei gnawd, asgwrn ei asgwrn, yn aberth llosg i'r Arglwydd, a'i weld wedi ei lwyr ddifa gan y fflamau. Rhaid iddo gyflawni'r weithred â'i law ei hun. Roedd yn drosedd yn erbyn pob moes a synnwyr. Buasai Abraham, wrth gyflawni'r fath weithred, yn gwneud ei hun yn atgas, ac yn un na ellid ymddiried ynddo yng ngolwg pawb o'i gwmpas. Roedd pob cysur a gobaith ar chwâl.

. . . cododd Abraham yn fore . . .

Gwelwn ef yn paratoi i gyflawni'r weithred dyngedfennol . . . a
bu'n brysur a thawel baratoi:
Gwnaeth y pethau hynny
Y byddai dyn yn gwneud wrth gychwyn ar daith offrwm.
A dim ond efo a wyddai
Ystyr dychrynllyd y cwbwl.
Gwyn Thomas, 'Abraham ac Isaac', Croesi Traeth

Mae Abraham yn mynd **i'r lle y dywedodd Duw wrtho**, i gyflawni gweithred na all oddef i neb o'i dŷ fod yn dyst ohoni . . . dywedodd Abraham wrth ei lanciau, "Arhoswch chwi yma gyda'r asyn".

Dyma Abraham ac Isaac yn rhodio mewn distawrwydd i fyny llethr y bryn. Isaac yw'r cyntaf i siarad. Yr ychydig eiriau cyntaf mae yn ei ddweud yw **Fy nhad** . . . rhaid bod y geiriau wedi suddo drwy galon Abraham. A oedd yn deilwng o'r fath gyfarchiad? A ydyw dyn sydd â'r gyllell wrth ei ochr i ladd ei fab yn deilwng o gael ei gyfarch fel tad?

Gweddi

O Arglwydd, ti a ŵyr beth sydd dda i mi.
Dyro i mi beth a fynni, faint a fynni a phryd y mynni.
Ymwna â mi fel y gweli'n dda ac yn ôl dy ewyllys.
Dy wasanaethwr ydwyf a pharod ydwyf i wneud dy ewyllys.
Dymunaf fyw i ti ac nid i mi fy hun.
Helpa fi i wneud hyn yn deilwng. Amen.

Thomas a Kempis

Dydd Llun

> **"Cymer dy fab, dy unig fab Isaac, sy'n annwyl gennyt, a dos i wlad Moreia, ac offryma ef yn boethoffrwm ar y mynydd a ddangosaf iti." Felly cododd Abraham . . . a chychwynnodd i'r lle y dywedodd Duw wrtho.** *Genesis 22:2b a 3*

Wyddom ni ddim am dorcalon a loes meddwl Abraham. Mae Duw yn dweud 'Dos!', ac mae o'n mynd. Yr ufudd-dod llwyr ddigwestiwn yma yw'r peth brawychus am Abraham. Cymeriad digon gwan a gwamal oedd hwn yn gallu bod, fel y gwelsom eisoes; ac eto, fan hyn, mae ei ufudd-dod yn ddigwestiwn. Wir, nid esiampl mo Abraham yn y fan hon, am wn i, ond eithriad! Mae'r proffwydi, yn eu horiau gwaethaf, a Iesu hyd yn oed, mewn argyfwng ffydd, yn cwestiynu ewyllys Duw. Ond mae Abraham yn ufudd – yn arswydus o ufudd!

Dydd Mawrth

> **A nesaodd Abraham [at Dduw] a dweud, "A wyt ti wir am ddifa'r cyfiawn gyda'r drygionus?"** *Genesis 18:23*

Pam fod Abraham yn gallu erfyn dros bobl Sodom a Gomorra, ac eto, bodloni ar fod yn hollol dawedog pan mae Duw yn holi am fywyd ei annwyl Isaac? Mae tawelwch digwestiwn Abraham yn ysgytwol! Ei amheuon a'i flinder a'i loes sydd eu hangen arnom ni. Y rheini sydd yn gwneud synnwyr i ni. Mae'r ufudd-dod mud hwn yn ein dychryn! Mawredd Abraham oedd gwybod pryd i godi llais yn erbyn Duw, i hawlio bywyd i'r diniwed, ac felly, ddiogelu cyfiawnder ac anrhydedd Duw. Yn ogystal, roedd Abraham yn gwybod pryd i fod yn dawel, yn ostyngedig, yn ufudd i ewyllys Duw pan osodwyd prawf ar ei ffydd. Dwi'n arswydo rhag Abraham – mae gormod ohonom ar delerau rhy esmwyth o lawer â'r cymeriad hynod, hynod hwn.

Dydd Mercher

> **Yna dywedodd wrth ei lanciau, "Arhoswch chwi yma gyda'r asyn; mi af finnau a'r bachgen draw ac addoli, ac yna dychwelwn atoch."** *Genesis 22:5*

Mae Abraham yn gorchymyn i'w lanciau sydd yn teithio gydag ef i aros gyda'r asyn, tra bod ef ac Isaac yn cerdded gweddill y ffordd. Pwy yw'r llanciau hyn? Pa arwyddocâd sydd i'r ddau ohonynt yn yr hanes? Maen nhw'n aros wrth droed y mynydd, tra bod Abraham ac Isaac yn mentro i fyny ymhellach. Mae'r llanciau hyn fel petaent yn cynrychioli bywyd cyffredin, syml, bob dydd. Dyma nhw lawr ar y gwastadeddau, tra bod y weithred anhygoel yma o ffydd yn digwydd i fyny yn y bannau uchel. Fel mae Abraham ac Isaac yn dringo i fyny i brofiad sydd ar y ffin rhwng gwallgofrwydd ac ecstasi, all y gweddill ohonom, fel y llanciau hyn, ond sefyll 'nôl mewn arswyd a braw.

Dydd Iau

> **. . . rhwymodd ei fab a'i osod ar yr allor, ar ben y coed.** *Genesis 22:9b*

Daethant i'r lle ac adeiladu allor a gosod coed mewn trefn. Yna gosod Isaac a'i rwymo wrth y coed. Trwy'r cwbl, daliodd Abraham at ei benderfyniad. Cydiodd yn ei gyllell, cyllell gyfarwydd, cyllell wedi tywallt gwaed cannoedd o anifeiliaid ar wahanol allorau ond ni feddyliodd erioed y buasai fyth yn cydio yn ei charn i drywanu ei fab. O ddyfnder eithaf ei ffydd yn Nuw daeth y nerth i godi'r gyllell uwch ei ben. Dyma weithred ar fin cael ei chyflawni ac oedd yn debyg o rwygo calon Abraham.

Dydd Gwener

> **Ond galwodd angel yr Arglwydd o'r nef a dweud Abraham! Abraham! Paid â gosod dy law ar y bachgen, na gwneud dim iddo; oherwydd gwn yn awr dy fod yn ofni Duw, gan nad wyt wedi gwrthod rhoi dy fab, dy unig fab, i mi.** *Genesis 22:11–12*

Cyflawnwyd y weithred mewn egwyddor. Am yr egwyddor mae Duw yn chwilio. Fe anwybydda filoedd o feiau ond iddo gael yr egwyddor. Cafodd Duw brawf o ffyddlondeb anhygoel Abraham. Trwy'r prawf erchyll hwn, trodd cred Abraham yn Nuw yn ffydd yn Nuw, yn ymddiriedaeth lwyr. Darganfu y sicrwydd fod Duw am i'w bobl fyw nid i farw, i dyfu a datblygu nid gwywo. Fe wyddai nawr fod y Duw hwn a orfododd iddo obeithio yn nannedd annobaith, yn hollol, hollol ddibynadwy.

Dydd Sadwrn

Ystyriwch eiriau Elfed ap Nefydd Roberts:
'Golyga ffydd yn Nuw ein bod yn ymddiried ein bod nid yn unig yn credu yn ei fodolaeth, ond ein bod yn ymddiried ein hunain a'n bywyd iddo: bwrw ein gofalon a'n gofidiau arno, ceisio ei arweiniad a phwyso ar ei ofal a'i gariad.'

31: DUW, FI, CHI ac ARIAN

Dydd Sul
Luc 12:13-21

Dwi am ddweud cyn mentro gam ymhellach, does gan y ffydd Gristnogol ddim byd yn erbyn arian. Do, dywedodd Iesu wrth y dyn ifanc cyfoethog am werthu pob peth oedd ganddo a rhannu'r arian ymhlith y tlodion, ond cyngor personol iddo fo oedd hynny, nid gorchymyn cyffredinol i bawb. Nid oes raid, na disgwyl, i bob Cristion werthu ei dŷ, a'i gar a'i beiriant golchi a rhoi'r arian i gyd i elusen.

Nid tanseilio ymrwymiad y Cristion i'r tlawd y mae hyn i gyd ond yn hytrach ei ddanlinellu. Wrth ddweud **Gwyn eu byd y tlodion**, nid awgrymu mae Iesu fod y tlodion yn ffodus o fod yn dlawd, ond yn hytrach datgan mai ewyllys Duw ar eu cyfer yw iddynt gael eu codi o'r tlodi. Ei fwriad ef yw i'r newynog gael digon, a'r digartref, gartref. Mae tlodi yn chwalu bywydau, hen ac ifanc fel ei gilydd. Mae ar bawb angen lefel gyfforddus o ddiogelwch ariannol i fod ar ein gorau.

Buasai pawb ohonom yn gorfod cydnabod fod y cyfoeth yr ydym yn ei fwynhau yn ein galluogi i gael y gorau o fywyd – y gallu i fynd i'r archfarchnad leol a chael llond troli o fwyd heb boeni'n ormodol, i newid y car yn rheolaidd, i brynu llyfrau, i fynd ar wyliau, i fwynhau bwyd da a gwin da. Mae safon bywyd pawb ohonom yn uchel. Serch hynny, rhaid i ni gofio fod 'na ochr arall i'r geiniog. Mae'r ochr arall yn amlwg yn ein darlleniad heddiw: **Gofalwch ymgadw rhag trachwant o bob math, oherwydd er cymaint ei gyfoeth, nid yw bywyd neb yn dibynnu ar ei feddiannau**. Ar wahân i Deyrnas Dduw, prif destun siarad Iesu yw arian, ac i fod yn fanwl – problemau gormod o arian a byw er mwyn arian.

Yma cawn ddameg am ddyn cyfoethog sydd wedi dod yn ei flaen yn y byd. Mae o wedi buddsoddi ei incwm mewn ysguboriau mwy a gwell. Mae o wedi trefnu yn ofalus ar gyfer ei ymddeoliad. Does dim awgrym fod hwn wedi gwneud ei arian trwy dwyll a brad. Yn ôl pob tebyg, bu wrthi'n brysur o fore gwyn tan nos yn gweithio'n galed. Pam felly fod Iesu yn ei alw'n ffŵl?

Mae hwn yn ffŵl oherwydd iddo fethu gweld ei fod yn ddibynnol ar bobl eraill. Mae *soliloquy*'r cymeriad hwn yn cynnwys tua chwe deg o eiriau sydd yn frith o eiriau meddiannol – fy nghydau, fy sguboriau, fy holl ŷd a'm heiddo. Mae hwn wedi bod yn dweud **fi** a **fy** gymaint fel nad yw bellach yn gallu dweud **ni** ac **ein**.

Mae diogelu eich hunan yn ariannol yn gwneud synnwyr – wrth gwrs ei fod o – ond nid dyna unig amcan bywyd. Nid dim ond **fi** sydd; mae **ni** yn bwysig hefyd. Mae Iesu'n gorffen y stori gyda'r her – nad yw bywyd neb yn dibynnu ar ei feddiannau. Mae neges y ddameg yn aruthrol berthnasol. Nid drwg mo cyfoeth. Nid arian ydi'r broblem. Pobl yw'r broblem: fi, chi a'n tebyg sy'n credu mai arian yw'r unig beth sy'n cyfri.

Gweddi

Ein tad nefol, a'n dysgaist yn dy Fab Iesu Grist fod ein holl eiddo wedi ei ymddiried i ni gennyt ti; dysg ni i fod yn stiwardiaid ffyddlon o'n hamser, o'n talentau ac o'n harian, gan gysegru'n llawen i'th wasanaeth bopeth a roddaist inni; a dyro i ni ras, O Arglwydd, i roi ein hunain iti fel rhai a brynwyd yn ddrud gan dy Fab, ein Gwaredwr Iesu Grist. Amen.

Frank Colquhoun

Dydd Llun

> **Mae rhwydwaith dirgel Duw**
> **Yn cydio pob dyn byw;**
> **Cymod a chyflawn we**
> **Myfi, Tydi, Efe.**
> *'Brawdolaeth', Waldo Williams*

Mae pawb ohonom yn rhan o'r rhwydwaith dirgel sydd yn cydio pob peth byw. Dwi'n methu â bod yr hyn y bwriedir i mi fod hyd nes i chi fod yr hyn y bwriedir i chi fod. Fedrwch chi ddim bod yr hyn y bwriedir i chi fod os nad wyf fi yr hyn y bwriedir i mi fod. Roedd hwn y ffŵl oherwydd iddo ddewis ymwrthod â'r rhwydwaith a mentro ar ei liwt ei hun. Syrthiodd mewn cariad dros ei ben a'i glustiau ag ef ei hun, a gwneud ei hun yn ganolbwynt ei fywyd a'r cread i gyd. Mae o'n byw iddo'i hun, ar ei ben ei hun, a ffeindio yn y diwedd ei fod yn methu byw gyda'i hunan.

Dydd Mawrth

> **Ddyn, y mae gennyt stôr o lawer o bethau ar gyfer blynyddoedd lawer.** *Luc 12:19*

Dwi'n cydymdeimlo â hwn. Mae o'n trefnu i'r dyfodol, mae o'n canolbwyntio arno'i hunan. Onid yw hynny'n digwydd i bawb ohonom? Mae pawb ohonom yn byw yng nghyfnod y *It could be you, Buy now pay later, Who wants to be a millionaire? Don't live a little, live a lotto.* O'n cwmpas ym mhob man mae hud a lledrith dewiniaid hybysebu sydd yn cynnig i fi a chi nwyddau a fydd, medde' nhw, yn trawsnewid ein tipyn byw.

Dydd Mercher

> **Ni allwch wasanaethu Duw ac Arian.** *Luc 16:13*

Os ydym yn aelodau o eglwys Iesu Grist, fe ddaw y ffordd o feddwl i mewn i'n crefydd ninnau hefyd. Mae gen i ffrind yn byw yn Milwaukee sy'n danfon rhyw bethau ataf o bryd i'w gilydd. Danfonodd wahoddiad arbennig a ddaeth drwy'r drws iddi. Eglwys leol yn cynnal oedfa arbennig – *How to have your dreams and expectations realized.* Pa freuddwydion a dyheadau dywedwch? Heddwch rhwng cenhedloedd? Ar iddynt ddod yn bobl well a chael gwell perthynas â Duw ac â'i gilydd? Na, ac fel y dywed y daflen, *the American dream – the universal dream – to be rich.*

Dydd Iau

> Gofalwch ymgadw rhag trachwant o bob math, oherwydd er cymaint ei gyfoeth, nid yw bywyd neb yn dibynnu ar ei feddiannau. *Luc 12:15*

Mae'n hawdd inni wneud hwyl. Yma, yng Nghymru, mewn ffyrdd llawer mwy tawel, mae'r un peth yn digwydd gyda ni. Pan ddywedodd Iesu, **Gofalwch ymgadw rhag trachwant o bob math**, nid siarad â Christnogion Milwaukee yn unig y mae o, ond siarad â fi a chi. Mor hawdd yw i ni fel unigolion, ac fel eglwysi, fynd yn gyfoethog ym mhethau'r byd ac yn dlawd ym mhethau Duw.

Dydd Gwener

> . . . gwnewch gyfeillion i chwi eich hunain ag arian, sy'n gynnyrch anonestrwydd, er mwyn i chwi gael croeso i'r tragwyddol bebyll pan ddaw dydd arian i ben. *Luc 16:9*

Rhaid bod yn ofalus gydag arian. Rhaid tynnu llinell yn bendant iawn rhyngom ni a'n heiddo. Nid caru pethau y mae pobl yn eu defnyddio ond caru pobl sy'n defnyddio pethau. Duw sydd yn dod gyntaf. Byddai'n braf, pan ddaw'r amser i ni adael y byd 'ma, pe bai eraill yn cofio amdanom   fel rhywun amgenach na'r ffŵl yn y ddameg – ysguboriau llawn ond calon wag.

Dydd Sadwrn

Gallwn wneud rhywbeth na all technolegwyr byth ei wneud; gallwn arddangos cariad Duw trwy roi rhan o'n bywyd i rywun arall.
Graham Kerr, miliwnydd a rannodd ei gyfoeth â'r tlawd.

32: RHINWEDDAU FEL Y RHAIN

Dydd Sul
Galatiaid 5

Beth amser yn ôl yr oeddwn yn mynd heibio i Milton Keynes ar y trên, ac er mai ychydig iawn sydd i'w weld o'r trên, cewch syniad o dref newydd, yn frics a choncrid a gwydr. Dro arall, treuliais ddiwrnod yn Telford, a honno eto'n dref o frics a choncrid, gwydr a phlastig. Dim byd rhyfedd, nac anghyffredin, meddech chi. Trefi newydd yw'r ddwy, a dyna a ddisgwyliwn mewn trefi newydd. Yr un siâp, yr un deunydd, yr un undonedd.

   Ond fe ddaeth i'm meddwl gwestiwn, nad oedd ar y pryd yn swnio'n bwysig o gwbwl, ond, wn i ddim, efallai ei fod yn bwysicach nag y credais ar y pryd. Petaech chi a fi yn cynllunio tref neu ddinas newydd, pa adeilad fyddai'n cael y lle canolog a phwysicaf yn y cynllun? I ba adeilad y rhoddid y flaenoriaeth? I'r eglwys neu'r capel, neu i neuadd y dref, neu i swyddfa'r heddlu a'r llysoedd barn a'r carchar? Neu, o osod y cwestiwn mewn ffordd arall, dyweder nad yw'n bosibl mewn tref i gynnal yr eglwys a gorsaf yr heddlu, pa un fyddai'n cael ei hepgor? Ffordd arall, mae'n debyg o ofyn y cwestiwn, a ofynnwyd mewn llawer seiat holi, a dosbarth Ysgol Sul oedolion, yw pa un sydd bwysicaf i gymdeithas, y gweinidog neu'r plismon?

   Nawr mae geiriau Paul yn ei lythyr cyfoethog at yr eglwys yn Galatia yn awgrymu fod yna adran o fywyd lle nad oes gan y plismon a'r ddeddf ddim byd i'w wneud ag ef ... dim o gwbwl. Sylwer ar adnod 23 o'r bennod uchod: **Nid oes cyfraith yn erbyn rhinweddau fel y rhain**. Nawr, mae'r syniad nad oes a fynno cyfraith â rhywbeth yn peri i ni oedi am eiliad a meddwl. Achos nid felly y mae'n ymddangos yn ein bywydau cymhleth cyfoes ni. Rhowch gynnig ar barcio'ch car ar ddwy linell felen, ac fe gewch wybod yn weddol gyflym fod a fynno cyfraith â'r busnes! Neu trïwch storio petrol mewn ffiol blastig yn eich garej, neu adeiladu estyniad i'r tŷ, neu trïwch werthu *shares*, neu yrru car heb yswiriant, neu ddechrau busnes, neu fabwysiadu plentyn, neu drefnu gwyliau, neu saethwch y gath sy'n crafu'r hadau yn eich gardd ... fe allai dyn fynd ymlaen ac ymlaen.

Mae cyfraith yn ymwneud â'n byw a'n bod ni'n feunyddiol. Ac eto, yn ôl Paul, mae rhyw bethau a rhyw agweddau ar fywyd nad oes a fynno cyfraith â nhw. Beth all y pethau hynny fod? Siarad am ffrwythau'r ysbryd y mae, ac yn eu rhestru nhw. *(adnod 22)* Awgrymir yn y gosodiad dri o bethau i ni edrych arnynt yn ystod yr wythnos hon – yr angen am gyfraith, cyfyngiadau cyfraith, a lle mae cyfraith yn ddi-rym.

Credo

Credaf yng nghydraddoldeb pawb, y cyfoethog a'r tlawd.
Credaf mewn rhyddid.
Credaf mewn dynolryw y gallwn greu undeb drwyddi.
Credaf yn y cariad sydd oddi mewn i bob un ohonom,
ac yn y cartref hapus ac iach.
Credaf ym maddeuant ein pechodau.
Credaf drwy gymorth y dwyfol y cawn
nerth i sefydlu cymdeithas gyfartal.
Credaf mewn undeb fel yr unig ffordd i ddwyn heddwch, a
chredaf y gallwn, gyda'n gilydd, gael cyfiawnder.

Pobl ifanc Ayacucho, Peru

Dydd Llun

> ### YR ANGEN AM GYFRAITH
> **O na allwn gerdded yn unionsyth a chadw dy ddeddfau!**
> *Salm 119:5*

Dewch yn ôl i'r man cychwyn. A oes angen cyfraith o gwbl? A fyddai bywyd yn well ac yn haws heb gyfraith? Ym mha gymdeithas bynnag y byddech yn byw, mae angen cyfraith a threfn. A hynny am reswm syml iawn. Nid yw'r person gorau y gallwch feddwl amdano, yn dda trwyddo. Nid oes yr un gymdeithas sydd yn dda drwyddi; na'r un gymuned nad oes iddi wendid a bai. Ymhob person a chymdeithas mae elfennau dinistriol sydd am ddifa'r da a difwyno'r glân a sarnu'r prydferth. Mae arnom angen deddf a chyfraith am mai pobl yw pobl.

143

Dydd Mawrth

> **Gosod ffordd dywyll ymhell oddi wrthyf a rho imi ras dy gyfraith . . .** *Salm 119:29*

Heddiw a fory cawn gyfle i ystyried natur cyfraith a deddf. Cyfrwng i gyfeirio bywyd a gweithredoedd yw cyfraith, nid cyfrwng yn y lle cyntaf i gosbi. Os prynwch chi beiriant golchi neu rywbeth tebyg, fe gewch lyfryn yn dweud wrthych sut y mae'n gweithio. Fe allwch chi ddweud, a hynny'n gwbwl ddilys, nad ydych chi'n bwriadu derbyn cyngor gan neb ynglŷn â sut mae gweithio'ch *Dyson* neu eich *Bendix*. Os penderfynwch chi redeg y peiriant heb ddarllen y cyfarwyddiadau, fydd neb o *Bendix* na *Dyson* yn eich bygwth â charchar. Yr hyn fydd yn digwydd, yn syml iawn, yw y bydd y peiriant yn torri lawr ac yn gwrthod gweithio. Dyw'r cyfarwyddiadau yn ddim ond cynorthwy ynglŷn â sut mae cael y golch wedi ei wneud yn effeithiol a chywir.

Dydd Mercher

> **CYFYNGIADAU CYFRAITH**
> **Y mae cyfraith dy enau yn well i mi na miloedd o aur ac arian . . .** *Salm 119:72*

Gwerth cyfyngedig sydd i bob cyfraith. Ni all cyfraith gwrdd â phob angen sydd gan bobl. Nid all weithio ond mewn termau cyfyngedig a chylchoedd cyfyngedig. Yr hyn y gall cyfraith ei wneud yw cadw cymdeithas rhag chwalu, ac ein hamddiffyn rhag anhrefn. Yr hyn *na* all wneud yw rhoi bywyd newydd mewn cymdeithas sy'n farw, na chreu gweledigaeth newydd, na gorwel newydd i fywyd, na chreu posibiliadau newydd.

Dydd Iau

> **LLE MAE CYFRAITH YN DDI-RYM**
> **Nid oes cyfraith yn erbyn rhinweddau fel y rhain.** *Galatiaid 5:23*
> **Pâr i'th gariad ddod ataf, O Arglwydd.** *Salm 119:41a*

Mae Paul yn rhestru yn adnod 22, yr holl bethau nad oes cyfraith yn eu herbyn. Ac mae meddwl am gyfraith yn deddfu ynglŷn â phethau fel hyn yn chwerthinllyd. Meddyliwch am gael eich dwyn o flaen eich gwell am chwerthin, neu am fod yn garedig wrth rywun, neu am helpu rhyw hen ŵr dros y ffordd, neu am godi baich rhywun, neu am drio codi calon rhywun! Nid yw'n gwneud synnwyr fod a fynno cyfraith â phethau fel hyn. Ond pa fath fywyd fyddai gennym heb y pethau hyn? Meddyliwch am fyd heb gariad, llawenydd, tangnefedd, goddefgarwch, caredigrwydd, daioni, ffyddlondeb, addfwynder a hunanddisgyblaeth.

Dydd Gwener

> **Pâr i'th drugaredd ddod ataf, fel y byddaf fyw.** *Salm 119:77*

Mae pob un o'r doniau a restrir gan Paul yn rhodd gan yr Ysbryd Glân. Pob un ohonynt yn ganlyniad gweithgaredd yr Ysbryd Glân yng nghalonnau pobl. Pob un yn cyfrannu at wneud bywyd yn felysach a chyfoethocach a mwy creadigol a llawnach – mwy creadigol na deddf, a chadarnach na chyfraith. Allwch chi ddim deddfu i bobl fyw yn dda, nac i fod yn garedig. Pethau positif ydynt. Mae cyfraith yn ymwneud â'r gwaharddiadau sy'n cadw cymdeithas o fewn terfynau. Ni all fynd ymhellach.

Dydd Sadwrn

> **Gad imi fyw i'th foliannu di, a bydded i'th farnau fy nghynorthwyo.** *Salm 119:175*

A dyna lle daw'r eglwys i'r busnes, a ffydd, a chred mewn Duw da a chyfiawn. Mae'n cynnig y positif, y creadigol: yr ysbryd newydd all wneud person yn well nag ydyw, a mwy nag ydyw. A hwnnw, yn y pen draw, sy'n dyrchafu cymdeithas a chenedl, ac yn eu gwneud yn fwy na chasgliad o bobl yn byw yn ôl amodau digon dilys y ddeddf sy'n dweud 'Na', a'u dyrchafu yn bobl sydd yn byw er lles y cyfan ac er daioni pawb mewn cariad a thangnefedd. A'r cwbwl yn bositif – yn ymwneud â chreu'r byd a'r bywyd newydd.

33: BYDDED CYWILYDD AR YR HOLL ADDOLWYR EILUNOD

Dydd Sul
Salm 97

Sylwch ar yr adnodau 5–7;
**Y mae'r mynyddoedd yn toddi fel cŵyr o flaen yr Arglwydd,
O flaen Arglwydd yr holl ddaear.
Y mae'r nefoedd yn cyhoeddi
Ei gyfiawnder, a'r holl bobloedd yn gweld ei ogoniant.**
Bydded cywilydd ar yr holl addolwyr eilunod;
Ymgrymwch iddo ef, yr holl dduwiau.

Mae rhai ohonom yn byw mewn cymunedau aml-ethnig, aml-grefydd, aml-ddiwylliant. Yn y ganolfan siopa i fyny'r ffordd o ble mae Lona a finnau'n byw yng Nghaerdydd mae groser Libanaidd, siop lysiau Affganaidd, siop *eight till late* Bacistanaidd, bwytai Indiaidd, ac Eidalaidd a Tsieineaidd; fferyllydd Hindŵaidd, a phobydd Almaenig a siop lyfrau Gymraeg. Hyfrydwch pur yw'r brithwaith ethnig hwn. Ond mae rhai o'r bobl hyn yn ddeiliaid i grefyddau lle mae eilunod a delwau yn rhan annatod bwysig o'u traddodiad a'u diwylliant crefyddol. Ai ymosodiad yw'r geriau hyn ar addoliad a deiliaid Crefyddau eraill? Am wn i, mae her y geiriau yn mynd ymhellach ac yn ddyfnach na hynny.

Rhaid i ni gydnabod ein bod ni'n byw mewn cyfnod a chymdeithas sydd yn plygu glin i gant a mil o eilunod. Wrth fyfyrio uwchben y geiriau, **Bydded cywilydd ar yr holl addolwyr eilunod**, y peth hawsaf yn y byd i ni fuasai mynd ati'n brysur i ladd ar grefyddau eraill. Anoddach o lawer fuasai gweld a derbyn mai her yw'r geiriau hyn i fi a chi.

Ond chwarae teg, nid ydym wedi ymgrymu erioed i'r un cerflun. A oes delwau gennym ni? O oes. Mae 'na ryw bethau sydd yn sefyll rhyngom ni a Duw. Ac mae unrhyw beth sydd yn ein cadw ni a Duw ar wahân yn ddelw, yn eilun.

Yn yr Hen Destament mae cydnabod eilun a dryllio delwau yn ordinhad. Dro ar ôl tro roedd eilunaddoliad yn sleifio'n dawel i mewn i grefydd yr Iddew, a dro ar ôl tro daeth y proffwydi i ddeffro a herio'r bobl, gan ysgogi'r bobl i rwygo'r delwau a throi yn ôl at yr unig wir Dduw.

Meddyliwch am y Brenin Josiah. *(2 Brenhinoedd 23)* Roedd dylanwad drwg gweision y ffug dduw Baal yn rhemp yn y wlad. Roedd digon o bobl yn grwgnach a chwyno ond penderfynodd Josiah fynd ati i ddymchwel a chwalu a llosgi a sgubo o'r wlad bob ôl o'r grefydd fach wenwynig.

Fe welwn yr un peth yn union pan aeth Iesu i mewn i'r Deml yn Jerwsalem a gweld yr holl annibendod – pobl yn sgamio a thwyllo eraill yn enw Duw. Sylweddolodd fod angen gwneud rhywbeth drastig ac aeth ati i yrru allan bawb oedd yn prynu a gwerthu ac yn troi tŷ Duw yn ogof lladron.

Gawn ni yr wythnos hon feddwl am ein heilunod cyfoes, ac yn wir, ni chredaf mai gormodedd yw eu galw'n dduwiau gau y rhai sy'n cael eu cynnig ac yn eu cynnig eu hunain i ni ac i'n hoes.

Gweddi

Pa fudd i'w wneuthurwr yw'r eilun a luniodd?
Nid yw ond delw a dysgwr celwydd.
Er bod y gwneuthurwr yn ymddiried yn ei waith,
nid yw'n gwneud ond delwau mud.
Gwae'r sawl a ddywed wrth bren 'Deffro',
ac wrth garreg fud, 'Symud'.
Y mae wedi ei amgylchu ag aur ac arian,
ond nid oes dim anadl ynddo.
Ond y mae'r Arglwydd yn ei deml sanctaidd;
Bydded i'r holl ddaear ymdawelu ger ei fron. Amen.

Yn seiliedig ar adnodau ola' Habacuc 2

Dydd Llun

> **FI**
> **Os myn neb ddod ar fy ôl i, rhaid iddo ymwadu ag ef ei hun a chodi ei groes a'm canlyn i.** *Mathew 16:24*

Dwi am alw'r cyntaf yn **FI**. Duw bach sydd yn ceisio'n hargyhoeddi ni mai ymwneud â FI y mae bywyd. Nid fy nheulu, na'm cymdeithas, na'm gwlad, na'm pobl. Dim ond fi! Myfi yw Arglwydd fy ffawd a meistr fy nhynged.

Dydd Mawrth

> **ARIAN**
> **Ni all neb wasanaethu dau feistr ...**
> **Ni allwch wasanaethu Duw ac arian.** *Mathew 6:24*

ARIAN, neu'n agosach at y gwir, y syniad bod i bob peth ei bris ac i bob person ei bris ac y gellir gosod gwerth ariannol ar bob peth. Mae i wirionedd, hyd yn oed, ei bris. Daeth Billy Graham i Brydain ym 1989, ac ar anterth ei genhadaeth, torrodd y stori bod wyau ieir y wlad 'ma i gyd wedi eu llygru gan salmonella. Cafodd rhywun yn adran fasnach y Bwrdd Marchnata Wyau y syniad y bydden nhw'n talu Billy Graham i wneud camgymeriad bach wrth adrodd Gweddi'r Arglwydd yn un o'r Ralïau. Yn lle dweud, 'Dyro inni ein bara beunyddiol', byddai'n dweud, 'Dyro inni heddiw ein hwyau beunyddiol'. Newid bach, a dibwys, yn ôl tyb boi'r wyau. Aeth hwnnw at Graham a chynnig £4,000 iddo am wneud. Yn naturiol, gwrthododd Graham, ac ymhen yr awr daeth y dyn yn ôl gan gynnig £10,000. Y syniad bod i bob peth ei bris ac i bob person ei bris, y gellir gosod gwerth ariannol ar bob peth. Dyna'r ateb terfynol – arian. Breuddwyd yr eilun hwn yw creu cymdeithas lle nad oes dim yn werthfawr os nad oes iddo werth ariannol. Mae'r gwerth hwnnw'n deillio fynychaf o allu person neu'r peth i fod yn gynhyrchiol. Nid yw'r eilun hwn a'i ganlynwyr yn hidio fawr ddim am yr hen, yr anafus, yr afiach a'r difreintiedig a'r methiedig mewn cymdeithas.

Dydd Mercher

> **PERTHNASEDD**
> **Pan fyddwch am droi i'r dde neu i'r chwith,**
> **fe glywch â'ch clustiau lais o'ch ôl yn dweud,**
> **"Dyma'r ffordd, rhodiwch ynddi."** *Eseia 30:21*

Duw bach ydy hwn yn ceisio ein hargyhoeddi fod popeth yn berthnasol. Does dim ots beth a gredwch, tra'ch bod chi'n credu rhywbeth.

Fe wna unrhyw diwn y tro ar *Walkman* ein heneidiau, os nad yw'n tarfu ar glustiau neb arall. Does y fath beth ar gael â gwerthoedd absoliwt!

Dydd Iau

> **NEWYDDIAETH**
> **... bydd y gwin newydd yn eu siomi.** *Hosea 9:2b*

Mae hwn wedi cydio ynom i gyd – onid oes gennym obsesiwn am yr hyn sy'n newydd. Mae marchnata cyfoes yn bwydo'r clwyf. Allan â'r hen, i mewn â'r newydd, heb boeni am ddim na neb. Rhaid cael y newydd, yn enwedig os cafodd rhyw William John a Meri Jane un o'n blaenau. Ac nid mater o sbort mohono wrth gwrs. Mae'r effeithiau ar y blaned a'i dyfodol yn aruthrol pan osodwn warant ar beiriant am dair blynedd a disgwyl iddo fynd i ddifancoll ar ôl hynny. Creasom gymdeithas 'taflu i ffwrdd' mewn byd sydd yn araf farw.

Dydd Gwener

> **Chwilia fi, O Dduw, iti adnabod fy nghalon ... edrych a wyf ar ffordd a fydd yn loes i mi, ac arwain fi yn y ffordd dragwyddol.** *Salm 139:23 a 24*

Be wnawn ni felly? Rhaid inni chwalu'r delwau! Dyna pam fod addoliad cyhoeddus, rheolaidd mor aruthrol bwysig. Yno, cawn gyfle, ym mhresenoldeb yr unig wir Dduw, i dynnu ein hunain o afael y duwiau gau. Dim ond ein Duw all ein cynorthwyo i ddymchwel ein delwau, i fwrw i un ochr yr eilunod hynny sydd yn ein cadw ni ac Ef ar wahân. Ac nid yw hynny'n bosibl ond i'r graddau yr ydym ni yn fodlon cydnabod fod eilunod a duwiau gau yn realiti yn ein bywyd. Wrth gwrs, mae hwnnw'n gwestiwn arall, yn gwestiwn i bob un ohonom i'w ystyried.

Dydd Sadwrn

Ystyriwch heddiw oblygiadau geiriau Moelwyn:
Y mae pob credo pendant, terfynol – a goleddir gan Babydd neu Brotestant – yn gyfyngiad ar Dduw, ac mae pob cyfyngiad arno Ef yn eilunaddoliaeth.

A geiriau Walter P. John:

Y mae gofyn 'Pwy yw hwn?' yn bwysicach nag adrodd credo uniongred. Yn awr ei dröedigaeth cwestiwn oedd ar wefus Paul, 'Pwy wyt ti, Arglwydd?'

34: GALWAD GIDEON

Dydd Sul
Barnwyr 6

Ar ddyddiau tawel, cyffredin, allan yn yr awyr iach y dyrnid y gwenith, lle gallai'r awel chwythu'r us i ffwrdd. Ond nid dyddiau tawel, cyffredin mo'r rhain. Bob cynhaeaf, ers yn rhy hir, roedd y Midianiaid wedi disgyn fel haid o locustiaid i anrheithio'r tir. Yn y dyddiau anghyffredin hynny, rhaid oedd dyrnu'r gwenith mewn lle anghyffredin – mewn gwinwryf (cafn yn y graig lle câi grawnwin eu sathru) **i'w guddio rhag Midian**. Am fod y gwenith, yn wahanol i'r grawnwin, yn aeddfed, meddyliodd Gideon na fyddai Midian yn chwilio am wenith mewn gwinwryf.

Ac yntau'n prysur ddyrnu'r gwenith, doedd Gideon ddim yn disgwyl Duw. Cafodd fraw pan gyhoeddodd yr angel fod Duw gydag ef. Duw mewn gwinwryf? Amheuaeth oedd ymateb cyntaf Gideon, **Ond, syr, os yw'r Arglwydd gyda ni, pam mae hyn i gyd wedi digwydd inni?** *(adnod 13)* **Erbyn hyn y mae'r Arglwydd wedi'n gadael, a'n rhoi yng ngafael Midian.** *(adnod 14)* Wrth ddyrnu'r gwenith roedd Gideon wedi hanner disgwyl gweld milwyr Midian, ond nid oedd wedi disgwyl gweld Duw. Nid yng nghanol y gwenith oedd y lle i gyfarfod â Duw.

Onid dyma dueddiad Duw, ymddangos yn y llefydd mwyaf annisgwyl, ac ar yr adegau mwyaf anghyfleus. Meddyliwch am Fethlehem. Doedd neb yn disgwyl gweld brenin y brenhinoedd mewn gwesty un seren! Ymsefydlodd y teulu yn Nasareth; **A all dim da ddod o Nasareth?** holodd Nathaniel. A sut mae dygymod â Meseia ynghrog ar groesbren. A doedd neb yn disgwyl i'r Meseia hwn groesi'n ôl dros riniog y tywyllwch. **Ond i'w tyb hwy, lol oedd yr hanesion hyn, a gwrthodasant gredu'r gwragedd.** *(Luc 24:11)*

Ie, yng ngwinwryfoedd bywyd – y llefydd a'r amseroedd mwyaf annisgwyl – y cawn gyfarfod â'r Hwn sydd yn Dad i ni.

A phle mae ei holl ryfeddodau y soniodd ein tadau amdanynt. *(adnod 13)* Mae Gideon yn siarad yn hyderus braf am Dduw ei dadau fel Duw â'r gallu ganddo i gyflawni gwyrthiau, ond doedd Gideon heb ystyried fod Duw yn cyflawni'r gwyrthiau hyn a thrwy bobl gyffredin. Roedd Duw yn herio Gideon i gredu, **fod y gallu ganddo i wneud yn anhraethol well na dim y gallwn ni ei ddeisyfu na'i ddychmygu trwy'r gallu sydd ar waith ynom ni.** *(Effesiaid 3:20)*

Mae Duw yn galw Gideon i ildio ei ddwylo, ei feddwl a'i galon – y cyfan sydd iddo, a chanddo, i'w wasanaeth i orchfygu Midian. Yr unig ffordd i wneud hynny oedd magu gwir ymddiriedaeth yn Nuw fel yr unig Dduw. Gan droi gweledigaeth yn weithredoedd, rhaid oedd iddo ddryllio'r allor honno, a oedd wedi ei chysegru i'r dduwies Asera, a chodi allor newydd a chadarn i Dduw yn ei lle. *(adnodau 25–28)* Yn rhedeg fel llinyn aur trwy Lyfr y Barnwyr mae'r broblem ddeublyg hon. Nid casgliad o hanesion am oresgyniadau, brwydrau a rhuthrgyrchoedd yn unig sydd gennym yn y fan yma. Wrth galon y llyfr mae ymdrech pobl i sylweddoli nad oes modd goresgyn problemau allanol, materol, hyd nes iddynt oresgyn problemau mewnol, ysbrydol. Wrth brofi realiti Duw cawn ddarganfod ei fod yn cyflawni ei wyrthiau mawr trwy bobl gyffredin fel Gideon. Pobl gyffredin fel chi a fi.

Gweddi

Yn sgil profiad Gideon a'ch profiad personol, ystyriwch yn weddïgar y ddau bennill yma o emyn Narayan Vaman Tilak.

> Mor egwan ydwyf, rasol Iôr,
> Mor fach yn dy ymyl di;
> Mae pwysau'r llwch sydd ar dy draed
> Yn filwaith mwy na mi.

> Os ceir un rhinwedd ynof fi,
> Ohonot ti mae'n dod:
> Am hynny, Arglwydd, cymer fi
> I'th feddiant fyth i fod.
> *Rhif 783, Atodiad y Methodistiaid Calfinaidd a Wesleaidd*

Dydd LLun

> **Ond pethau ffôl y byd a ddewisodd Duw i gywilyddio'r doeth, a phethau gwan y byd a ddewisodd Duw i gywilyddio'r pethau cedyrn.** *1 Corinthiaid 1:27*

Sut y gwaredaf fi Israel? Edrych, fy llwyth i yw'r gwannaf yn Manasse, a minnau yw'r distatlaf o'm teulu. *(Barnwyr 6:15).* Doedd Gideon ddim wedi sylweddoli beth allasai Duw wneud ohono. O droi tudalennau'r Beibl, mae Gideon mewn cwmni da, i enwi ond ambell un megis Moses. **Ond gofynnodd Moses i Dduw, 'Pwy wyf fi i fynd at Pharo ac arwain meibion Israel allan o'r Aifft?** *(Exodus 3:11)* **Gwae fi! Y mae wedi darfod amdanaf! Dyn a'i wefusau'n aflan ydwyf.** *(Eseia 6:4)* **Dywedais innau, "O Arglwydd, ni wn pa fodd i lefaru, oherwydd bachgen wyf fi."** *(Jeremeia 1:6)*

Dydd Mawrth

> **Y noson honno dywedodd yr Arglwydd wrtho ...** *Barnwyr 6:25*

Y noson honno, daeth yr amser i daro, daeth yr amser i weithredu. Rhaid i Gideon gomitio'i hun. Cyn codi byddin i ymladd Midian rhaid oedd wrth edifeirwch gweladwy, gweithredol. Rhaid oedd dymchwel allor Baal. Rhaid oedd i'r bobl sylweddoli mai duwiau gau oedd duwiau y Canaaneaid. Y noson honno aeth un ar ddeg ohonynt i ddymchwel allor Baal a chwympo cerflun Asera.

Dydd Mercher

> **Adeilada allor briodol i'r Arglwydd dy Dduw ar ben y fangre hon ...** *Barnwyr 6:26*

Yna codasant allor newydd, ar ffurff hollol wahanol i'r hen allor, yn yr un lle, i'r unig wir Dduw. Sylwch, yn ogystal â dymchwel mae adeiladu. Plethwyd amynedd yr adnewyddwr i mewn i rym ac egni'r dinistriwr. Ofer yw taflu allan ddrygioni heb geisio llenwi'r gwacter gyda daioni. *(Mathew 12:43–45)* Tybed ai pobl yn dweud "Na . . . na . . . na . . ." ydym fel Cristnogion i nifer fawr o bobl heddiw. Pobl yn gwahardd hyn a'r llall; yn condemnio hyn a'r llall. Ond, onid grym a rhamant Efengyl Iesu Grist yw ei bod hi yn dweud, yn bendant, "Na" wrth **wrthrychau gau** er mwyn dweud "Ie" yn fwy pendant fyth i fywyd **yn ei holl gyflawnder**? Rhaid cyplysu'r negyddol a'r cadarnhaol.

Dydd Iau

> *Barnwyr 6:28 a 29*

Daeth pobl y dref i ddrws Joas a galw am waed ei fab. Y mae deunydd trasiedi yn y fan yma. Pobl yn y tywyllwch yn gwrthod y goleuni. Joas, nid Gideon, sydd yn ateb yr haid, **A ydych chwi am ddadlau**

achos Baal? Os yw'n dduw, dadleued drosto'i hun am i rywun fwrw ei allor i lawr. *(adnod 31)* Mae rhesymeg naturiol Joas (yr union resymeg a welir gan Elias wrth iddo herio Baal ar ben mynydd Carmel). (*1 Brenhinoedd 18:27.*) yn llwyddo i argyhoeddi'r bobl mai:

Arian ac aur yw eu delwau hwy,
wedi eu gwneud â dwylo dyn.
Y mae ganddynt enau nad ydynt yn siarad,
a llygaid nad ydynt yn gweld.

(Salm 115:4 a 5)

Dydd Gwener

Barnwyr 6:33–35

O'r fath newid mewn pobl! Y rhain, ar ddechrau'r bennod, yn cuddio rhag Midian mewn ogofeydd a chaerau, gan adael i'r gelyn ddisgyn yn heidiau ar y wlad, i ddwyn ffrwyth eu cynhaeaf. Ond erbyn diwedd y bennod, mae newid anhygoel wedi digwydd, fel eira'n dadmer yng ngwres y gwanwyn. Mae'r gelyn, **fel haid o locustiaid; yr oedd eu camelod mor ddirifedi â thywod glan y môr.** (*Barnwyr 7:12*) Ond pan ddaethant i Ddyffryn Jesreel, yn hytrach na phobl ofnus, yn ffoi i'w tyllau fel cwningod, maent wyneb yn wyneb â phobl hyderus â'u harfau wedi'u hogi i'r gad. Beth sydd wedi peri'r fath newid? Perthynas wedi ei adfer. Duw gyda'i bobl a'r bobl gyda Duw.

Mae'r Brenin yn y blaen,
'rŷm ninnau oll yn hy,
ni saif na dŵr na thân
o flaen ein harfog lu;
Rhif 80, Caneuon Ffydd. William Williams, Pantycelyn.

Dydd Sadwrn

> *Barnwyr 6:36–40*

Er i'r Abiesriaid a phobl Manasse ac Aser, Sabulon a Nafftali ymateb i alwad ei utgorn, er iddo dderbyn Ysbryd Duw, mae Gideon yn dal yn ansicr. Gofynnodd am arwydd arall, **dyma fi'n gosod cnu o wlân ar y llawr dyrnu; os bydd gwlith ar y cnu yn unig, a'r llawr i gyd yn sych, yna byddaf yn gwybod y gwaredi Israel drwof fi, fel y dywedais.** *(adnod 37)* Ac felly y bu. Ond parhaodd yr ansicrwydd; rhaid oedd holi am un arwydd eto, y tro hwn y cnu yn sych a'r llawr yn wlyb. Mewn ymateb i'r ychydig adnodau hyn, ga i fynd â chi at eiriau Thomas Philips? Dau beth sy'n syndod i mi, ymddiriedaeth Duw mewn dynion ac amynedd Duw gyda dynion.

35: YR HWN NID YW YN EIN HERBYN, DROSOM NI Y MAE

Dydd Sul
Marc 9:38–41

Mae'n amlwg bellach fod y gair 'Rhyddfrydwr' wedi troi'n air brwnt mewn ambell gylch diwinyddol. Mae rhai yn meddwl amdano fel safbwynt llac, heb fawr o afael ar yr *absolutes* diwinyddol. Mae eraill yn gweld gwerth y safbwynt mwy agored a goddefgar sydd ymhlyg yn y gair. A dyna wela i yn yr hanesyn a geir yn gefndir i'n myfyrdod yr wythnos hon – Iesu yn gwbl agored a rhyddfrydol. Nodwn rai pwyntiau.

Mae Iesu a'i ddisgyblion wedi bod ar daith yng Ngalilea, gan osgoi'r tyrfaoedd a'r cyhoeddusrwydd. Roedd am fod yn dawel gyda'i ddisgyblion er mwyn eu dysgu a'u rhybuddio am y diwedd creulon a fyddai'n dod i'w ran. Doedd yr un ohonynt yn hapus iawn am yr hyn a ddywedodd wrthynt. Ond yr oedd ofn ar bob un i ofyn am ragor o fanylion. Ac wrth gerdded, rhyw dawelwch diflas a lletchwith oedd yn bodoli, ar wahân i un ddadl go frwd. Ac yna, cyrraedd Galilea, a glan y llyn ac i dŷ, tŷ Pedr mwy na thebyg, a'r Iesu'n gofyn iddynt, **'Am beth roeddech chi'n ffraeo yn ei gylch ar y ffordd?'** Maen nhw wedi bod yn dadlau ynglŷn â phwy sydd bwysicaf, dadlau ynglŷn â statws. Maen nhw'n anesmwyth am eu bod nhw'n gwybod barn Iesu am hynny, ac meddai wrthynt yn blwmp ac yn blaen: **Pwy bynnag sydd am fod yn flaenaf, rhaid iddo fod yn olaf ac yn was i bawb.** Troi eu syniadau am bwysigrwydd â'i ben i waered. Ac, er mwyn cael y maen i'r wal, mae'n codi plentyn ar ei lin, a dweud, **Pwy bynnag sy'n derbyn un plentyn fel hwn yn fy enw i mae'n fy nerbyn i, a phwy bynnag sy'n fy nerbyn i nid myfi mae yn ei dderbyn ond yr hwn a'm hanfonodd i.** Gallaf ddychmygu cegau pob un ohonynt yn agor mewn syndod. Oherwydd mae'r hyn a ddywedodd Iesu mor rhyddfrydol, mor agored, mor syml. Dim credo, dim dogma, dim papur i'w arwyddo. Ac mewn penbleth, mae un ohonynt yn holi cwestiwn – Ioan, brawd bach Iago, ac un digon tanbaid ei natur; oherwydd mae'r hyn mae'r Iesu newydd ei ddweud yn torri ar draws rhywbeth y mae ef, ac o leiaf un disgybl arall, wedi ei wneud.

Ei stori yw eu bod wedi gweld dyn yn bwrw allan gythreuliaid – ond nid oedd yn un ohonyn nhw – a hwnnw'n meiddio bwrw allan cythreuliaid yn enw eu Iesu hwy. Nid oedd hwn yn perthyn i Undeb y Disgyblion, felly maen nhw'n ceisio ei rwystro. Wedi'r cyfan, *closed shop* yw'r busnes yma o fod yn ddisgybl. Mae yna NI a NHW. Un ohonyn NHW oedd ef. Nid oedd yn perthyn i NI. A'r tu allan i'r *closed shop* ni allai fod unrhyw wasanaeth yn enw Iesu.

Gweddi

Ti wyt uwchlaw i ni, ti wyt un â ni, ti wyt hefyd o'n mewn, bydded i bawb dy weld … ynof fi hefyd.
Bydded i mi baratoi'r ffordd i ti.
Bydded i mi ddiolch i ti, beth bynnag a ddaw i'm rhan.
Bydded i mi gofio am anghenion eraill.
Dyro i mi galon lân – fel y gwelaf di;
calon ostyngedig – fel y clywaf di;
calon gariadus – fel y gwasanaethaf di;
calon ffydd – fel yr arhosaf ynot ti. Amen.

Dag Hammarskjold

Dydd Llun

> **Peidiwch â'i wahardd ... yr hwn nid yw yn ein herbyn, drosom ni y mae.** *Marc 9:39*

Gallwch eu dychmygu nhw'n tynnu anadl wrth glywed y geiriau hyn. Dyma ddweud mawr! Dim muriau crefyddol, dim cau neb allan – pawb â rhan yn y deyrnas! Wedi'r cyfan, beth wyddai Iesu am y dyn a fwriai allan gythreuliaid. Doedd dim sicrwydd nad twyllwr oedd e, na'i fod yn gwneud elw ar y busnes. Ond mae Iesu yn rhoi iddo'r fraint o gredu ynddo. Mae hwn yn gwneud daioni i rywun ac mae hynny'n ddigon da i Iesu. Mae lle i bawb yn y deyrnas. Mae lle i bawb gyflawni rhywbeth yn enw Iesu, boed e'n ddisgybl cydnabyddedig neu beidio.

Dydd Mawrth

> **Oherwydd pwy bynnag a rydd gwpanaid o ddŵr i chwi i'w yfed o achos eich bod yn perthyn i'r Meseia, yn wir, rwy'n dweud wrthych, ni chyll hwnnw mo'i wobr.** *Marc 9:41*

Sylwch ar **pwy bynnag**. Nid yw'n bosibl bod yn fwy agored na hynny. A sylwch, **cwpanaid o ddŵr**. Nid yw'n bosibl cael dim mwy di-nod a di-gost na hynny. A'r amcan? Cydymdeimlad, caredigrwydd, consýrn sylfaenol am bobl? Dim byd mawr fan hyn, yn sicr dim byd diwinyddol. Dim ond datganiad syml o gred, a gwasanaeth i Iesu Grist. Dyna galon y mater, am wn i. Diolch i Dduw am ddiwinyddion sy'n gallu dadlau a deall cyfrinion cred ac arfer a hanes yr eglwys. Mae eu hangen er mwyn diffinio i'r byd ar beth yr ydym yn seilio'n crefydd arno. Ond gwareded Duw ni rhag anghofio mai gwraidd a sail ein holl weithgarwch Cristnogol, a sail yr holl fusnes Cristnogaeth yma, yw adnabod, cydnabod a pharchu Iesu Grist.

Dydd Mercher

> **Credwch yn Nuw a chredwch ynof finnau.** *Ioan 14:1*

Hanfod Cristnogaeth yw calon wedi ymrwymo i berson; nid i lyfr, nac adeilad, nac arfer, na ffordd o addoli, na rhyw ddiwinyddiaeth arbennig, ond i berson. A phan ddown wyneb yn wyneb â hynny, daw toriad gwawr a gobaith am wasanaethu byd yn ei dlodi a'i ddioddefaint.

Dydd Iau

> **Gwyn eu byd y rhai a gredodd heb iddynt weld.** *Ioan 20:29*

Yn sicr nid oedd clywed hyn yn hawdd i glustiau'r disgyblion, ac nid hawdd gan lawer heddiw ei dderbyn. Efallai eich bod chi yn y garfan honno. Mae hyn yn llawer rhy syml ac agored. Does dim siâp ar y busnes. Dydyn ni ddim yn gwybod ble rydym ni, na phwy yw pwy. Wrth gwrs mae 'na angorau y mae'n rhaid i mi afael ynddynt. Ni allwn gredu yn Iesu a'n Duw hebddyn nhw. Rwy'n credu mai Duw greodd y byd, er nad wy'n gwybod sut. Rwy'n credu iddo ddod i'r byd mewn cnawd yn Iesu Grist, er nad wy'n gwybod sut. Rwy'n credu iddo wneud iawn dros fy mhechod ar y groes, er nad wy'n gwybod sut. Rwy'n credu iddo godi eto'n fyw er nad wy'n gwybod sut. Rwy'n credu ei fod yn bresennol yn yr Ysbryd Glân, er nad wy'n gwybod sut. Welwch chi'r allwedd? **Er nad wyf yn deall sut**. Mae'r gwahaniaethau i gyd yn bodoli yn y **deall**, nid yn y **credu**.

Dydd Gwener

> **A ydych yn credu y gallaf wneud hyn?** *Mathew 9:28*

A'r hyn sydd bwysig i mi, er mwyn gweithredu fel Cristion yn hyn o fyd, gan garu fy ngyd-Gristnogion a'm cyd-ddyn, yw nid deall sut, ond credu fod Duw wrth ei waith o hyd. Dim ond unwaith y gofynnodd

Iesu i'w ddisgyblion a oeddent yn deall. Wedi iddo olchi eu traed, **Ydych chi'n deall mai yma i wasanaethu yr ydych?** Cofiwch, fe ofynnodd dro ar ôl tro, **A wyt ti'n credu hyn?** Neu **wyt ti'n fy ngharu i?**

Dydd Sadwrn

> **... heb fod gennyf gariad, nid wyf ddim.** *1 Corinthiaid 13:2*

Mae'r allwedd yn un hawdd ei chael. Nid rhyw *balancing act* glyfar rhwng rhyddfrydiaeth a radicaliaeth a ffwndamentaliaeth yw bod yn Gristion. Mae rhywbeth felly y tu hwnt i fi a chi, ac, yn wir, mae'r holl beth yn weddol ddibwynt beth bynnag. Cariad yw'r allwedd. Cariad Duw yn ein calonnau ac ar waith yn ein bywydau. Dyna sy'n gwneud pobl yn agored, iddynt eu hunain ac i bobl eraill. A dyna sy'n gwneud pobl llawn cariad mor ddengar. Mae casineb yn gwneud pobl yn hagar a hyll, ac fe gaiff dyn yr argraff fod drws eu henaid wedi cau'n dynn; all neb fynd i mewn. Ond, os yw dyn yn caru, fe fydd yr arall yn gweld hynny ac yn ymateb yn yr un modd. Yr unig ddu a gwyn sy'n cyfrif yw credu ynddo a'i garu neu beidio.

36: DYSGU BOD YN FODLON

Dydd Sul
Philipiaid 4:10-23

Mae milwyr sy'n perthyn i'r *Special Armed Services*, yr SAS, yn cael eu meithrin fel ei bod hi'n bosibl iddyn nhw barhau i ymladd ac yn wir i fodoli mewn ardaloedd hynod ddiflas a digalon a digroeso, ar y doniau a'r adnoddau sydd ganddynt. Ond nid mater o *survival* sydd gan Paul yn ei feddwl wrth ddatgan, **yr wyf wedi dysgu bod yn fodlon beth bynnag fy amgylchiadau.** *(adnod 11)* Yn wir, fe allai Paul gyfrif ymhlith treialon yr adegau hynny y tro hwnnw pan fu ei fywyd a'i ddiogelwch yn y fantol. Bu mewn llongddrylliad a charchar, ac fe allai ysgrifennu llyfr ar ei dreialon a'i helbulon peryglus.

Nid sôn am hunanamddiffyn, na hunanddigonedd mae'r llythyr hwn, ond am ddigonedd ac amddiffyn Duw; am allu Crist i gwrdd â phob gofyn. Delio mae'r llythyr â llawnder y bywyd yng Nghrist a'r nerth mewnol sydd i'w gael ynddo. Nid mater o frwydro i fyw wnaeth Paul; yr oedd yn mwynhau bywyd yng Nghrist!

Nid yw gwneud dim mwy na goroesi yn rhan o'r ddysgeidiaeth honno sydd gan Iesu Grist am fyw bywyd yn ei lawnder ac yn ei hyd a'i led a'i bopeth. Ac, er gwaethaf ei anghenion a'i drafferthion i gyd, mae Paul yn gallu dod o hyd i'r pethau hynny sy'n ei alluogi i ddweud ei fod yn **gallu pob peth drwy Grist yr hwn a'm carodd i**.

Mae'r cyd-destun yn ei gwneud yn glir nad achwyn am broblemau ac amgylchiadau allanol mae Paul ond, yn hytrach, llawenhau yn ei alluoedd mewnol, y stôr fewnol honno o nerth, a hyblygrwydd, a gallu, a gobaith a hyder, sydd yn ei alluogi i fynd ymlaen yn wyneb peryglon ac amheuon. Nid golygu fod Paul wedi ildio i'r ffaith fod yn rhaid iddo ddioddef y mae'r geiriau hyn. Yn hytrach, ymorffwys mae e ar y nerth nad yw pwerau allanol yn gallu ei ddileu. Ymorffwys yn yr hedd hwnnw sy'n dod iddo er gwaethaf, ac efallai, oherwydd ei anawsterau a'i drafferthion. Gofid Paul oedd, nid sut y byddai'n ymdopi â hyn i gyd, ond sut y gall hyn i gyd ei wneud yn gryfach a gwell.

Wrth wasanaethu Crist fe gafodd afael mewn serenedd enaid ac ysbryd. Ac yr oedd yr hapusrwydd hwn yn dod o'r tu mewn iddo. Mae'n rhyfedd bod y llythyr hwn, er iddo gael ei ysgrifennu mewn carchar, yn nodedig am nad oes ynddo un gair o gwyno ac o achwyniad. Hwn, er ei gefndir a'r amgylchiadau, yw llythyr hapusaf, mwyaf llawen y Testament Newydd. Mae'n atgoffa'i ddarllenwyr droeon i fod yn llawen, dedwydd a hyfryd.

Yn wir, a chofio John Bunyan, mae yma 'aderyn bach mewn cell yn trydar'. Mae'n debyg fod Paul *under house arrest* neu mewn carchar Rhufeinig. Ar wahân i'r bwyd mwyaf sylfaenol, roedd yn ddibynnol ar ffrindiau a ddôi ar dro ato, i gadw corff ac enaid at ei gilydd. Mae aelodau eglwys Philipi, ar ôl clywed am ei gyflwr, yn danfon bwyd iddo gydag Epaffraditus, ac mae'n ysgrifennu yn ôl atynt yn y llythyr hwn a'i galon yn llawn a diolchgar. Ac, wrth ddiolch am ei haelioni, mae'n mynd ymlaen i rannu ei gyfrinach ef â nhw.

Gweddi

Gofynnais i'r Arglwydd am dusw o flodau hardd. Rhoddodd i mi gactws hyll, yn ddrain i gyd. Gofynnais i'r Argwydd am löyn byw, yn ddel a phert. Cefais ganddo lyngyr hyll yn llysnafedd i gyd. Bûm dan fygythiad; fe'm siomwyd; torrais fy nghalon. Yn sydyn, ymhen dyddiau heb eu rhifo, heb yn wybod i mi, ar amrantiad bron, blodeuodd y cactws hyll yn betalau llachar, gloywon, byw. Torrodd o gocŵn y llyngyr hyll ddegau o löynnod byw'n sychu'u hadenydd sidan yn yr awel leddf, a'r tyner haul yn ffrydiau gobaith drwy'r barrau celyd, clo. Sylweddolais ... ffordd Duw yw'r ffordd orau. Amen.

Gweddi mewn carchar – Chung-Ming Kao

Dydd Llun

> **Gwn sut i gymryd fy narostwng, a gwn hefyd sut i fod uwchben fy nigon.** *Philipiaid 4:12a*

Fe gafodd Paul hyd i gyfrinach y ffydd. Tybed ai cyfrinach yw hi sydd wedi marw gyda'r Eglwys Fore, neu a yw'n bosibl i ni, mewn oes faterol a hunanddigonol, gael gafael ar y gyfrinach yma hefyd? Cymharwch Paul a'i brofiadau â rhai o brofiadau Cristnogion mewn dyddiau diweddarach. Darllenwch ddyddiaduron John Wesley. Bu'n rhaid i'r efengylydd hwn hefyd wynebu hagrwch a chasineb ac enllib a cherrig *mobs* a *yobs* y ddeunawfed ganrif.

Dydd Mawrth

> **Ym mhob rhyw amgylchiadau, yr wyf wedi dysgu'r gyfrinach sut i fod yn llawn neu yn newynog, sut i fod mewn helaethrwydd neu mewn prinder.** *Philipiaid 4:12b*

Er na bu John Wesley yn gaeth i filwr Rhufeinig, mae e'n cwyno yn fynych ei fod yn *chained to a nagging malicious wife*, ac y mae un cofiannydd yn dweud mai caredigrwydd â hi fyddai dweud ei bod yn wallgof. Agorai a newidiai ei lythyron, a rhyddhau ei gyfrinachau i'r wasg, ac unwaith aeth ar ei ôl am gan milltir, ac wedi cael hyd iddo, mewn tymer ofnadwy, mae'n cymryd pastwn ato yng ngŵydd ei gynulleidfa.

Dydd Mercher

> **Y mae gennyf gryfder at bob gofyn trwy yr hwn sydd yn fy nerthu i.** *Philipiaid 4:13*

Ond eto, meddai Alexander Knox, wrth sôn am Wesley yn ei hen ddyddiau, *So fine an old man I never saw! The happiness of his mind beamed forth from his countenance. Every look showed how fully he enjoyed the happy remembrance of a life well spent.* Yr oedd wedi dysgu yr hyn a ddysgodd Paul – cyfrinach bywyd hapus a dedwydd, hapusrwydd yng nghanol ac er gwaethaf y stormydd a ruai o'r tu mewn ac o'r tu allan. Cyfrinach agored yw hon, medd Paul. Mae'n cynnig tri cham i'r Philipiaid, ac felly, i ni, i gael gafael ar y dedwyddwch hwn.

Dydd Iau

> **GORFOLEDDWCH YN REALITI PRESENOLDEB DUW**
> **Y mae yr Arglwydd yn agos.** *Philipiaid 4:5b*

Dyma un o frawddegau allweddol y llythyr hwn. Ac nid siarad yn gymaint am yr ailddyfodiad y mae Paul, ond cyfeirio at addewid Iesu i fod gyda'i ddisgyblion ar bob adeg, ac ymhob man. Fe fydd ef gyda nhw bob amser: amser carchar a gŵyl, gorfoledd a gwg, storm a hindda, hwyl a helbul, heulwen a chwmwl. Beth bynnag a ddaw, mae'r Crist byw wrth law. Mae Ef, medd Paul, yn nes ataf na'r milwr yr ydwyf wedi fy nghlymu wrtho. Presenoldeb real yw presenoldeb felly, ond mae'n rhaid ei geisio a'i adnabod mewn ffydd. Pa le bynnag y byddwn, pa beth bynnag a wnawn, pa anawsterau bynnag a ddaw, bydd ymwybod o bresenoldeb y Crist yn dwyn i ni Dangnefedd.

Dydd Gwener

> **GORFOLEDDWCH YN EFFEITHIOLRWYDD GWEDDI**
> **Peidiwch â phryderu am ddim, ond ym mhob peth gwneler eich deisyfiadau yn hysbys i Dduw trwy weddi ac ymbil, ynghyd â diolchgarwch.** *Philipiaid 4:6*

Nid yn unig y maen nhw i fyw presenoldeb Crist ymhob peth, ond y maen nhw hefyd i weddïo am bob peth ymhob man. Mae **gweddi** a **phob peth** yn mynd gyda'i gilydd. Pob peth, y bach a'r mawr, y cyffredin a'r anghyffredin, mae pob peth i'w ddwyn at Dduw mewn gweddi.

Dydd Sadwrn

> **GORFOLEDDWCH YMHOB CYFLE I OGONEDDU DUW**
> **... yr wyf yn llawen, ac yn cydlawenhau â chwi i gyd. Yn yr un modd byddwch chwithau'n llawen, a chydlawenhau â mi.**
> *Philipiaid 2:17b ac 18*

Mae gweddi ac ymbil i fynd law yn llaw â mawl a gorfoledd. Bydded i'ch mawl a'ch gorfoledd lifo ar bob cyfle, yn enwedig pan fyddwch yn gweddïo. Welwch chi, mae'n amhosibl cwyno pan fyddwch chi'n canmol. Mae'n amhosibl bod yn grintachlyd pan fyddwch chi'n moli. Mae'n amhosibl bod yn ddiflas pan fyddwch chi'n gorfoleddu. Gwnewch y pethau hyn, medd Paul, ac fe ddowch o hyd i'r cyflwr hwnnw lle gallwch fod yn wir hapus a bodlon, beth bynnag eich amgylchiadau.

37: ADNABOD YW CYMODI, NI PHRYN OFN GLEDD EIN HEDD NI

Dydd Sul
Salm 122:6 a 7 a 2 Corinthiaid 5:11–21

Ydych chi erioed wedi ceisio dwyn dau berson neu ddwy set o syniadau, neu ddwy eglwys neu ddwy gynulleidfa sydd ben-ben â'i gilydd, yn cweryla â'i gilydd ac yn gweld pethau'n dra gwahanol i'w gilydd, at ei gilydd?

Hynny yw, a ydych chi wedi trio cymodi pobl? Mae gan ambell enwad Bwyllgor Cymodi, i ddwyn gweinidogion ac eglwysi sy'n cwmpo mas at ei gilydd i drafod ac i wneud heddwch.

Nid yw cymodi fyth yn hawdd, ac, yn wir, ar adegau mae'n ymddangos yn amhosibl. Un person a roddodd gynnig arni oedd y Tad Paul Gauthier. Offeiriad Pabyddol ydoedd, a deimlodd i'r byw wae a baich yr Arabiaid ym Mhalesteina. Yr oedd gweld eu cyflwr yn sioc enbyd iddo, pan welodd y sefyllfa tra oedd ar ymweliad â Jerwsalem. Penderfynodd fod Duw yn ei alw i fynd i weithio ymysg yr Arabiaid, ac wedi hynny, yr Iddewon hefyd. Ymddiswyddodd fel athro mewn diwinyddiaeth, swydd gyfforddus braf, a dechrau gweithio fel labrwr cyffredin yn helpu codi stad o dai yn Nasareth, gan dderbyn amodau gwaith y gweithwyr a'r adeiladydd cyffredin.

Wedi rhai blynyddoedd aeth i weithio ar kibbuts Iddewig, ac eto ni dderbyniodd unrhyw freintiau na gwobrau uwch na'r cyffredin. Yr oedd am fod yno ar yr un telerau'n union â'r gweithwyr cyffredin Iddewig. Yr oedd wedi llwyddo i uniaethu ei hunan â'r ddau begwn cwerylgar, ac yr oedd mewn sefyllfa dda arbennig i gyflawni yr hyn a welai ef yn weinidogaeth y cymod – tynnu hen elynion at fwrdd y trafod a'r cyd-ddeall. Roedd ei ymdrechion di-baid dros hawliau dynol yr Arabiaid yn fwy nag oedd llywodraeth Israel ar y pryd yn gallu goddef, ac fe daflwyd Gauthier allan o'r wlad.

YR ANGEN AM GYMOD yw thema ychydig adnodau olaf y bumed bennod o ail lythyr Paul at yr eglwys yng Nghorinth. Mae'r gair CYMOD, naill ai fel enw, neu fel berf yn ymddangos yn y darn bump o weithiau. Ac nid term diwinyddol astrus mohono, ond term sy'n ymwneud â bywyd bob dydd.

Gweddi

Beth a weddïwn dros y meirw?
Eu hangau hwy yn sylfaen i'n bywyd ninnau.

Arglwydd, pâr heddwch.

Beth a weddïwn dros y galarus?
Cyfaill a chariad yn gelain.

Arglwydd, pâr heddwch.

Beth a weddïwn dros y byw?
Erchylltra'n atsain yn yr enaid.

Arglwydd, pâr heddwch.
Heddwch o'n mewn.
Heddwch i'th bobl.
Heddwch i'r byd.
Amen.

Dydd Llun

> **Hynny yw, yr oedd Duw yng Nghrist yn cymodi'r byd ag ef ei hun, heb gyfrif troseddau dynion yn eu herbyn.**
> *2 Corinthiaid 5:19*

Fe welwch gymod ar ei fan uchaf ar Galfaria. Yr hyn a geir yno yw **Duw yn cymodi'r byd ag ef ei hun**. Y mae honno'n weithred anodd iawn ei deall. Rhaid treulio amser yno wrth droed y groes a gadael i fawredd y weithred suddo i ddyfnder ein hymwybod. Fe welwn y Duw mawr ac ofnadwy, yr Hollalluog Dduw, yn cynnig ei gariad a'i drugaredd a'i dosturi yn y modd mwyaf aberthol a chreulon er mwyn pechaduriaid sydd wedi mynd yn elynion iddo.

Dydd Mawrth

> . . . gwaith Duw yw'r cyfan – Duw, yr hwn sydd wedi ein cymodi ni ag ef ei hun trwy Grist . . . *2 Corinthiaid 5:18*

Nid pwysleisio mae Cristnogaeth, felly, ei bod hi'n bosibl i bobl ennill ffafr Duw drwy gymryd camau a cherdded y llwybr lletchwith tuag at berffeithrwydd. Yn hytrach, mae Cristnogaeth yn pwysleisio nad oes modd, ac nad oes angen cerdded y llwybrau rhwystredig hyn. **Gwaith Duw yw'r cyfan**.

Dydd Mercher

> **CYLCH CYMOD**
> **A bu ef farw dros bawb er mwyn i'r byw beidio byw iddynt eu hunain mwyach, ond i'r un a fu farw drostynt, ac a gyfodwyd.**
> *2 Corinthiaid 5:15*

Fe gawn ein hatgoffa bob tro y down at fwrdd y cymun a derbyn bara a gwin, nad rhywbeth yn ddibynnol ar ein gallu ni i fod yn dda a chyfiawn yw cariad Duw. Os credwn y gallwn ennill mwy o gariad drwy fyw yn dda, yr ydym wedi colli gafael ar hanfod y groes. Fe garodd Iesu ei eiddo hyd eitha'r olaf awr. Fe roddodd ei bopeth unwaith ac am byth fel y byddo byw pwy bynnag a gredo ynddo. Nid pwy bynnag a fydd byw yn dda, ond pwy bynnag a'i derbynio mewn ffydd syml ac edifeiriol. 'Cymerwch' yw neges y bwrdd.

Dydd Iau

> **Felly, os yw dyn yng Nghrist, y mae'n greadigaeth newydd** . . . *2 Corinthiaid 5:17a*

Mae Crist wedi gwneud ar ein rhan rywbeth nad oedd yn bosibl i ni wneud drosom ein hunain. Ni allwn haeddu na phrynu na bargeinio am ei drugaredd. Ni allwn ond derbyn. A chanlyniad y derbyn hwnnw yw bywyd newydd a byd newydd, lle mae'r hen bethau wedi mynd heibio, a'r byd newydd wedi dechrau. Nid mater o droi tudalen newydd, fel petai, ond mater o ddod yn berson newydd. Nid mater o ddysgu ceffyl i neidio yn uwch ac yn uwch, ond troi'r ceffyl yn greadur adeiniog.

Dydd Gwener

> **CANLYNIAD CYMOD**
> . . . **a rhoi i ni weinidogaeth y cymod.** *2 Corinthiaid 5:18*

Ceir y darlun hyfrytaf o ganlyniad Cymod yn llyfr Tatiana Goricheva, *Talking about God is Dangerous.* Myfyrwriag tra galluog yn adran athroniaeth prifysgol Leningrad ydoedd, ac fe benderfynodd ddysgu Yoga. Yr oedd y gwerslyfr ar ymarfer Yoga yn cynnig Gweddi'r Arglwydd fel cyfrwng ymddatod, ac ymarfer meddyliol. Dechreuodd ddweud y weddi fel mantra, heb ystyr wir, yn otomatig a difeddwl, dim ond bod y geiriau cyfarwdd yn llifo dros feddwl blinedig. Ond un diwrnod fe dreiddiodd geiriau'r weddi drwodd ati, ac fe ddeallodd ei hystyr. 'Sylweddolais fod Duw yn fy ngharu i. Nid caru y ddynoliaeth mewn ffordd gyffredinol ac annelwig, ond yn fy ngharu i, Tatiana. Y foment honno newidiodd pob peth i mi.'

Dydd Sadwrn

> **. . . cenhadon yn cynrychioli Crist ydym ni.** *2 Corinthiaid 5:20*

Bron nad ydych yn clywed rhyw Baul, neu Bedr, neu ryw Bantycelyn, neu ryw 'danbaid fendigaid Ann' yng ngeiriau Tatiana Goricheva ddoe. Daw ei geiriau o galon ac enaid y Testament Newydd. Dechreuodd Tatiana weld pobl mewn goleuni newydd, a dechreuodd ymestyn allan atynt, a heb yn wybod iddi yr oedd wedi dechrau ar y gwaith o fod yn lladmerydd, yn llysgennad Duw ymhlith ei phobl. Ac fe ddaeth cystal wrth y gwaith fel y'i harestiwyd gan y KGB.

38: GIDEON – GYDA 300 O DDYNION, SUT Y GWAREDAF FI, ISRAEL?

Dydd Sul
Barnwyr 7:1–25

Cyfanswm o 32, 000 o wirfoddolwyr di-brofiad yn wynebu holl rym y Midianiaid a'r Amaleciaid a'r holl dwyreinwyr, **fel haid o locustiaid; yr oedd eu camelod mor ddirifedi â thywod glan y môr.** *(adnod 12)* Gideon, y mae gennyt ormod o bobl gyda thi . . . GORMOD?!

Onid *nid digon* o ddynion oedd ganddo i wynebu byddin mor fawr a phrofiadol ar faes y gad. **"Cyhoedda yng nghlyw'r bobl, Pwy bynnag sydd mewn ofn a dychryn, aed adref."** *(adnod 3)* Aeth un ar ôl y llall adref, **dychwelodd dwy fil ar hugain o'r bobl, gan adael deng mil ar ôl.** O ystyried y modd roedd y bobl hyn wedi dioddef o dan orthrwm Midian, ac o weld gwersyll anferth y gelyn i lawr yn y dyffryn, ychydig filltiroedd i'r gogledd, nid rhyfedd mo'r awydd i ddianc o'r ffrae.

10,000 o wirfoddolwyr di-brofiad yn wynebu holl rym y Midianiaid a'r Amaleciaid a'r holl ddwyreinwyr. Os oedd pethau'n edrych yn ddrwg o'r blaen, roedd pethau'n edrych yn waeth o lawer nawr. Gideon, y mae gormod eto . . . GORMOD ETO?!!

Dos â hwy i lawr at y dŵr, a phrofaf hwy iti yno. *(adnod 4)* Aethant i lawr i ymyl y dŵr. Wrth i Gideon wylio ei filwyr sylwodd eu bod yn yfed mewn dwy ffordd wahanol – rhai yn llepian y dŵr fel y bydd ci yn llepian, a'r gweddill yn mynd ar eu pedwar ac yn codi dŵr â'u llaw at eu genau. Pa arwyddocâd allasai fod i'r ddwy ffordd wahanol o yfed? Tipyn wir. Onid oedd y dynion hynny na aethant i lawr ar eu pedwar i yfed yn dangos rhyw synnwyr o'r perygl o'u cwmpas, hyd yn oed wrth dorri syched, a'u bod yn effro i'r gelyn? Dywedodd yr Arglwydd, **Trwy'r tri chant sy'n llepian y byddaf yn eich achub.** *(adnod 7)* Danfonodd Gideon y gweddill adref.

300 o wirfoddolwyr di-brofiad yn wynebu holl rym y Midianiaid a'r Amaleciaid a'r holl ddwyreinwyr. Sylwch ar yr wythfed adnod, yn arbennig y frawddeg olaf, **Yr oedd gwersyll Midian islaw iddo yn y dyffryn.** Gallaf ddychmygu Gideon yn prysur gasglu'r piserau a'r utgyrn, yn ffarwelio â'r naill ar ôl y llall, wedi oedi am eiliad, wedi edrych ar wersyll Midian **islaw iddo yn y dyffryn** ac wedi meddwl, **Gyda 300 o ddynion, sut y gwaredaf fi, Israel?**

Ond yn y frwydr hon, roedd Duw yn mynd i ymladd drostynt. Nid oedd maint a phrofiad y gelyn yn golygu dim iddo. Po leiaf fyddai maint byddin Gideon, amlycaf oll fyddai nerth Duw yn y fuddugoliaeth. Mae'n amlwg yn ôl rhan olaf yr ail adnod, mai bwriad Duw, o leihau maint byddin Gideon i'r nesa peth i ddim, oedd gwaredu Israel rhag y demtasiwn o hawlio'r gogoniant am y fuddugoliaeth iddynt eu hunain.

Nid oedd gan Iesu fawr o awydd galw torf ynghyd ychwaith. Pan heidiodd pobl ato, tosturio wrthynt a wnaeth, **tosturiodd wrthynt am eu bod yn flinderus a diymadferth fel defaid heb fugail.** *(Mathew 9:36)* I gwmni bychan rhoddodd Crist ei gyfrinach. Tybed nad ydym ninnau, bellach, yn credu mai'r eglwys effeithiol yw'r eglwys sy'n tynnu'r dorf? Ond ofer yw'r gynulleidfa fawr heb gwmnïaeth agos. Heb gwmnïaeth glòs pobl Dduw, mae'r gymdeithas yn edwino ac nid oes yn weddill ond cynulliad, boed yn fawr **neu'n fach**, o unigolion. Rhaid wrth agosatrwydd Myfi, Tydi, Efe i brofi gwir wefr ein ffydd.

Gweddi

Iddo ef, sydd â'r gallu ganddo i wneud yn anhraethol well na dim y gallwn ni ei ddeisyfu na'i ddychmygu, trwy'r gallu sydd ar waith ynom ni, iddo ef y bo'r gogoniant yn yr eglwys ac yng Nghrist Iesu, o genhedlaeth i genhedlaeth, byth bythoedd! Amen. *(Effesiaid 3:20–21)*

Dydd Llun

> *Barnwyr 7:9–13*

Mae'n siŵr gen i fod mesur go fawr o ofn wedi cydio yng nghalon Gideon o weld mai dim ond tri chant o ddynion oedd ganddo bellach, ac, i chwalu'r ofnau a'r amheuon, rhoddodd Duw arwydd iddo, heb i Gideon orfod holi amdano – Duw yn *nabod y deryn* fel petai. Aeth Gideon i lawr, o dan gysgod nos, i gwr gwersyll y Midianiaid. Llwyddodd Gideon a'i gyfaill Pura i gripio'n ddigon agos i allu clywed a deall rhai o'r gwylwyr nos yn siarad. Fe ges i freuddwyd reit ryfedd. Gwelais dorth o fara haidd yn rhowlio trwy'r gwersyll a tharo un babell yn fflat i'r llawr.

Dydd Mawrth

> Atebodd ei gyfaill, 'Nid yw hyn yn ddim amgen na chleddyf Gideon fab Joas yr Israeliad; y mae Duw wedi rhoi Midian a'r holl wersyll yn ei law.' *Barnwyr 7:14*

Gwelodd y gwyliwr arall arwyddocâd y freuddwyd yn syth. Roedd 'na dipyn o wahaniaeth rhwng torth haidd a thorth wenith. Y dorth haidd oedd y math gwaelaf o fara; dim ond y tlawd fyddai'n bwyta'r bara hwn. Roedd y dorth haidd felly yn bortread addas o Gideon a'i fyddin – cyffredin iawn oeddent. Dynion oeddent, yn ddi-rym o ran rhif a maint; ac yn ddiffygiol o ran profiad a hyfforddiant. Ond, **Y mae'n rhoi nerth i'r diffygiol, ac yn ychwanegu cryfder i'r di-rym.**

(Eseia 40:29) Ie, yng nghryfder y Midianiaid yr oedd eu gwendid, ac yng ngwendid Israel yr oedd ei nerth. A chyfoeth Midian o ran dynion, arfau a phrofiad oedd ei dlodi ac yn nhlodi Israel yr oedd ei gwerth.

Dydd Mercher

Pan glywodd Gideon adrodd y freuddwyd a'i dehongli, ymgrymodd i'r llawr ... *Barnwyr 7:15a*

Wedi clywed y freuddwyd, **ymgrymodd i'r llawr (efe a addolodd**, meddai'r hen gyfieithiad). Diolchodd i Dduw am adnewyddu ei nerth. Trwy ffynhonnell hollol annisgwyl, breuddwyd un o filwyr Midian, mae Duw yn herio Gideon; o fenthyg geiriau Norman MacLeod:

> *Paid ag ofni'r anawsterau,*
> *Paid ag ofni'r brwydrau chwaith;*
> *Paid ag ofni'r canlyniadau –*
> *Cred yn Nuw, a gwna dy waith.*

Rhif 735, Caneuon Ffydd

Dydd Iau

Barnwyr 7:15b–25

Mae'r addoli yn troi yn gynllunio. Rhannwyd y dynion yn dair mintai o gant. Rhoddwyd i bob un o'r milwyr utgorn a phiser clai a ffagl o'i mewn, i guddio'r golau fel na fyddai'r gelyn yn ei weld cyn pryd. Ar ddechrau'r wyliadwriaeth ganol amgylchynwyd gwersyll y gelyn, a hwythau'n prysur gysgu neu'n newid dyletswydd. Ar arwydd Gideon sicrhawyd buddugoliaeth gyda sŵn mawr, **A dyma'r tair mintai yn seinio'r utgyrn a dryllio'r piserau**; roedd 'na gylch o olau llachar o gwmpas y gwersyll cyfan, a bloedd fawr, **Cleddyf yr Arglwydd a Gideon!**

Dydd Gwener

> **Tra oedd y tri chant yn seinio'r utgyrn, trodd yr Arglwydd gleddyf pob un yn y gwersyll yn erbyn ei gymydog . . .**
> *Barnwyr 7:22a*

Wedi'r fath *rude awakening*, magodd arswyd y fath ddryswch ymhlith y Midianiaid, yr Amaleciaid a'r dwyreinwyr fel y bu iddynt ddifa'i gilydd. Ni bu angen i filwyr Gideon daro ergyd i ennill y frwydr. Ystyriwch felly eiriau'r Salmydd, **Ymffrostia rhai mewn cerbydau ac eraill mewn meirch, ond fe ymffrostiwn ni yn enw'r Arglwydd ein Duw.** *(Salm 20:7)* A geiriau Gwenallt: 'Y mae Cristnogaeth uwchlaw pob diwylliant, pob cenedlaetholdeb a gwareiddiad, ond dylai hi fod ynddynt fel y lampau ym mhiseri Gideon.'

Dydd Sadwrn

Yn sgil profiad Gideon a'i filwyr ystyriwch eiriau Idwal Lloyd:
'Yn fy nghryfder mae fy ngwendid,
Yn fy ngwendid mae fy nerth,
Yn fy nghyfoeth mae fy nhlodi,
Yn fy nhlodi mae fy ngwerth.'

39: WYNEBU EICH CYSGOD

Dydd Sul

Marc 7: 1–23

Mae'n braf weithiau cael bwch dihangol yn tydi? Rhywbeth neu rywun, i gario'r cyfrifoldeb am y pethau hynny yn ein bywyd y mae gennym gywilydd ohonynt. Rhywbeth neu rywun i ysgwyddo'r cyfrifoldeb am ein gwendidau. Dyna pam mae'n reit handi weithiau cael gelyn neu ddau.

Tra bo Owain yn prysur gwyno a grwganch a gweld bai yn rhywrai arall am eu diffyg cariad, amharodrwydd i faddau ac yn y blaen, does dim raid i Owain gydnabod gwir faint a dyfnder ei wendidau ei hun. Haws yw anelu saethau ein beirniadaeth at darged sydd allan fan'cw na gorfod cydnabod fod y gwir darget yn fa'ma, ynghanol yr holl *junk* rwyf fi … a chi, am wn i, yn cadw yn garej ein henaid.

Yn aml, wrth droi tudalennau'r Efengylau, mae'r Phariseaid a'r ysgrifenyddion yn darget hynod o gyfleus i anelu ein beirniadaeth atynt.

Crefyddwr bach pathetig yn troi ar Iesu oherwydd ei fod o yn ddigon mentrus a dewr i dorri rhai o'u rheolau bach pitw, i chwalu confensiynau arwynebol hen gymeriadau sur eu crefydd. Pobl yn cyfyngu ar y cysegredig, cyfyngu'r Duw mawr i lu o reolau bychain. Troi Duw byw yn eilun marw. Yn lle bod eu crefydd wedi ehangu eu gorwelion, roedd wedi crebachu eu meddyliau.

Gwell unioni'r cam ychydig. Ni wyddai'r Phariseaid am ofynion ysbrydol fel pethau cwbl ar wahân i ofynion materol. Roedd y rhain wedi sylweddoli bod yr angen am Dduw yn cynnwys bywyd i gyd, pob greddf, pob chwant, pob angen, pob poen a chri. Cyfraniad mawr y bobl hyn oedd dileu crefydd fel cylch ar wahân ym mywyd pobl, a gwneud crefydd a bywyd yn un. Nid offeiriaid mohonynt, ond pobl leyg yn mynnu byw a bod yn ôl safonau offeiriadol: yn cadw'r Saboth; yn ofalus i roi degfed ran o'u heiddo i elusen. Roedd pob pryd bwyd yn gymundeb gan eu bod yn credu fod pob cartre yn deml.

Nawr, efallai y gallwn eu beirniadu nhw am beidio derbyn y Newyddion Da yng Nghrist Iesu, ond does gennym mo'r hawl i'w beirniadu am fod yn bobl ddrwg. I'r gwrthwyneb, roedd y rhain ymhlith y bobl orau – yn barchus, o ddifri calon am eu crefydd a'u ffydd, yn ymboeni am burdeb eu bywydau, ac wedi cysegru'r bywydau hynny i Dduw.

Dw i'n fodlon mentro fod pob un ohonom â Pharisead yn rhywle yn ein rhestr o saint. Rhwygwch yr hen label fudr honno i ffwrdd a meddyliwch am y person hwnnw oedd neu sydd â'u ffyddlondeb i Dduw mor naturiol ag anadlu. Er eich bod chi'n gwybod pa mor anodd oedd hynny weithiau, roedd eu crefydd nhw fel golau ar noson niwlog i chi. Os oedd hwn neu hon yn gallu byw fel hyn, fe allech chithau hefyd.

A dyma fel yr oedd gyda'r Phariseaid – roedd y safonau oedd ganddynt iddynt eu hunain yn uchel. Ond fe wyddom ni, bobl grefyddol, am y peryg tawel, cyfrwys sydd yn perthyn i safonau fel hyn. Fe all y safonau rydw i a chi'n ceisio byw iddynt, sydd yn bodoli er mwyn dod â ni'n nes at Dduw ac at bobl Dduw, wneud yr union wrthwyneb – ein gwahanu oddi wrth bobl ac felly oddi wrth Dduw.

Gweddi

Bydd drugraog, O Dduw, wrth bawb sy'n galaru, ac yn wylo, ac yn alltudion. Cymer drugaredd ar y difreintiedig, yr erlidiedig, y digartref, a'r sawl sydd heb obaith. Bydd dirion wrth y rhai a wasgarwyd i gonglau pellennig daear dywyll, y sawl a garcharwyd, a'r sawl sydd dan sawdl teyrn didrugaredd. Bydd drugarog wrthym yn ôl dy Sanctaidd Ddeddf, yn ôl yr hon y dyrchefir dy dosturi. Amen.

Ystyriwch eiriau John Holmes:
If Christians were christian there would be no anti-semitism.
The Sensible Man's View of Religion.

Dydd Llun

> **Gwelsant fod rhai o'i ddisgyblion ef yn bwyta'u bwyd â dwylo halogedig, hynny yw heb eu golchi.** *Marc 7:2*

Do, cawsant y Ddeddf yn rhodd a'r datguddiad yn brofiad, a bu rhai ohonynt yn defnyddio'r cyfan i godi wal uchel o'u cwmpas, yn lle eu defnyddio i godi twr i gael golwg well ar bethau. Mae hynny'n wir amdanom ni hefyd ar brydiau cofiwch! Mae lot fawr o'r gyfraith lafar yr oedd y Phariseaid yn glynu wrthi yn ymwneud â bwyta, beth i'w fwyta, beth i beido'i fwyta, efo pwy i fwyta ac efo pwy i beidio, o ba fath lestri i fwyta, ac yn y blaen. Roedd rhai o'r gofidiau yn reit ymarferol. Yn yr hen amser yr oeddech yn bwyta'ch bwyd â'ch dwylo. Doeddech chi wir ddim eisio rhannu eich bara a'ch caws gyda rhywun oedd newydd drimio cyrn ei ddefaid, neu garthu'r gwartheg neu beth bynnag.

Dydd Mawrth

> **Gofynnodd y Phariseaid a'r ysgrifenyddion iddo, 'Pam nad yw dy ddisgyblion di'n dilyn traddodiad yr hynafiaid . . ?** *Marc 7:5*

Ond, yn ogystal â gofidiau glendid, roedd gofidiau diwinyddol hefyd. I'r Phariseaid mwyaf pybyr roedd germau i'w cael ym mhob man, nid dim ond germau naturiol ond germau ysbrydol hefyd. Roedd y byd yn fudr, roedd pechaduriaid yn fudr, ac roedd y budreddi hyn yn beryg nid dim ond i gorff rhywun ond i'w enaid hefyd. Roedd y rheolau hyn i amddiffyn y credinwyr oddi wrth haint pechod. A dyna pam roedd y Phariseaid mor flin fod Iesu a'i ddisgyblion yn bwyta cinio heb olchi dwylo. Iesu'n anwybyddu'r rheolau oedd yn bodoli er mwyn sicrhau iechyd corfforol ac ysbrydol y gymuned. Peryglus yw anwybyddu canrifoedd o draddodiad.

Dydd Mercher

> Marc 2:23–28

Ac yn wir, roedd Iesu yn reit ddi-hid am reolau glendid ei draddodiad: cyffwrdd â'r gwahanglwyfus, cymdeithasu â gwragedd, eistedd am bryd o fwyd gyda phechaduriaid a gwehilion mwyaf adnabyddus y pentre', a mynd i'r SPAR ar y Saboth heb feddwl ddwywaith. Doedd o ddim fel petai yn poeni am y pethau hyn. Roedd o wastad yn sôn am bethau eraill, pwysicach yn ei dyb o, fel maddeuant, aberth a grym cariad. Ac felly, pan ddechreuodd y Phariseaid feirniadu'r disgyblion aeth Iesu ati heb flewyn ar ei dafod i'w hamddiffyn. Rydych chi, medda' fo, mor barod i weld bai yn y rhain, ac ynof fi, ond da chi ystyriwch eich hunain. Rydych chi mor ofalus ynglŷn â'r cwmni rydych chi'n ei gadw – a dydi hynnny ddim yn eich cadw'n ddiogel rhag germau bywyd. Mae'r peryg, nid allan yn fan'cw, ond fan hyn, yn fa'ma. Os ydych chi wir isio bod yn bur, dechreuwch fan hyn, yn hytrach na rhoi'r bai ar bawb a phopeth arall am y baw sydd gymaint rhan o fywyd.

Dydd Iau

> **Y mae'r bobl hyn yn fy anrhydeddu â'u gwefusau, ond y mae eu calon ymhell oddi wrthyf . . .** Marc 7:6b

Wna i byth anghofio un olygfa o'r ffilm *Schindler's List*. Mae'r Commandant Natzïaidd, Amon Goeth, wedi syrthio mewn cariad â Helen, ei forwyn Iddewig. Un noson mae o'n mynd i lawr i'r seler damp, ddiflas lle mae hi'n gorfod byw – i ddiolch iddi am ei holl waith – ond mae rhywbeth arall ganddo ar ei wir agenda. Cyn bo hir mae hi'n sefyll yng nghanol y stafell yn ddiamddiffyn hollol yn ei gŵn nos ac yntau'n cerdded yn fygythiol o'i chwmpas. *I understand,* meddai, *strictly speaking, you are not a human being, You are Jewish vermin. I know but I ask you,* gan estyn i gyffwrdd â'i hwyneb a'i gwallt hi, *are those the eyes of a rodent, is this the hair of a rodent?* Yn ei ffordd wallgof ei hun, mae o'n stryglo gyda rheolau purdeb. Yntau'n credu ei fod yn perthyn i ryw hil uwch a gwell; a hithau, y gelyn, y peryg, y germ ac eto mae o yn ei charu, o fath, beth bynnag, ac eto fedrith o ddim ei charu hi go iawn heb lygru'i hun, ac felly yn ei rwystredigaeth mae o'n troi arni ac yn ei phwnio hi'n ddidrugaredd. Pwy ydi'r *rodent* mewn gwirionedd?

Dydd Gwener

. . . yr oedd ef ei hun yn gwybod beth oedd mewn dyn. *Ioan 2:25*

Beth sydd a wnelo'r stori â ni? Fe wyddai'r Fam Teresa yr ateb. Bûm yn darllen hanes ei bywyd beth amser yn ôl. Holodd rhywun iddi rywdro, pam roedd hi'n gwneud beth roedd hi'n wneud, pam y weinidogaeth ryfeddol honno o gariad a gofal a thosturi. Dyma ei hateb hi – fe ddaw fel sioc ichi. *I do what I do,* meddai hi, *because I know I have a Hitler inside me.* Fe barodd y gosodiad hwnnw fraw rhyfeddol i mi. Mae hynny'n beth mawr iawn i'w ddeud. Gormod o ddweud efallai. Na, meddai Iesu wrthym, nid gormod o ddweud o gwbwl. Mae Iesu'n gwybod rhywbeth hynod o bwysig amdanom, ac mae'n anodd gennym ni i glywed y peth ganddo.

Dydd Sadwrn

Cymerwch; hwn yw fy nghorff. *Marc 14:22b*

Mae'r gwir berygl nid y tu allan i ni, gyda'r bobl yn fygythiad i ni, sydd yn wahanol i ni, ond yma o'n mewn, yn y darn yna ohonom sydd am ein cadw ni ar wahân iddyn nhw. Peidiwch â 'ngam-ddeall i – mae 'na ddrwg yn y byd, heb os nac oni bai, ond hyd nes i ni gyfarfod wyneb yn wyneb â'r drwg ynom ni, fydd dim gobaith gennym yn erbyn drygioni'r byd a'i bethau. Ac i bobl fel fi sydd yn dal ag arno angen bwch dihangol weithiau, fe ddaw a chynnig ei hun. Fe gymera'r drwg, yr ofnau afresymol sydd gennyt. Cymera'r hyn oll sydd gas gennyt am dy hun, yr holl wendidau rheini yr wyt ti mor amal yn eu tadogi ar bobl eraill. Does gen i ddim ofn dy germau di. Cymer dy le wrth y bwrdd. Cymerwch a bwytewch, Dyma fy nghorff a dorrir ac a rwygir er eich mwyn.

40: GWISGO ANFARWOLDEB

Dydd Sul
1 Corinthiaid 15:35–58

Does neb ohonom nad yw wedi cael y profiad o fod mewn angladd cyfaill neu rywun annwyl – a phrofiad rhyfedd ac ofnadwy y gall fod – pan fo'r hyn sydd yn farwol a diflanedig yn cael ei roi i orffwys. Ac, yn aml, mae dyn, wrth sefyll ar lan bedd, yn teimlo'r gwrthryfel meddyliol hwnnw sy'n tarddu o fethu credu y gall y bedd a'r weithred olaf hon wneud cyfiawnder â'r bywyd sydd wedi bod – nad dyna yw swm a sylwedd y cwbl – arch a thywarchen a gorffen a darfodedigaeth.

Nawr fe wyddom fod pob corff materol yn ddiflanedig. Mae'r glaswelltyn yn blodeuo ac yn gwywo. Mae dilledyn yn gwisgo a heneiddio. Mae pob un ohonom ni yn dioddef gan dreigl y blynyddoedd a rhaib amser ar ein cyrff. A thristwch affwysol yw hwnnw sy'n gorfod gwylio ac aros awr yr ymddatod i gorff lluniaidd a wyneb hardd. Ond mor aml mae dyn yn sylweddoli wrth wylio'r broses honno o ddarfodedigaeth a heneiddio a llygru a methu, bod rhywbeth amgenach hefyd.

Fe allwch edrych i lygaid ambell un, a gweld yr her anorchfygol honno sydd yn yr enaid na fyn gael ei ddifetha na'i orchfygu. Fe welwn y peth byw ac anllygredig na all byd roi cyfrif amdano, na bedd ei ddileu, nac angau ei goncro.

Rhyw gan mlynedd yn ôl, mae'n debyg ei bod yn ffaith fod hanner y rhai a anwyd yn y byd yn marw cyn eu bod yn bymtheg oed. Roedd canran uchel arall yn marw cyn cyrraedd saith oed, a dywedir mai ychydig prin oedd y rhai a gyrhaeddai oed yr addewid! Mae gwelliannau ym myd meddyginiaeth a gofal a bwyd a chyffuriau wedi gwella'r ystadegau. Ac y mae'n wir fod pawb ohonom yn tueddu i fyw yn hirach. Ond ni newidir y ffaith y bydd yn rhaid i bawb ohonom rywbryd fynd drwy'r broses o farw. Bydd raid i bopeth a phawb sy'n fyw, wynebu'r profiad o farw.

Sut y wynebwn y profiad hwnnw, a sut y deliwn ag ef? Mae hynny'n dibynnu ar ein ffydd ni, ac mae'n ffydd ni'n dibynnu yn y pen draw ar yr hyn a ddatguddiodd Duw i ni ynglŷn â bywyd a marwolaeth. Beth a gredwn?

Nawr, doedd pob Iddew ddim yn credu mewn bywyd a thu hwnt i'r bedd, ac o'r rhai a oedd yn credu roedd y rhan fwyaf yn credu mewn atgyfodiad llythrennol, hynny yw, bod yr holl gorff yn cael ei ail-wneud, cnawd wrth gnawd, gewyn wrth ewyn, asgwrn wrth asgwrn. Mae gweledigaeth Eseciel yn Nyffryn yr Esgyrn yn adleisio hyn. Roedd y Groegiaid yn wfftio peth felly. Credant hwy, yn ystod bywyd dyn, mai'r corff oedd yn cynnal yr ysbryd, a hynny fel y mae bedd yn cynnal y corff. A phan oedd y corff yn marw, yna roedd yr ysbryd, oedd wedi ei gaethiwo o'i fewn, yn rhydd i wneud fel y mynno, i grwydro'r byd.

Mae'r syniad Cristnogol yn wahanol ac, mi greda i, yn rhagori ar hyn – yn rhoddi mwy o fodlonrwydd a chysur.

Myfyrdod
P'LE MA' NHW NAWR?

P'le ma' nhw nawr?
Fu yma'n byw y ffydd;
A dangos yn y nos eu cred yng ngolau'r dydd.
P'le ma' nhw nawr?
Fu'n dysgu'r ffordd i fyw,
A gosod traed petrusgar ar ddyrys lwybrau Duw.

P'le ma' nhw nawr?
Fu gynt yn morio'r gân,
A'r haleliwia fawr yn gloewi'r galon lân.

P'le ma' nhw nawr?
Ddioddefodd lawer cur,
Gan sgwario'u 'sgwyddau'n ddewr yn ffydd y galon bur.

P'le ma' nhw nawr?
Fu'n creu cymdeithas gref,
A throi hen greulon fyd yn gysgod bach o'r nef.

Dydd Llun

> **Gwelwch fy nwylo a'm traed; myfi yw, myfi fy hun.**
> **Cyffyrddwch â mi a gwelwch, oherwydd nid oes gan ysbryd**
> **gnawd ac esgyrn fel y canfyddwch fod gennyf fi.** *Luc 24:39*

Mae'r Cristion yn ymwrthod â'r syniad o atgyfodiad corfforol, sef ail-gyfansoddi llwch llygredig. Mae'n ymwrthod hefyd â'r syniad o ysbryd y tu allan i'r corff. Ystyriwch yr adnod uchod, geiriau cyntaf Iesu wrth ei ddisgyblion ar ôl iddo atgyfodi. Mae angen rhyw fath o gorff ar enaid anfarwol, er mwyn ei gyfleu ei hunan a byw a chael ei adnabod. Mae'r eglwys yn cydnabod yr angen am ryw fath o bersonoliaeth, a'r modd i gyfleu personoliaeth yn y bywyd arall. Mae Credo'r Apostolion yn sôn am Atgyfodiad y Corff, ond pa fath o gorff? Yn sicr nid yr un corff, na'r un math o gorff. Nid yr hen gorff, llygredig, sâl, poenus hwnnw yr â'r rhan fwyaf ohonom i'r bedd ynddo. Beth felly a ddywedwn?

Dydd Mawrth

> **Rhaid eich geni chwi o'r newydd.** *Ioan 3:6*

Os ewch chi'n ôl at y sgwrs ryfedd honno a gafodd Iesu gyda Nicodemus, fe welwch mai yr union broblem oedd gennym ddoe oedd yn poeni hwnnw. Iddew ceidwadol oedd hwn, wrth gwrs, ac yr oedd sôn am gael eich geni o'r newydd, ac am ysbryd, a chnawd a chorff, ac enaid yn bethau reit od iddo. Ac mae Iesu'n ateb drwy ddangos y gwahaniaeth rhwng **cnawd** ac **ysbryd**. All dyn yn ei gnawd ddim mynd i mewn i deyrnas Dduw. Os nad yw dyn yn cael ei eni o'r newydd o'r **ysbryd** ac yn yr ysbryd, ni all weld nac etifeddu, na mynd i mewn i deyrnas Dduw, sydd yn Deyrnas Ysbrydol.

Dydd Mercher

> . . . beth am yr had yr wyt ti yn ei hau? Ni roddir bywyd iddo heb iddo farw yn gyntaf. *1 Corinthiaid 15:36*

Mae Paul yn gafael yn y syniad oedd gan Iesu, ac yn ei ddaearu. Pregethwr oedd Paul uwchlaw popeth arall, ac y mae ar bob pregethwr angen darluniau – mae eu hangen ar ei wrandawyr! Mae Paul yn cymryd darlun i'w helpu i egluro'r peth anodd hwn. Cymerwch hedyn, meddai, neu yn well fyth, meddyliwch am lond bag o hadau. Nawr mae'r dyn sy'n hau yr had yn gwneud peth cwbl hurt. Mae'n taflu llond bag o hadau ac mae'n eu claddu yn y pridd. Yn y pridd byddant yn pydru ac yn marw. Ond mae profiad yn ein dysgu ni bod yr hedyn sy'n 'marw' yn cael ei godi eto mewn gwisg newydd, yn blanhigyn byw, sy'n blodeuo a ffrwytho.

Dydd Iau

> . . . nid oedd gan Solomon yn ei holl ogoniant wisg i'w chymharu ag un o'r rhain. *Mathew 6:29*

Does dim hedyn yn egino heb iddo, yn gyntaf, farw. Ond, dyna nhw yn y maes, yn siglo yn yr awel ac yn mwynhau'r heulwen a'r glaw ac yn fyw er iddyn nhw farw yn y ddaear wedi i'r heuwr eu taflu a'u claddu yn y rhych. Maen nhw'n gwisgo cyrff newydd, wedi eu gwisgo fel y gwelodd eu crëwr yn dda. Dyna fesur y trawsnewid. Llond sach flawd o hadau yn cael eu troi'n llond cae o brydferthwch! Ac felly y mae gydag Atgyfodiad y corff, medd Paul.

Dydd Gwener

> *1 Corinthiaid 15:42–44*
> **Peidiwch felly â phryderu am yfory** . . . *Mathew 6:34*

Down yn ôl at ddarlun Iesu. Os yw Duw yn gofalu sut y gwisgir ni, ac y gwisgir byd natur; os yw'n becso am gyflwr adar a blodau; os yw pob aderyn y to yn cael ei gyfrif; os yw'n rhyfeddu at brydferthwch cae o ŷd a blodau, pa faint mwy ei ofal amdanom ni a'n hanghenion. Pam felly y dylem bryderu am yfory, a thrannoeth? Ymddiriedwn yn yr hwn sydd yn gariad i gyd, gan wybod y bydd i'r hwn sydd wedi dweud os ceisiwn yn gyntaf ei deyrnas ef a'i gyfiawnder, y bydd i bopeth da y byd hwn a'r bydoedd a ddaw fod yn ddiogel ar ein cyfer. Fe gaiff ein marwoldeb wisgo anfarwoldeb ac fe gaiff ein hangau ei lyncu mewn buddugoliaeth.

Dydd Sadwrn

P'le ma' nhw nawr?
Fu'n darllen Beibl mawr
A dysgu am y balm sy'n lleddfu poenau'r llawr.

P'le ma' nhw nawr?
Fu'n plygu glin o'th flaen
A moli gwyrthiau gras, er profi'r bicell fain.

P'le ma' nhw nawr?
Fu gynt â'u gruddiau'n llaith
Wrth dderbyn corff y Crist i ddwylo'r gaib a'r graith.

P'le ma' nhw nawr?
Fu yma'n dysgu'r gân
Sy'n rhoddi mawl i'r oen wna fywyd brwnt yn lân.

P'le ma' nhw nawr?
Maent yn y Nef uwch poen a braw.
Daeth i'w rhan eu 'byd a ddaw'.

41: LLEDRITH A REALITI

Dydd Sul
Salm 73 ac Actau 8:9–24

Does gen i fawr o amynedd gyda Paul Daniels, ond cystal i mi gyfadde' fod gan Paul Daniels a'i debyg ddawn anhygoel – y gallu rhyfeddol i argyhoeddi pobl fod yr afreal yn real. Roedd Simon, yn llyfr yr Actau, yn dipyn o Paul Daniels. Meddai Luc wrthym: **Yr oedd yn dweud ei fod yn rhywun mawr, ac yr oedd pawb, o fawr i fân, yn dal sylw arno ... Yr oeddent yn dal sylw arno am ei fod ers talwm yn eu synnu â'i ddewiniaeth.**

Un o broblemau mawr pobl o'r dechrau cyntaf yw gwahaniaethu rhwng lledrith a realiti. Mae'r profiad beunyddiol o weld yr haul fel petai yn troi o gwmpas y byd yn ymddangos yn real iawn; yn wir fe gymerodd ganrifoedd o boen, gofid a thywallt gwaed cyn i'r ddynoliaeth dderbyn mai'r byd sydd yn symud, yn hytrach na'r haul.

Ydi crefydd yn real? Os ydych chi'n meddwl mynd, neu wedi bod yn y cwrdd heddiw, ai real yw'r profiad o addoli? Mae rhai yn ddigon parod i ddweud fod crefydd a'r holl baraffanelia sydd ynghlwm wrth grefydd o bob math, yn hollol afreal. Dyma bobl sydd yn dadlau ein bod ni a'n tebyg yn wirion, ac yn gwastraffu ein hamser a'n hegni ar rywbeth ffug a ffôl.

Nawr alla i ddim, â phob cydwybod, ddweud nad oes elfennau afreal yn perthyn i'n crefydd. Fe all pobl grefyddol fod yn euog o greu iddynt eu hunain Dduw bychan twt sydd yn ddim byd ond adlewyrchiad o'u mympwyon a'u problemau personol. Mae ambell un yn cael twtsh rhy dwym o grefydd. Meddyliwch am yr Efengylwyr Americanaidd ar y teledu, yn ymelwa ar ansicrwydd eraill. Meddyliwch am un o arweinyddion y Bedyddwyr Ffwndamentalaidd yn America yn cyhoeddi yn ddi-flewyn-ar-dafod, *God Almighty will not hear the prayer of a Jew.* Arswydwn! Yn ddiedifar, safai Yigal Amir gerbron ei well yn Tel Aviv a chyhoeddi mai ewyllys Duw oedd iddo ladd y Prif Weinidog Yitzhak Rabin. Yn ddiedifar, safai Saleh Abdel Rahim al-Souwi gan edrych i fyw llygad y camera a chyhoeddi i'w gyd-

Fwslemiaid mai ewyllys Duw oedd *jihad*. Ac yna, mentrodd ar fws yn Tel Aviv a deinameit am ei wregys a ffrwydro ei hun a 22 o Iddewon yn chwilfriw. Hindŵiaid yn ymosod ar Fwslemiaid yn India. Moslemiad yn ymosod ar blant ysgol yn Algeria. Cwlt Shoko Asahara yn lladd y diniwed â nwy gwenwynig yn Tokyo. Cristnogion yn ymosod ar glinigau erthylu yn America. Lladd a thrais yn enw Duw? Fel y dywedodd Richard Holloway, cyn-Archesgob Caeredin, *Religion is what some people do with their madness.* Yn wir, mae'n rhaid i ni fod yn ymwybodol o broblem crefydd ac arswydo rhagddi, ond wedyn, mynd yn rhy bell yw dweud fod crefydd i gyd yn afreal; mai lledrith peryglus yw ffydd.

Gweddi

O Dduw, ffynhonnell lawn pob rhoddi sy'n ddaionus a phob rhodd sy'n berffaith pelydra oleuni mwyn dy ras ar led yn ein calonnau. Ysbryd cariad a thynerwch, gofynnwn yn wylaidd iawn am dy gymorth. Fe wyddost am ein beiau a'n ffaeleddau, gwyddost am y pethau sy'n brin ynom. Yr wyt yn gweld mor ddwl ydym mewn dealltwriaeth, mor gyndyn mewn caredigrwydd, ac mor ystyfnig ein hewyllys. Gan hynny, pan fyddwn yn esgeuluso gweithredu yn ôl yr hyn a wyddom, tyrd atom yn dy ras. Goleua ein meddyliau, uniona ein dymuniadau, cywira ein crwydriadau, a maddau i ni am yr hyn a fu ar goll ynom. Drwy dy arweiniad cadw ni'n ddiogel rhag i long ein ffydd gael ei dryllio, a chadw ynom gydwybod effro, fel y cawn lanio, yn y diwedd, yn ddiogel yn hafan gorffwysfa dragwyddol, trwy Iesu Grist, ein Harglwydd.

Addasiad o weddi Anslem, o'r unfed ganrif ar ddeg.

Dydd Llun

> ... am fy mod yn cenfigennu wrth y trahaus ac yn eiddigeddus o lwyddiant y drygionus. Oherwydd nid oes ganddynt hwy ofidiau; y mae eu cyrff yn iach a graenus. *Salm 73:3 a 4*

Pobl ymarferol, galed, dim nonsens – wel dyna, medde nhw – sy'n datgan yn hyderus braf mai lledrith yw crefydd. Pobl sy'n credu mai'r unig bethau sy'n real yw'r pethau hynny y gallwch eu gweld, a'u cyffwrdd; eu prynu a'u gwerthu. Dim ond y pethau hyn sy'n real; mae popeth arall yn afreal. Mae awdur Salm 73 wedi ei lyncu gan yr agwedd meddwl hwn. Mae o'n cyfaddef hynny yn y geiriau uchod.

Dydd Mawrth

> Edrych, dyma hwy y rhai drygionus – bob amser mewn esmwythyd ac yn casglu cyfoeth. *Salm 73:12*

Mae'r salmydd yn gweld pobl galed, ddidostur a diegwyddor yn llwyddo, a gweld ei hunan, er gwaethaf ei holl ymdrechion i fyw bywyd teidi a pharchus, yn methu. Hynny, nes imi fynd i gysegr Duw meddai; yno y gwelais eu diwedd. **Yn sicr, yr wyt yn eu gosod ar fannau llithrig, ac yn gwneud iddynt syrthio i ddistryw.** Mae'r Salmydd yn sylweddoli mai rhywbeth dros dro yw cyfoeth a llwyddiant materol. Mae o'n cywilyddio ac yn arswydo am iddo genfigennu'r cyfoeth a'r pŵer a'r dylanwad gymaint. Mae o'n gweld a deall fod y bobl hynny sy'n gyfoethog ym methu'n faterol ac yn *gallu* bod yn dlawd iawn, am iddynt golli cymdeithas a chyfeillgarwch Duw. **Yr wyt yn fy arwain â'th gyngor, ac yna'n fy nerbyn mewn gogoniant. Pwy sydd gennyf yn y nefoedd ond ti? Ac nid wyf yn dymuno ond tydi ar y ddaear.** Ai breuddwyd gwrach yw hyn, neu gwir ddealltwriaeth o'r unig wir realiti?

Dydd Mercher

> Credodd Simon ... ac wedi ei fedyddio yr oedd yn glynu'n
> ddyfal wrth Philip; wrth weld arwyddion a grymusterau mawr
> yn cael eu cyflawni, yr oedd yn synnu. *Actau 8:13*

Nawr, efallai mai fi sydd ychydig yn sinicaidd, ond mae'n siŵr gen i
mai'r gwyrthiau a gyflawnodd Philip a afaelodd yn sylw a dychymyg
Simon. Wrth weld pobl yn adennill nerth ac iechyd, bu raid iddo
gyfaddef fod rhyw rym ar waith, yma, oedd ganwaith cryfach nag
unrhyw hud a lledrith o'i eiddo ef. Pan ddaeth Pedr a Ioan i'r ardal ac
y bu rhagor o wyrthiau eto, syfrdanwyd Simon, ac aeth at Pedr a Ioan
a'i waled yn llawn, a chynnig iddynt bron iawn y cyfan oedd ganddo
am y gyfrinach a'r grym oedd ganddynt yn eu meddiant.

Dydd Iau

> Ond dywedodd Pedr wrtho, 'Melltith arnat ti a'th arian,
> am iti feddwl meddiannu rhodd Duw trwy dalu amdani!
> Nid oes iti ran na chyfran yn hyn o beth, oblegid nid yw dy
> galon yn uniawn yng ngolwg Duw. *Actau 8:20 a 21*

Nawr, efallai fod Pedr wedi bod yn chwyrn, ond fe ddywedodd y
gwir. Nid consurwyr mo'r apostolion, nid rhyw dechneg arbennig
oedd ganddynt i'w dysgu a'i meistroli. Rhodd oedd yr Ysbryd Glân
gan Dduw ac Ef yn unig oedd meistr y rhodd. Dyma'r realiti y methodd
Simon yn lân â'i deall. Yn y chweched dosbarth bu Ms Mackey, druan
ohoni, yn gwneud ymdrech lew i ennyn sbarcyn o ddiddordeb ynof
yn y *Tempest* gan Shakespeare. Ond na, dim! Ond am ryw reswm,
ychydig wythnosau yn ôl fe'i darllenais eto a'i mwynhau yn fawr.
Prospero, y prif gymeriad, yn gaeth i ynys bell, unig; yn gwario pob
munud o bob dydd yn astudio a meistroli hud a lledrith, ac yna'n cael
cyfle ryw ddydd i ymarfer ei ddawn a denu oddi ar ei chwrs, long yn
llawn pobl, yn eu plith y bobl hynny a bechodd fwyaf yn ei erbyn.
Mae'r ddrama'n dechrau gyda llongddrylliad.

Dydd Gwener

> *This rough magic I here abjure; I'll break my staff,*
> *bury it certain fathoms in the earth, and deeper than did ever*
> *plummet sound, I'll drown my book.*

Mae Prospero'n sicrhau fod pawb yn para'n fyw ac yn iach. Mae'r bobl bellach yn gaeth ar ynys Prospero; yn ei law, o dan ei ddylanwad. A'r cwestiwn mawr wrth gwrs yw sut mae e'n mynd i dalu'r pwyth yn ôl? Ond mae e'n penderfynu maddau iddynt, ac wrth faddau iddynt, mae e'n dod yn rhydd ei hun, yn rhoi'r gorau i'w grefft, a'r holl bŵer, a'r dylanwad oedd ganddo dros eraill, a'r bobl ar yr ynys yn darganfod y gwir amdanynt eu hunain drwy faddeuant Prospero. Fel y dywedodd Gonsalo, *We have discovered, all of us, ourselves when no man was his own.* Maen nhw'n rhydd.

Dydd Sadwrn

Ar derfyn y ddrama, fe ddaw Prospero atom, y gynulleidfa, a deisyf arnom am faddeuant, *As you from crimes would pardoned be, let your indulgence set me free.* Dyma'r realiti – mae pob peth arall yn afreal. Y lledrith mwyaf oll yw credu mai ni yw canolbwynt popeth, fod pob peth yn troi o'n cwmpas ni. Y realiti pennaf, a'n rhyddha ni o bob lledrith, yw cariad Duw a ffrwyth y cariad hwnnw – maddeuant. Sylweddoli nad yr haul sy'n troi o'n cwmpas ni, ond mai ni yn hytrach sydd yn troi o gwmpas yr haul.

42: NEHEMEIA – GWEDDÏO A GWEITHREDU

Dydd Sul
Nehemeia 1 a 2

Dyn yn pwyso arno'i hun: dyn yn cadw ei gyngor ei hun: dyn a chyngor
Duw yn ei feddwl ac yn ei galon. Dyn tawedog, di-droi'n ôl. Dyn i
arwain a rheoli eraill. Dyn heb frysio na ffwdanu. Ni ddechreua nes
iddo gyfri'r gost; ac yna ni orffwysa nes iddo orffen y gwaith.
                          Alex White: Nehemeia (Bible Characters)

Fel hyn y dywed yr Arglwydd . . . Ni chawn y fath ymadrodd o enau
Nehemeia. Nid yr hyn a ddywedodd oedd yn bwysig ond yr hyn a
wnaeth. Siaradodd â'i ddwylo yn lle â'i dafod.

Ni wnâi unrhyw beth arall y tro o dan yr amgylchiadau – rhaid
oedd cyfieithu geiriau yn weithredoedd. Fe gofiwch mai rhyw lond
dwrn yn unig o'r genedl a fanteisiodd ar y cyfle i ddychwelyd o'r
gaethglud hir ym Mabilon i Jerwsalem. A pha ryfedd! Dychwelyd i
ganol llwyth o annibendod a phentwr o adfeilion.

Beth oedd Gair yr Arglwydd ynghanol sefyllfa mor druenus?
Gwelodd Nehemeia mai galwad i waith oedd yr unig air perthnasol;
torchi llewys, baeddu dwylo, casglu cerrig, cymysgu sment, cydio
mewn trywel ac ymroi i godi'r murian. **Awn ati i adeiladu!**

Onid oes angen pwysleisio hynny heddiw? Os yw'r eglwys i
lwyddo yn ei thystiolaeth, rhaid wrth ddwylo parod yn ogystal â geiriau
parod. Di-rym efengyl sy'n air ar ein gwefus ac yn gân yn ein calon
heb allu **ymroi i'r gwaith yn ewyllysgar**. Rhaid ymdeimlo eto â her
Iesu, **Y mae fy Nhad yn dal i weithio hyd y foment hon, ac yr wyf**
finnau'n gweithio hefyd, er mwyn i ninnau gael datgan gyda Paul,
Cydweithwyr Duw ydym ni.

Pwy a ŵyr os nad y rheswm sylfaenol am ein crefydda dof a
di-antur, crefydd heb wefr, heb gic ynddi, yw bod y grefydd honno
yn gwrthod newid o'i dillad dydd Sul a gwisgo amdani ei dillad gwaith.
Er mwyn sicrhau ein hiechyd ysbrydol rhaid wrth therapi

galwedigaethol. Dim ond yr efengyl a rydd waith i'n dwylo a all iacháu ein heneidiau. Mynnodd Nehemeia wneud crefydd a gwaith yn un. Mynnodd gredu a gweithredu, dweud a gwneud.

Mae gan George MacLeod eglureb hyfryd am fachgen yn taflu carreg at wydr lliw o'r ymgnawdoliad gan daro'r **E** allan o'r gair **HIGHEST** yn y testun **GLORY TO GOD IN THE HIGHEST;** felly, hyd nes i'r gwydr gael ei drwsio, gwelid y geiriau, **GLORY TO GOD IN THE HIGH ST**. Mae Duw yn gwrthod gadael inni ei gyfyngu i ryw adeilad o'r neilltu, i ryw gornel fach o'n bywyd; rhaid iddo gael bod yn llond pob lle, presennol ym mhob man. Rhaid i gylch ei gariad gynnwys popeth ym mywyd pawb. Boed Gogoniant iddo ym mhob Seion a Salem a hefyd ar bob HIGH ST!

Felly, gyfeillion, beth am gydio mewn trywel? Mae digon ohonynt yn gorwedd yn segur, mewn perygl o rydu yng ngweithdy'r eglwys y dyddiau hyn. Awn ati i adeiladu, i gau'r bylchau a chyfannu'r mur.

Gweddi

Tydi, yr hwn wyt wir Oleuni'r meddyliau sy'n dy adnabod Di, Bywyd yr eneidiau sy'n dy garu Di a Nerth y myfyrion sy'n dy geisio Di, cymorth ni i'th adnabod Di gymaint ag i'th wir garu, a'th garu gymaint ag i'th lwyr wasanaethu, yr hwn y mae dy wasanaeth yn rhyddid perffaith. Trwy Iesu Grist ein Harglwydd. Amen.

O'r Llyfr Sagrafen Gelasiaidd, tua'r chweched ganrif.

Dydd Llun

> Duw a luniodd Fardd,
> Yna cymerth ddyrnaid
> O'r ysbwriel oedd ar ôl,
> A gwnaeth dri o feirniaid.
> *Thomas Jacob Thomas*

Onid haws bod yn feirniad na bod yn fardd? Onid haws condemnio na chefnogi? Onid haws difetha na chreu? I bob un bardd, meddai Thomas Thomas, mae tri o feirniaid; i bob un sydd â'i fryd ar adeiladu fe geir tri â'u bryd ar ddymchwel. Mae pob menter newydd yn debyg o gyfarfod rhwystrau a gwrthwynebiad; a phan aeth Nehemeia ati i ysgogi ei bobl i ailgodi mur Jerwsalem bu rhwystrau i'w goresgyn a gwrthwynebiad i'w wynebu.

Dydd Mawrth

> Pan glywodd Sanbalat ein bod yn ailgodi'r mur, gwylltiodd a ffromi drwyddo. Dechreuodd wawdio'r Iddewon. A dywedodd Tobeia, 'Beth bynnag y maent yn adeiladu, dim ond i lwynog ddringo'r mur cerrig, fe'i dymchwel.' *Nehemeia 4:1–3*

Pentyrrwyd gwawd ar Nehemeia a'i gyd-weithwyr, a'r gwawd a'r gwatwar yn prysur danseilio eu sêl dros y gwaith; wedi'r cyfan, criw bach oeddent i ymgymryd â thasg mor fawr. Beth felly yw'r peth gorau i'w wneud â gwatwarwr . . . gwrthymosod? Roedd Nehemeia yn gweld yn amgenach na hynny; fe wyddai fod cadernid gwell na chadernid dau ddwrn yn ymladd, sef cadernid *dwy law yn erfyn*. Gwyddai Nehemeia mai gweddi yw grym pob ymdrech. Sylweddolai mai cyd-weithwyr Duw oedd ei griw bach o labrwrs; eu hysbrydiaeth yn nannedd y gwrthwynebiad oedd yr argyhoeddiad fod Duw gyda nhw. Pa ots, felly, os ymddangosai'r amgylchiadau'n anobeithiol? – buasai Duw yn drysu'r amgylchiadau ac yn drysu'r gwatwarwyr.

Dydd Mercher

> **Heb iddynt wybod na gweld, fe awn i'w canol a'u lladd a rhwystro'r gwaith.** *Nehemeia 4:11*

Nid oedd gofal Duw yn esgus dros synied yn rhy isel am allu'r gelyn. Gwell nawr oedd gweithio ag un llaw, a dal arf â'r llall. Rhaid oedd i griw bychan Nehemeia gydweithio i adeiladu cymdeithas gref wrth iddynt gyfannu'r mur a chynnal unoliaeth mewn amcan a chyfeiriad. Camp Nehemeia oedd ennyn ym mhob un argyhoeddiad o werth y gwaith ac o werth pob unigolyn fel rhan o'r gwaith, a thanlinellu'r cyfan gyda'r sicrwydd mai gwaith Duw ydoedd.

Dydd Iau

> **Dechreuodd y bobl gyffredin a'u gwragedd gwyno yn erbyn eu cyd-Iddewon. Pan glywais eu cwyn a'r hyn yr oeddent yn ei ddweud, yr oeddwn yn ddig iawn.** *Nehemeia 5:1 a 6*

Gwrandawodd Nehemeia ar eu cwynion a gadael i'r cwynion hynny frathu ei gydwybod, ond gwrthododd fodloni ar wrando a chydymdeimlo yn unig; rhaid oedd gwneud rhywbeth. **Yna, ar ôl i mi feistroli fy nheimladau** (mae 'na werth mawr mewn cyfri deg), **ceryddais y pendefigion a'r swyddogion. Gadewch i ni roi terfyn ar y baich yma.** Llai na dyn yw'r dyn hwnnw sydd, wedi gwrando cwyn ei frawd, yn gwneud dim i'w gynorthwyo.

Dydd Gwener

> **'Tyrd i'm cyfarfod yn un o'r pentrefi yn nyffryn Ono.' Ond eu bwriad oedd gwneud niwed iddo. Anfonais negeswyr atynt gyda'r ateb, 'Y mae gennyf waith pwysig ar dro, felly ni allaf ddod.'** *Nehemeia 6:2 a 3*

Roedd ymateb Nehemeia i wahoddiad ystrywgar ei elynion, Sanbalant,

Tobeia a Gesem, yn ddilornus. Fe wyddai yn iawn mai eu hamcan oedd tynnu ei sylw oddi ar y gwaith holl bwysig o adeiladu mur diogel o gwmpas y ddinas. Gwrthodai wastraffu amser ac egni yn chwarae gêm ei elynion. Fe wyddai Nehemeia fod y gêm eisoes wedi ei hennill. **Yr oeddent oll yn ceisio'n dychryn, gan dybio y byddem yn digalonni, ac ni fyddai'r gwaith yn cael ei orffen;** *ond gweithiais i'n galetach. (adnod 9)*

Dydd Sadwrn

> **Gorffennwyd y mur ... Pan glywodd ein holl elynion, a phan welodd yr holl genhedloedd o'n hamgylch, yr oedd y peth yn rhyfeddol yn eu golwg, a daethant i ddeall mai trwy gymorth ein Duw y cafodd y gwaith hwn ei wneud.** *Nehemeia 6:15 a 16*

Teimlodd Nehemeia y dylent godi mur o amgylch y ddinas i'w hamddiffyn. O'u cwmpas yr oedd rhwystrau a gelynion. Ac, yn wir, wyneb yn wyneb â phroblemau, y demtasiwn i bawb ohonom yw codi mur i ddiogelu ein hunain. Ond roedd mwy i lwyddiant Nehemeia na chyfannu muriau Jerwsalem; sylweddolodd mai ofer dychwelyd o Fabilon heb ddychwelyd at Dduw. Ofer muriau cadarn heb ffydd gadarn. **Trwy** *gymorth Duw* **y cafodd y gwaith hwn ei wneud.** Duw oedd fforman y gwaith.

43: DIOLCHGARWCH

Dydd Sul
Matthew 13:24–43

Mae pawb yn poeni. A hynny'n naturiol ddigon gan fod pethau'n edrych cynddrwg. Wrth agor ein papur newydd bob bore cawn ragor o newyddion drwg. Mae'r newyddion yn newyddion drwg i gyd, ar wahân i ryw bwt gwirion ar y diwedd sydd ond wir yn tanlinellu cynddrwg oedd yr eitemau blaenorol.

Gwleidyddion, gwyddonwyr, gweinidogion, athrawon, nofelwyr, beirdd, dramodwyr a chantorion – does neb yn hyderus am y dyfodol. Beth bynnag fo'r pwnc – y genedl, yr eglwys, yr economi, yr amgylchedd – mae pawb rywsut o'r farn fod pethau'n mynd yn waeth, nid yn well. **Mae'r greadigaeth i gyd yn ochneidio**, i fenthyg geiriau Paul. Mae'r efrau yn tagu'r ŷd.

I fi a chi a'n tebyg, sydd yn credu yn Nuw, rydym yn ei chael hi'n anodd egluro pam fod pethau cynddrwg ag y maent. Mae rhai Cristnogion yn arswydo rhag diwedd y byd, ac eraill yn edrych ymlaen yn eiddgar ato. A phob un ohonom yn gorfod ymgodymu â byd a bywyd sydd llawer mwy brwnt ac anniben nag yr hoffem iddo fod.

Er bod y manylion wedi newid ers y cyfnod pan ysgrifennwyd y Beibl, mae'r dilema yn ei hanfod yn aros yr un fath. Beth dylen ni ei wneud am yr annibendod 'ma? Beth allwn ni wneud? A pham ydyn ni yn y cawl yma yn y lle cyntaf? Ydi Duw wir wrth y llyw, ac os yw'r cyfan yn ei law, pam nad yw'r byd, ein gwlad a'n cymdeithas leol ni yn fôr o ŷd, heb efrau i'w gweld yn nunlle. Oni ddylai'r eglwys, o leiaf, fod yn gae bychan twt yn llawn o'r ŷd gorau?

Mae Iesu yn ateb y cwestiynau a'u tebyg gyda dameg. Liw nos, tra bod pawb yn cysgu, daeth gelyn a hau efrau ymysg yr ŷd. Hau *Lolium tremulentum* i fod yn fanwl gywir. Hen chwyn cryf, cyfrwys – yn edrych yn hynod o debyg i ŷd go iawn wrth iddo dyfu – gyda hadau gwenwynig a gwreiddiau fel cortyn nylon yn mynd yn ddwfn ac i bob cyfeiriad. Os na gwahenir yr efrau o'r ŷd adeg y cynhaeaf, bydd hadau'r efrau yn cael eu malu i mewn i'r blawd a bydd eich torth o fara yn rhoi poen bol difrifol i chi.

Mae chwyn yn ffaith mewn bywyd, nid yn unig yn ein gerddi, ond, hefyd, yn ein bywydau. Gallwn gydymdeimlo â'r gweision yn y ddameg yn holi: **Wyt ti am i ni fynd a chasglu'r efrau?** Dyna sydd yn gwneud synnwyr go iawn, bwrw iddi i dynnu'r chwyn o'r cae. Rydyn ni wedi gweld digon o hynny: yr Holocaust, Bosnia, Gogledd Iwerddon, y Dwyrain Canol a chant a mil o lefydd eraill lle mae pobl yn brysur yn clirio'r cae o'r chwyn gyda gwn, bom a thân. Maen nhw'n gwneud yr union beth roedd y gweision hyn am ei wneud, ond maen nhw'n gwneud y pethau hyn heb hawl, gan fod y Bòs wedi dweud *'Na!'*

Gweddi

Ewch i mewn i'w byrth ef â diolch, ac i'w gynteddau â mawl: diolchwch iddo, a bendithiwch ei enw. *(Salm 100:4 a 5)*

Diolchaf am gysuron gwiw
Wyf heddiw'n eu mwynhau;
Diolchaf fwy am ddoniau sy'n
Oes oesoedd i barhau.
David Charles, Rhif 64, Caneuon Ffydd

Llawenhewch bob amser. Gweddïwch yn ddi-baid. Ymhob dim rhowch ddiolch, oherwydd hyn yw ewyllys Duw yng Nghrist Iesu i chwi.

(1 Thesaloniaid 5:16 a 17)

Dydd Llun

> **Gadewch i'r ddau dyfu gyda'i gilydd hyd y cynhaeaf, ac yn yr amser hwnnw, dywedaf wrth y medelwyr, casglwch yr efrau yn gyntaf, a rhwymwch hwy'n sypynnau i'w llosgi, ond crynhowch yr ŷd i'm hysgubor.** *Mathew 13:30*

Mae'r gosodiad hwn yn syfrdanol; brawychus bron. Onid oes gennym fan hyn gyfiawnhad dros wneud dim ynglŷn â'r drwg sydd yn ein byd a'n bywyd? Dim ond aros i'r cynhaeaf, a bydd Duw yn trefnu'r cyfan. Yn fwy syfrdanol fyth, mae'r geiriau'n awgrymu y gallwn ni, wrth geisio gwneud y peth iawn, wneud mwy o niwed nag o les.

Dydd Mawrth

> **'Na, meddai ef, oherwydd wrth gasglu'r efrau fe allwch ddiwreiddio'r ŷd hefyd.** *Mathew 13:29*

Mae gan y Bòs dri rheswm am ddweud wrthym am beidio twtio'r cae. Yn gyntaf, yn blwmp ac yn blaen, does gennym ni mo'r ddawn i wahaniaethu'n iawn rhwng y da a'r drwg. Fedrwn ni ddim wastad ddweud y gwahaniaeth rhwng yr ŷd a'r efrau. Mae'r ddau yn hynod debyg i'w gilydd. Dim ond yr hwn sydd yn gwybod all wahaniaethu'n iawn rhyngddynt. Awn ati i ladd a difa'r holl chwyn, ac, yn y broses, mae llawer o'r ŷd gorau yn cael ei ddifa hefyd. Dw i'n cofio darllen hanes am nifer o farchogion o Ffrainc yn ystod y croesgadau yn disgyn ar bentre Arabaidd ar y ffordd i Jerwsalem, a lladd pawb, yn wŷr, gwragedd a phlant oherwydd iddynt gredu mai'r *infidel* oeddent. Dim ond wedi'r gyflafan y darganfuwyd fod y rhan helaethaf o bobl y pentre hwn yn gwisgo croes ar gadwyn o amgylch eu gyddfau. Fel y dywedodd un hanesydd ffraeth: *It never occurred to them that Christians came in brown as well as white.*

Dydd Mercher

> **Casglwch yr efrau yn gyntaf, a rhwymwch hwy'n sypynnau i'w llosgi ...** *Mathew 13:30*

Yr ail reswm am adael i'r efrau dyfu yw yn hwyr neu'n hwyrach fe fyddant yn ddefnyddiol. Ym Mhalesteina, y ganrif gyntaf, roedd coed a glo yn brin ryfeddol. Y peth gorau i gynnau tân i wresogi'r tŷ a pharatoi bwyd oedd tail, gwrtaith neu chwyn wedi sychu yng ngwres yr haul. Wrth adael i'r efrau a'r ŷd dyfu efo'i gilydd, buasai'r Bòs yn sicrhau pob peth roedd ei angen arno i wneud bara – gwenith i'r blawd, a chwyn i'r tân. Yr unig beth roedd ei angen oedd ychydig o amynedd, ychydig o oddefgarwch o'r annibendod dros dro, hyd nes i bob peth gael ei ddefnyddio adeg y cynhaeaf.

Dydd Iau

> **"Clywsoch fel y dywedwyd, 'Llygad am lygad, a dant am ddant." Ond rwyf fi'n dweud wrthych: Peidiwch â gwrthsefyll y sawl sy'n gwneud drwg i chwi ... felly byddwch yn blant i'ch Tad sydd yn y nefoedd, oherwydd y mae ef yn peri i'w haul godi ar y drwg a'r da, ac yn rhoi glaw i'r cyfiawn a'r anghyfiawn.'** *Mathew 5:38 a 45*

I ninnau, cyn y cynhaeaf, mae'n anodd bod yn amyneddgar a goddefgar, ond mae'r chwyn yn ddefnyddiol mewn ffyrdd na wyddom ni amdanynt. Weithiau mae'r chwyn yn deffro'r ŷd, yn atgoffa'r ŷd o'i waith a'i bwrpas. A'r cae yn annibendod llwyr; mae chwilio am yr heuwr yn angenrheidiol, ac mae'r ŷd a fu unwaith yn mwynhau gwres yr haul, ac yn cymryd pob peth yn ganiataol, yn sylweddoli y bydd y goroesi fel ŷd yn cymyrd ymdrech lew. Ond sut fydd yr ŷd yn goroesi? Gan wario'i holl amser yn ymosod ar yr efrau neu ganolbwyntio'n hytrach ar fod yn ŷd? Y trydydd rheswm pam fod y Bòs yn dweud nad oes peryg i'r ŷd droi'n efrau yw fod yr efrau yn gwylltio gymaint ar yr ŷd fel bod yr ŷd yn decrhau ymddwyn fel efrau ei hun, yn bigog a llawn gwenwyn.

Dydd Gwener

> *Mathew 13:36–42*

Mae Duw yn caniatáu cae cymysg, ac, os ydym yn deall y peth, yn derbyn y peth, yn hoffi'r peth neu beidio, mae Duw yn disgwyl i ni hefyd dderbyn fod y cae yn gymysg – yn y byd a'r eglwys, ac ynom ni. Nid esgus mo hynny i wneud dim, cofiwch. I'r gwrthwyneb, galwad yw i waith. Nid hawdd yw bod yn ŷd, yn arbennig pan fo cymaint o efrau yn cystadlu am y tir, ond mae'r Bòs yn deall mai'r unig ymateb call i ddrygioni yw i fi a chi gynhyrchu ffrwyth da. Ein gwaith ni, yn y cae cymysg hwn, yw nid ildio i'r efrau, na chwaith i fwrw iddi i ddifa'r efrau, ond i feindio'n busnes fel petai – ein busnes ni yw cymodi'r byd â Duw trwy ymarfer cariad aberthol yn ein hymwneud ag eraill. Os ymrown i hynny fe ofala Duw am bob peth arall – y cynhaeaf, y medelwyr, y cyfan. Ein gwaith ni yw bod yn ŷd mewn cae cymysg anniben – yn siarad a gweithredu dros yr hwn a'n plannodd ni.

Dydd Sadwrn

> **Yna bydd y rhai cyfiawn yn disgleirio fel yr haul yn nheyrnas eu Tad. Yr hwn sydd ganddo glustiau, gwrandawed.** *Mathew 13:43*

Roedd y Pab John XXIII, un o saint mawr Duw, yn gorffen ei weddïau ar derfyn pob dydd gan ddweud wrtho'i hun. Nawr, pwy sydd yn arwain yr eglwys? Ti neu'r Ysbryd Glân? Wel, Angelo, cysga'n dawel felly. Ac, ynghanol rhialtwch ein byw a'n bod a phoen ein byd, dyna'r ffordd i ni – bod yn driw i'n gwreiddiau ac i'r un a'n plannodd ni a chredu ei air pan ddywed wrthym mai ei eiddo yntau ydi'r cynhaeaf.

44: BYDDWCH WYLIADWRUS GAN HYNNY...

Dydd Sul
Mathew 24:36–44

Mae pobl mewn awdurdod yn y wlad yma yn poeni am dwf aruthrol lladrata o dai. Mae'r Ysgrifennydd Cartref wrthi'n chwilio am ffyrdd o wella'r sefyllfa. Mae'r heddlu hefyd yn ceisio gwell ffyrdd, mwy o arian a mwy o weithwyr i rwystro pobl rhag torri i mewn i dai ac eiddo pobl eraill i ladrata a difrodi.

Wrth gwrs, y broblem fawr gyda lladron yw nad ydych chi'n gwybod pryd maen nhw'n mynd i daro nesa' nac ymhle. D'yn nhw ddim yn rhoi gwybodaeth ymlaen llaw i chi a fi am eu bwriadau. D'yn nhw ddim yn danfon llythyr, na chodi'r ffôn i ofyn a gân nhw ddod ar y pryd a'r pryd i'r lle a'r lle. Maen nhw'n gweithredu'n gwbwl ddirybudd ac mae'r rhesymau am hynny'n amlwg. D'yn nhw ddim am ddweud pryd y maen nhw'n dod oherwydd byddai pob perchennog tŷ yn gwneud pob ymdrech i amddiffyn ei eiddo rhagddynt.

Mae'r rhesymau pam ei bod hi'n bwysig i gadw lladron draw yn amlwg. Maen nhw'n dwyn, difrodi; rhai yn niweidio, rhai yn lladd. Maen nhw bob amser yn gadael ar eu hôl yr ymdeimlad o ymyrraeth i bethau personol a chysegredig. Maen nhw'n creu poen, gofid ac anghysur. Mae'n rhaid eu cadw draw, ac y mae unrhyw weithred gall i wneud hynny i'w chanmol.

Nawr, dyma i chi beth rhyfedd! Mae Iesu'n awgrymu fod Duw yn gweithredu fel lleidr. A mwy na hynny, ninnau yw perchnogion y tŷ sy'n awyddus i'w gadw allan ar bob cyfrif.

Y gwir amdani wrth gwrs yw fod y rhan fwyaf o'r hyn sy'n digwydd yn ein bywydau ni yn digwydd fel petai Duw ddim yn rhan o'r busnes beth bynnag. Dyw e ddim, yn ôl pob golwg, yn chwarae unrhyw ran yn y pethau bach cyffredin hynny sy'n digwydd yn ein bywyd bob dydd. Ac felly, gan nad ydym yn gweld Duw yn amlwg yn ein bywyd o ddydd i ddydd, mae'r rhan fwyaf ohonom yn mynd ymlaen fel pe na bai Duw yn bod, neu o leiaf fel pe na bai ganddo ddiddordeb ynom.

Felly, trefnwn ein bywydau heb Dduw, yn amddiffyn ein 'tŷ', yn sicrhau diogelwch a dedwyddwch. Mae gennym ni bensiwn diogel, mae gennym ddigonedd i fyw arno, mae gennym ni deulu a ffrindiau, mae gennym ni waith a chysur, cawn wyliau a hamdden. Mae'r byd yn dod atom, ac fe allwn, pan fynnwn, ei gau allan. Mae bywyd yn ddiogel. A chyda phobl mewn sefyllfa felly, mae Iesu'n siarad fan hyn. Pobl sydd wedi trefnu eu byw a'u bod heb Dduw. Pobl sydd yn fwriadol, neu'n anfwriadol, yn cadw Duw draw. A phan ddaw Duw, yn sydyn a dirybudd ac annisgwyl, mae ei ddyfodiad fel lleidr yn y nos.

Duw yn torri i mewn i fywydau pobl; Duw yn ymyrryd; Duw yn tarfu ar fywyd – dyma mae Iesu'n awgrymu fan hyn.

Gweddi

Clyw Arglwydd,
Clyw y weddi ymhlyg yn ein geiriau.
Ti yn unig
sydd yn deall ac yn cydymdeimlo.

Pan fo'r llais cyfarwydd wedi distewi, y cwmni un yn brin,
danfon dy gariad i'r aelwyd boenus ac i'r galon anafus.

Pan mae'r ffydd a fu unwaith yn gref, yn ysig a sigledig bellach,
gosod yno breseb i blentyn y nef gael ei eni o'r newydd.

Pan fo'r wybodaeth a ddylai iacháu ac adfer yn brifo a dymchwel,
gyda 'larwm y nef deffra'r gydwybod swrth.

Pan mae dwylo a gobaith yn erfyn yn ofer,
dymchwel ddrysau 'stordy dy ras a warws ein gwenith.

Pan fo dy bobl yn chwilio am ffordd,
arwain hwy i blith y gwan, y distadl a'r bychain am
gyfarwyddiadau.

Amen.

Dydd Llun

> Oherwydd fe wyddoch eich hunain o'r gorau mai fel lleidr yn y
> nos y daw Dydd yr Arglwydd. *1 Thesaloniaid 5:2*

Mae'n debyg ein bod ni wedi codi y bore 'ma gan wybod beth yn
union roeddem ni'n bwriadu ei wneud heddiw. Roedd patrwm y dydd
wedi ei drefnu yn ein meddwl, fel patrwm pob dydd Llun arall mae'n
debyg. Gwaith i'w wneud, plant i'w cludo i'r ysgol, wyrion i ofalu
amdanynt, y ci neu'r gath i gael eu bwyd, y lawnt i'w thorri, y tŷ i'w
dwtio, glanhau, coginio, siopa, ymweld, hyn a hyn i'w wneud, llythyron
i'w sgwennu a'u hateb. Mae'r dydd yn llawn a'r drefn yn weddol
dynn. A dyna chi ben tost mewn diwrnod yw rhywbeth yn tarfu ar ein
trefniadau twt a thaclus. Dyna annibendod wedyn, pan fydd rhywbeth
yn bwrw'r drefn oddi ar ei hechel, a'n gorfodi ni i feddwl o'r newydd
am y dydd, ailystyried ac aildrefnu'r cyfan.

Dydd Mawrth

> Pan fydd dynion yn dweud, 'Dyma dangnefedd a diogelwch',
> dyna'r pryd y daw dinistr disymwth ar eu gwarthaf ...
> *1 Thesaloniaid 5:3*

Y peth olaf oll yr ydym am weld yn digwydd mewn bywyd trefnus,
taclus a chyfforddus yw rhywbeth yn tarfu arno. Fe fydd yr effaith fel
rhyw ladrad ar ein hamser, a threfn ein tŷ. A dyna 'dw i'n grcdu mae
Iesu a Paul yn awgrymu. Mae Duw weithiau'n gorfod gweithredu fel
hyn. O bryd i'w gilydd mae e'n torri i mewn i raglenni bach ein
bywydau, fel lleidr. Mae pob peth yn gyrru rhagddo'n ddigon hwylus
ac mae'n edrych fel tase pob breuddwyd a chynllun o'n heiddo yn
cael eu gwireddu'n ara' bach, ac yna daw Duw ar ein gwarthaf.

Dydd Mercher

> **Gwyddom fod Duw, ym mhob peth, yn gweithio er daioni gyda'r rhai sy'n ei garu, y rhai sydd wedi eu galw yn ôl ei fwriad.**
> *Rhufeiniaid 8:28*

Gallwn edrych ar y dyddiadur, a threfnu am y flwyddyn neu ddwy, neu dair nesa' hyd yn oed; cofnodi'r gwyliau, penblwyddi, dathliadau, ond, yn ddisymwth daw afiechyd, neu ddamwain, daw argyfwng teuluol. Does dim rhaid iddyn nhw fod yn bethau mawr i'n hatgoffa nad ydym ni'n llwyr reoli ein byw a'n bod. Pethau bach hefyd, ymwelydd annisgwyl, trên yn cael ei ohirio, car yn torri lawr, y plant yn cael brech yr ieir. Pethau bach a mawr, yn digwydd pan nad oes neb ohonom yn eu disgwyl, ac yn wir, gan amla, pan allwn wneud hebddynt! Nawr, efallai y bydd rhywbeth fel yna'n digwydd heddiw. Pwy a ŵyr beth a ddwg y dydd. Ond y peth pwysig i fi a chi yw gwneud ein gorau i weld Duw ar waith ym mhob peth, trwy bob peth ac er gwaethaf pob peth.

Dydd Iau

> **Yn sicr bydd daioni a thrugaredd yn fy nilyn bob dydd o'm bywyd.** *Salm 23:6*

Pan ddaw heddiw i ben, a chithau yn eich gwely yn edrych yn ôl arno, ac yn gweld yr holl brysurdeb, yr holl fynd a dod, y chwerthin a'r hwyl, y pethau twp a ddywedwyd ac a wnaethpwyd – y peth pwysig yw gwneud ymdrech i gael gwared ar unrhyw anfodlonrwydd a rhwystredigaeth sydd ar ôl wyneb yn wyneb â digwyddiadau'r dydd. Tybed a oedd Duw heddiw yn sibrwd rhywbeth wrth ddyfnder eich bod, rhywbeth holl bwysig amdanoch, am eich perthynas ag eraill, am eich perthynas ag ef?

Dydd Gwener

> ... fe ddof fel lleidr, ac ni chei wybod pa awr y dof atat.
> *Datguddiad 3:3*

Pan fyddwn yn ddigon gonest a gostyngedig i gydnabod fod Duw yng nghanol y broses o darfu ar ein cynlluniau, yn torri i mewn i'n bywyd ni, er ein lles ni, rydym yn gorfod ymdawelu. Mae'r rhwystredigaeth a'r diflastod sydd yn gymaint rhan o fywyd, yn gwywo. Ac mae hynny'n gysur ac yn gymorth i fyw i bawb ohonom, bob dydd a thrwy'r dydd.

Dydd Sadwrn

O gael y fraint
O fod ar ganol pethau,
Ac yna'th
Gael dy hun ar yr ymylon pell –
Dyna i ti wers
Mewn dynoliaeth.

O gael meddiannu grym,
Ac yna'th
Orfodi i'w ildio i arall –
Dyna i ti wers
Mewn gras.

O gael dy gam-drin,
Ac yna,
Ddysgu caru'r sawl
Fu'n gyfrwng dy gamdriniaeth –
Dyna i ti wers
Mewn duwioldeb.

45: DRAENEN YN Y CNAWD

Dydd Sul
2 Corinthiaid 12:1-12

Druan â thi, Paul. Gest ti ddraenen boenus a phigog yn dy gnawd? Fuest ti mewn poen? Do siŵr. Dyna mae Paul yn ei ddweud wrthym yn y darlleniad heddiw, ac mewn mannau eraill – draenen yn y cnawd. Poen arteithiol. Poen arteithiol a fu'n rhwystr i'r gwaith cenhadol ar brydiau. Mor ofnadwy y boen fel na allai ond ei alw'n gennad oddi wrth Satan! A Paul bach, fe fu'n job go anodd ymdopi â'r boen 'ma, debyg? Bu bron i ti dorri i lawr sawl tro, a throi'n ôl, a chefnu, a rhoi naw wfft i'r busnes i gyd, a chilio i'th wely, a gorwedd a gorffwys. Ond wnest ti mo hynny, Paul? Sut wnest ti ddal fel y llwyddest ti i ddelio â'r boen? Achos mae lot ohonom mewn poen hefyd, ac mae bywyd yn fyr, a'r amser yn mynd rhagddo. Helpa ni i ddod i'r stad o feddwl sy'n cynnal a chadw dros a thrwy ac uwchben y busnes i gyd.

Mae poen yn rhan o'n bywydau ni bob un, yn gallu difetha a chrebachu a bychanu a dinistrio, a rhwystro'n perthynas â phobl eraill, a suro'n perthynas â'n hanwyliaid. Oes 'na rywbeth yn dy ffydd di, Paul, a fydd o help? Oes gan dy Iesu di rywbeth i'w ddweud pan ddaw'n fater o afiechyd a phoen a chystudd a gofid a gwae a marwolaeth?

Gan bwyll nawr, meddai Paul, nid fel'na mae hi o gwbwl. Fe allwch chi ddefnyddio poen a'i droi yn arf, fe allwch chi ddod drwy ddioddefaint wedi gorchfygu a thyfu. Mae'n rhaid i chi ddysgu gwrando ar eiriau yr hwn a'm helpodd i: **Digon i ti fy ngras i. Mewn gwendid y daw fy nerth i'w anterth**.

Gawn ni ystyried tri pheth?

1. RHAID LLEDDFU POEN

Mae'n gwbwl glir fod rhaid lleihau, lleddfu a thrin poen. Yn wir mae lleihau poen eraill a'n poen ein hunain yn ddyletswydd ar Gristnogion sy'n credu mai Teml Dduw ydym ni. Ac fe gerddodd y byd ymhell erbyn hyn yn y frwydr yn erbyn poen a gwae. Gwnaed camau bras ym myd anesthetig a chyffuriau difa poen. Ac o gymharu heddiw â ddoe, yr ydym mewn gwahanol fyd. Mae offer a chyffur wrth law, os nad i gael gwared â phoen, o leiaf i'w wneud yn ddioddefadwy.

Mae'n galondid mawr gweld mai un o'r meysydd sy'n datblygu'n gyflym ym myd meddygaeth yw trin poen. Yr ydym ar fin gallu dweud nad oes raid i neb bellach farw mewn poen heb ei leddfu. Mae modd trin y boen, a helpu'r claf i farw gydag urddas. Ni fyddai neb yn ymwrthod â'r ymchwil i ddod o hyd i gyffuriau a dulliau newydd o leihau poen ac ychwanegu at urddas person, hyd yn oed wrth iddo ddioddef. Mae poen yn her i'n tosturi ni, ac oni frwydrwn i'w ddileu mae'n tosturi yn cael ei alw i gyfrif.

Gweddi

Dyro'r gogoniant a'r llawenydd a ddaw o gydwybod dda, fel y gallom ddwyn y beichiau trymaf, a bod yn siriol dan y cystuddiau chwerwaf. Dyro inni gariad a gras Duw, fel y gallom ddioddef pob blinder a chaethiwed, gan ddilyn llwybrau Iesu Grist a gorfoleddu yn y groes.

O'r IMITATIO CHRISTI a briodolir i Thomas á Kempis (tua 1380 –1471)

Dydd Llun

> **2. DEFNYDDIO POEN ER DRWG**
> **Holwn ef ag artaith a dirboen ...**
> *Doethineb Solomon (Apocryffa) 2:19a*

Wedi sôn ddoe am yr angen i leddfu poen, rhaid heddiw sôn am y ffaith fod poen, ledled byd, yn cael ei ddefnyddio nid er lles dyn ond er mwyn difa person. Mae hyn yn digwydd ar lefel wleidyddol. Mae artaith yn arf i heddluoedd llawer gwlad. Heddiw, ni thynnir braich a choes o'r corff gan *rack*; bellach aeth y *thumbscrew* yn hen-ffasiwn, ond mae'r erchyllterau yr un mor fawr. Aethom yn feistri ar ddatblygu cyffuriau sy'n gallu newid cymeriad i'r fath raddau fel bod pobl synhwyrol yn troi'n gysgodion ofnus o'r hyn roeddent. Ac mae dulliau o ddefnyddio trydan yn ddrain yn y cnawd yn hysbys i lawer erbyn hyn.

Dydd Mawrth

> **... ar hyd y dydd yr wyf wedi fy mhoenydio, ac fe'm cosbir bob bore.** *Salm 73:14*

Ac nid yn unig mewn carcharau mewn gwledydd pell, megis Twrci, y gwelir poen yn cael ei ddefnyddio i ddylanwadu'n wleidyddol ar bobl. Diolchwn i Dduw am gyfnod o heddwch a pharodrwydd i siarad a thrafod yng Ngogledd Iwerddon. Fe welsom o bell fomio a thanio, *booby traps* a thrais. Mae hynny i gyd ymhell oddi wrth ein bywydau bach cyfforddus chi a fi. Ein braint ni a'n tasg yw darganfod dulliau i leddfu poen, nid achosi poen i eraill.

Dydd Mercher

> **... cennad oddi wrth Satan ...** *2 Corinthiaid 12:7b*

Cyn i ni fod yn rhy ganmolus o'n hunain, tybed sawl gwaith yr ydym wedi defnyddio'n poen ni ein hunain, er mwyn cael sylw gan anwyliaid a châr? Sawl gwaith y bu i ni ildio i'r demtasiwn o roi baich ein poen ar rywun arall, ac ychwanegu at ofid rhywun drosom wrth i ni bwdu a mynd i'n cragen a chwyno er mwyn cael sylw. Mae'n bosibl defnyddio poen er mwyn denu sylw a maldod. Mae Paul yn gwneud y pwynt yn glir – gwaith y diafol yw rhywbeth felly. Mae unrhyw ddulliau sy'n defnyddio poen er mwyn cyrraedd rhyw amcan, i'w condemnio.

Dydd Iau

> **3. DEFNYDDIO POEN ER LLES**
> **... rhag i mi ymddyrchafu.** *2 Corinthiaid 12:7b*

Mae modd defnyddio poen i ddibenion da. Mae poen yn arwydd fod rhywbeth o'i le; yn arwydd fod angen trin rhywbeth. Golau coch ar *ddashboard* ein bywyd yw poen, yn dweud fod rhywbeth ddim yn gweithio fel y dylai. Ac fe all anawsterau mawrion godi os na chyneuir y golau coch, neu os byddwn yn ddigon ffôl i'w ddiystyru. Mae poen hefyd yn atgof o'n meidroldeb. Pa, mor fawr a galluog a thalentog a chyfoethog ydym, mae poen yn ein hatgoffa fod y cwbwl yn feidrol, ac iddo bendraw a therfyn. Fe ddylai hyn arwain at ostyngeiddrwydd. Mae Paul yn defnyddio'i boen yn gyfrwng i dyfu mewn gostyngeiddrwydd. Mae'n gweld ei boen fel cerydd i'w falchder.

Dydd Gwener

> ... fe'i harchollwyd am ein troseddau ni; a'i glwyfo am ein hanwireddau ni. *Eseia 53:5*

Buom yn edrych ar un o gwestiynau mawr a mwyaf anodd ein ffydd yr wythnos hon. Y ffaith yw nad ydym ond megis wedi codi ymyl y llen. Gweld rhan fach o'r maes mawr cymhleth a wnaethom. Mae'n rhaid i ni, cyn gorffen, gyfeirio o leiaf at neges ganolog y ffydd Gristnogol, sef bod Duw yng Nghrist wedi dioddef poen corfforol, meddyliol ac emosiynol, drosom ni. Dim ond Cristnogaeth sydd â Chroes yng nghanol y ffydd. Yma'n unig y gwelir pobl ddrwg yn defnyddio arfau drygioni i ddiffetha'r da a'r glân a'r pur a'r sanctaidd – pobl yn defnyddio poen i ddibenion gwleidyddol a chrefyddol. Ac mae'r Beibl yn gweld y cwbl yn gyflawniad o'r hyn a addawyd gan y proffwydi.

Dydd Sadwrn

> Gwyddom fod Duw, ym mhob peth, yn gweithio er daioni gyda'r rhai sy'n ei garu ... *Rhufeiniaid 8:28*

Ond mae'r ffydd Gristnogol yn dweud mwy na hynny. Mae'n dweud mai gweithred achubol yw hyn i gyd. Yr ydym yn cael ein huno â Christ wrth dderbyn yr hyn a wnaeth ef yn ein lle, a throsom. Mae hynny'n ein galluogi i beidio chwerwi na melltithio na cholli ffydd yng nghanol düwch y boen a'r trallod. Na, nid dweud ein bod ni'n deall hyn i gyd a wnawn ni, ond dweud fod yma ddirgelwch rhy ryfedd i ni. Fe welwn, ac fe deimlwn yr ing a'r gwae a ddaw o fod yn feidrol, ond fe wyddom fod Duw yn defnyddio popeth er ein lles.

46: ONESIMUS a PHILEMON

Dydd Sul
Llythyr Paul at Philemon

Does dim newydd na syfrdanol, erbyn hyn, mewn clywed am broblemau y digartref, yn enwedig mewn dinas fawr fel Caerdydd. Gellwch eu gweld ym mhob man, mewn drws siop, mewn cyntedd eglwys, mewn parc – ein cyd-fforddolion mewn trueni mwy na haeddiant dyn, yn eu carpiau, heb fwyd na chysgod, a theulu na char na chyfaill. A'r drychineb fawr yw bod cymaint ohonynt yn ifanc – fawr fwy na phlant! Wedi dod i'r ddinas fawr, oherwydd problemau cartref. Maen nhw wedi eu cam-drin, efallai, neu wedi eu taflu allan neu wedi methu cael gwaith na chynhaliaeth. Mae rhai a ddylai fod mewn ysbytai, a llawer ar eu ffordd i lys a charchar. Ac yn achos llawer ohonynt, mae rhieni neu ffrindiau yn awyddus am newyddion amdanynt, tasen nhw ond i wybod eu bod nhw ar dir y rhai byw. Ac mae swyddfeydd y mudiadau lles a nawdd yn llawn ffeiliau yn darlunio a disgrifio'r trueni dynol hwn.

Yn America mae darluniau plant ar goll yn cael eu rhoi ar *checkouts* y siopau mawr yn y gobaith y bydd rhywun yn eu hadnabod. Maent yn cael eu rhoi ar gartons llefrith, a chartons wyau a *cereal* brecwast, yn y gobaith y daw rhyw sôn. A phwy na welodd y posteri hynny yn gofyn, *Have you seen . . ?*

Pam eu bod nhw'n cilio? Pam eu bod nhw'n ceisio pleserau gwlad bell a dinas fawr? Trafferthion cartref fel y gwelsom, a rhyw ffantasi o ramant sy'n gwneud iddynt gredu y gallan nhw wneud rhywbeth o'u bywydau, ar eu pen eu hunain, yn y ddias fawr, pe baen nhw ond yn cael cyfle. Mae'r cartref yn rhy gyfyng a'r dref fach yn rhy gul, ac mae ffrindiau yn ddi-ddal, ac fe gwyd yr awydd i ymryddhau o awdurdod y cyfyngder a chael bod yn feistri eu ffawd ac arglwyddi eu tynged – cael bod yn rhydd!

Tybed ai fel'na y teimlai Onesimus? Caethwas oedd hwn, ac er ei fod yn digwydd bod yn was i deulu digon da a charedig, caethwas oedd e, serch hynny! Nid oedd ganddo ryddid i fyw ei fywyd yn ôl ei ddymuniad ei hun. Philemon oedd ei berchennog, ac er fod Philemon yn ddyn da, yr oedd Onesimus yn eiddo iddo, yn llwyr a digwestiwn.

Yr oedd Philemon yn flaenor neu'n henuriad yn eglwys Colosae. Ac er fod ei fywyd yn ddigon cyffordus, ac er ei fod yn cael llawer ffafr, ac yn wir, yn byw i raddau fel un o'r teulu, mae rhywbeth yn codi ym mhen Onesimus un diwrnod, y carai dorri'n rhydd, a mynd i ffwrdd i geisio'i ffawd a'i ffortiwn. Ac ar foment pan mae'r teulu oddi cartref, mae e'n dwyn arian o ddrôr ei feistr, a'i ddefnyddio i dalu am ei deithiau pell a rhamantus. Fe ddaeth ar y teithiau hynny i Rufain, ac fel pob bachgen ifanc mewn dinas fawr gosmopolitan, fe gafodd amser da. Wel, i ddechrau beth bynnag. Ond fel rhyw fab afradlon arall, wedi iddo wario'r cyfan – pan aeth y waled yn wag – fe ddaeth ato'i hun. Fe ddaeth iddo ef, fel i'r mab afradlon, ac fel i lawer arall ohonom, awr wynebu'r gwir – awr gweld ein hunain fel ag yr ydym.

Gweddi

Homeless – Please Help. Darllenais y geiriau wrth fynd heibio. Do, es heibio a llais bach yn lleddfu cydwybod: nid dy gyfrifoldeb di mo hyn. Ond Arglwydd, gwnest ni'n gyfrifol am ein gilydd. Ac oes, mae gennyt gydymdeimlad â'r digartref. Yn ystod dy weinidogaeth gwrthodaist gamu dros yr amddifad a'r diymgeledd a'u hanwybyddu. Os gweli'n dda deffra ein cydwybod, goleua ein dychymyg. Atgoffa ni dy fod ti ym mhawb a phawb ynot ti. Os gwelwn un o'th blant, un o'n brodyr neu'n chwiorydd heddiw ar lawr, na ad inni gerdded heibio a gwadu ein cyfrifoldeb, rhag inni orfod holi ryw ddydd, Arglwydd, pryd y gwelsom di'n newynog neu'n sychedig, neu'n ddieithr neu'n noeth neu'n glaf neu yng ngharchar heb neb i weini arnat? Yn wir, rwy'n dweud wrthych, yn gymaint ag i chwi beidio â'i wneud i un o'r rhai lleiaf hyn, nis gwnaethoch i minnau chwaith. Amen.

Dydd Llun

> **Paul, carcharor Crist Iesu ... at Philemon, ein cyd-weithiwr annwyl.**

Fe welodd Onesimus nad oedd ganddo obaith am barhau i fyw yn Rhufain. Ni allai gael gwaith, oherwydd fod arno nod y caethwas a'i rif. Doedd dim amdani ond disgwyl a chilio rhag yr awdurdodau, hyd nes deuai'r awr y delid ef. Yna i'r arena ag ef, neu yn ôl i Golosae. Doedd ganddo unman i droi. Yng nghanol ei ofid a'i anobaith, fe gofiodd. Daeth un enw i'w feddwl, cyfaill i Philemon, un o arweinwyr mawr y Cristnogion, yn garcharor yn Rhufain – PAUL.

Dydd Mawrth

> **... apelio yr wyf atat ar ran fy mhlentyn Onesimus, un y deuthum yn dad iddo yn y carchar.**

Dychmygwch y sefyllfa: dyma'r bachgen ifanc swil ac euog yma yn eistedd yng nghwmni Paul, y gŵr aeddfed, cyfiawn, tyff hwnnw. Ac y mae Onesimus yn dechrau dweud ei hanes. Caethwas *on the run* yn dweud ei stori wrth garcharor! Doedd gan Paul ddim rhyddid na ffordd i wneud dim. Yn sicr nid oedd ganddo unrhyw ffordd i wneud fawr o ddim i ryddhau Onesimus. Yr oedd ei ddwylo wedi eu clymu gan y gyfundrefn. Roedd caethwasiaeth yn rhan o gyfundrefn economaidd a chymdeithasol Rhufain, ac ni allai Paul newid hynny, hyd yn oed pe dymunai. Cofiwch y byddai ef ei hunan mewn perygl pe cysgodai Onesimus.

Dydd Mercher

> **Yr wyf yn ei anfon yn ôl atat, ac yntau bellach yn rhan ohonof fi.**

Ni allai Paul, fel dyn, a Christion a gweinidog gyflwyno, Onesimus yn ddifeddwl i'r awdurdodau, a'r creulondeb hwnnw oedd ynghlwm wrth drefn y Rhufeiniaid. Gwrthododd Paul â cheryddu Onesimus, na'i ildio i'w ffawd a'i dynged. Yn hytrach mae'n siarad ag ef, siarad am ei ffrind a'i feistr, Iesu Grist. Fe welodd Onesimus beth oedd bod yn BERSON am y tro cyntaf. Fe welodd Paul a'r efengyl yn ei drafod nid fel caethwas anonest, nid fel lleidr, ond fel person. Bu ei ymateb i'r neges syml hon o gariad yn un sydyn a llawn. Gwelodd, credodd, plygodd, a derbyn Iesu yn waredwr enaid a bywyd.

Dydd Iau

> . . . er mwyn i ti ei dderbyn yn ôl am byth, nid fel caethwas mwyach ond fel un sy'n fwy na chaethwas, yn frawd annwyl – annwyl i mi, ond anwylach fyth i ti, fel dyn ac fel Cristion.

Fel cyd-ddigwyddiad i'r hanes hwn, fe ddaeth llythyr oddi wrth yr eglwys yn Colosae yn sôn am ryw drafferth ac yn gofyn am gyngor Paul ynglŷn â delio â'r mater. Ateb Paul yw'r llythyr bach yma at Philemon. Mae'n delio â'r broblem, ond y mae hefyd yn cymryd mantais ar y cyfle i ofyn i Philemon dderbyn Onesimus yn ôl i'w dŷ, ac i'r eglwys yn Colosae, fel gwas ac fel brawd yng Nghrist. Syniad cwbl newydd a hynod beryglus! Mae e hyd yn oed yn chwarae ar eiriau, yn gwneud *pun* ar enw Onesimus. Efallai y bydd hwn yn ddefnyddiol i ti, meddai wrth Philemon. Ystyr Onesimus yw *defnyddiol – useful –* er ei fod wedi bod yn greadur hollol *useless* yn y gorffennol.

Dydd Gwener

> Ie, frawd, mi fynnwn gael ffafr gennyt ti yn yr Arglwydd; llonna fy nghalon i yng Nghrist.

A dyna ni'n gweld yma wraidd y syniad beiddgar hwnnw a dorrodd hualau caethwasiaeth yn ddiweddarach. Yr hyn a wnaeth Paul oedd herio trefn haearnaidd cymdeithas yr hen fyd. Y deinameit yn y llythyr hwn yw fod Paul wedi gweld Onesimus fel brawd, fel person, ac wedi hawlio gan Philemon a'i deulu a'r eglwys yr un peth. Ac yr oedd hynny'n hawlio naid ryfeddol o ffydd ynghanol cymdeithas a ddibynnai ar gaethweision am barhad yr economi. Ond mae Paul wedi plannu'r had, ac mae'r eglwys yn ei ddyfrhau o hyd.

Dydd Sadwrn

Mae Paul yn ysgrifennu o leiaf un llythyr arall at yr eglwys yn Colosae, ac ynddo mae'n dweud y geiriau ffrwydrol hynny: **'Nid oes yma ragor rhwng Groegwr nac Iddew, dienwaediad nac enwaediad, barbariaid, Scythiaid, caeth, rhydd; ond Crist yw pob peth, a Christ sydd ym mhob peth'.** *(Colosiaid 3:11)* Personau yw pobl, ac ar yr egwyddor honno y mae gweinidogaeth Iesu wedi sefyll erioed. Ac mae unrhyw drefn sy'n difreinio'r person yn dod o dan gondemniad yr efengyl hon.

47: NEHEMEIA – DATHLU'R GAIR BYW

Dydd Sul
Nehemeia 8:1–18

Ymgasglodd yr holl bobl fel un *(8:1)*
Mae 'na fwy i grefydd na bod yn sicr o iachawdwriaeth bersonol. Ceisiwch ysgaru crefydd rhag ein hymwneud ag araill, ac nid crefydd fydd gennych mwyach, ond cysgod o grefydd. Crefydd wedi colli'r ddawn o garu a chydymdeimlo. Rhaid wrth berthynas ag eraill.

Serch hynny, byddwn ofalus o'r dorf. Rhaid bod yn ofalus o bobl yn heidio at ei gilydd. Mae'n hawdd bod yn un mewn torf. Hawdd yw mynd ar goll mewn torf. Trefnu'r dorf sy'n bwysig. I Esra nid digon oedd darllen y Gair o'i bulpud a mesmereiddio'r dorf. Rhaid oedd ei egluro a'i ddehongli **fel bod *pawb* yn deall y darlleniad.** Gwrthododd adael i'r Gair gael ei ddarllen *yng ngŵydd* pobl heb i'r Gair gael cyfle i siarad *â* phobl.

Bendithiodd Esra yr Arglwydd, y Duw mawr, ac atebodd yr holl bobl, "Amen, Amen", gan godi eu dwylo ac ymgrymu ac addoli'r Arglwydd â'u hwynebau tua'r ddaear. *(8:6)* Sylwch mai rhan hanfodol bwysig o addoliad, o'r cychwyn, oedd llais y gynulleidfa. Mae gwir angen i'r gynulleidfa gymryd mwy o ran yn ein hoedfaon. Nid digon yw canu pedwar emyn a rhoi rhywbeth yn y casgliad. Mewn perfformiad, pobl ydi'r gynulleidfa. Mewn addoliad, Duw yw'r gynulleidfa, a ninnau yw'r 'actorion' ar y llwyfan.

Yma cawn bobl Dduw yn ymateb i Dduw; ymateb unfrydol – **atebodd yr *holl* bobl.** Pobl yn uno i gydnabod Duw, i ddweud 'Ie' wrth arweiniad, gras a chariad Duw. Nid Amen llipa a chrynedig mohono, ond datganiad *addolgar* o ffydd hyderus a diolchgar.

Mae'r Gair yn dwysbigo eu heneidiau – **yr oedd pawb yn wylo wrth wrando ar eiriau'r gyfraith.** Wedi'r cyfan yr oeddent wedi esgeuluso cyfraith Duw am flynyddoedd. Yng ngoleuni'r Gair daethant wyneb yn wyneb â'u gwendidau personol a chenedlaethol. Er hynny, mae Nehemeia yn eu cymell i ymysgwyd yn rhydd o'u gofid a'u galar, oherwydd bwriad Duw i'w bobl oedd llawenydd. **Ewch, bwytewch ddanteithion ac yfwch win melys.** Nid rhywbeth hunanganolog mo'r llawenydd; **rhannwch â'r sawl sydd heb ddim.** Ofer calon edifeiriol heb law agored. *(Esther 9:22)*

O'r drydedd adnod ar ddeg ymlaen cawn sôn am ŵyl y pebyll. Buasai'n werthfawr cael cipolwg ar y darlleniadau canlynol:

Lefiticus 23:39–43
Numeri 29:12–40
Deuteronomium 16:13–15

Pum diwrnod ar ôl Dydd y Cymod – *Yom Kippur* – daw Gŵyl y Pebyll, neu *Sukkot.* Mae'r naws yn newid o edifeirwch dwys *Yom Kippur* i ddathlu llawen. Disgrifir yr ŵyl hon yn y litwrgi Iddewig fel tymor ein llawenydd. Mae'r ŵyl yn para am saith diwrnod ac yn gorffen gyda Dydd y Gymanfa, diweddglo'r dathlu. Diben deublyg yr ŵyl yw diolch am y cynhaeaf ac i gofio Duw yn arwain ei bobl o'r Aifft i Ganaan.

Nid oedd yr Israeliaid wedi gwneud hyn o amser Josua fab Nun hyd y dydd hwnnw; a bu gorfoledd mawr iawn. Ni olyga hyn fod yr Iddewon heb gadw'r ŵyl o gwbl *(Esra 3:4)*, ond yn hytrach nad oeddent wedi ei chadw gyda'r fath frwdfrydedd a llawenydd o'r blaen.

Gweddi

Ti, lefarwr ac Anfonwr y Bywiol Air, trown atat gyda diolch yn ein
calon am i ti ddweud yn glir wrthym amdanat dy hun. Rhoist i ni dy
feddwl a'th ewyllys yn y Gair, a hwn yw trysor ein ffydd:
> Mae'n agor ffenestri deall.
> Mae'n curo wrth ddrws ein calon.
> Mae'n gosod sylfaen i'n byw.
> Mae'n ein perswadio a'n hargyhoeddi.
> Mae'n ein ceryddu a'n barnu.
> Mae'n ein goleuo mewn tywyllwch.
> Mae'n ein nerthu mewn gwendid.
> Mae'n ein cysuro mewn tristwch.

Mae'n dweud yn fendigedig amdanat, ac am Iesu, a'i farwol glwy.
Cynorthwya ni i drysori'r Gair a'i roi ynghanol ein bywyd.

W. Rhys Nicholas

Dydd Llun

> **... y tu ôl i'r llifddorau**
> **Yn llercian yn y llaid a'r llacs;**
> **Rhwd ar eu hangor, baw ar eu bowiau,**
> **Eu byrddau heb baent a'u hwyliau yn rhacs.**
> *Gwenallt*

Dwi'n hoff o ddarlun Gwenallt o'r eglwysi fel llongau. Ac yn wir,
mae'r eglwysi'n wamal a phetrusgar, yn brin o ffresni a gwefr – aethom
yn sydêt iawn. Mae gwir angen mynd ati i lanhau'r angor a'r bow, i
roi cot o baint i'r byrddau a thrwsio'r hwyliau. Rhaid i'r eglwys fod
yn *seaworthy* eto. Rhaid, rhaid *mentro allan i'r afresymol fôr,* allan i'r
dyfroedd dyfnion, allan o'r harbwr i gefnfor gwyllt ein byd.

Dydd Mawrth

Y mae'r gorffennol ymhell oddi wrthym; y mae'n haws gweled ei ragoriaethau na'i ffaeleddau. *R.T. Jenkins*

Bellach, mae angen i'r eglwys gystadlu â holl ddeniadau'r byd am ddiddordeb pobl o bob oed. Os ydym am argyhoeddi pobl fod Duw yn eu caru mae angen inni gofio gwraig Lot. Cofio mai nid trwy ganolbwyntio ar yr hyn aeth o'i le, a'r hyn sydd o'i le, y mae darganfod y ffordd ymlaen. Tra'n bod ni fel yr eglwys yn cwyno a rhyfeddu pa mor ddiddylanwad mae'r Eglwys, tra'n bod ni'n trin a thrafod pam mae'r Eglwys mor ddiddylanwad, ni ddigwydd dim amgenach na cholli rhagor o dir, rhagor o ddylanwad.

Dydd Mercher

Lle na cheir gweledigaeth, bydd y bobl ar chwâl. *Llyfr y Diarhebion 29:18*

Yr unig wir weledigaeth sydd gan yr Eglwys heddiw yw goroesi. Mae her i'r Eglwys yng ngeiriau Iesu, **Y mae'r sawl sy'n caru ei fywyd yn ei golli**. Mae'r Eglwys yn dirywio wrth geisio byw yn ddiogel a chadw blodeuyn eiddil ei ffydd o fewn tŷ-gwydr. Tyfu mewn grym a dylanwad mae'r Eglwys ym mhob oes a chyfnod wrth fentro ac arbrofi. Daw bywyd newydd pan fo Eglwys yn rhoi'r gorau i geisio cadw'r ffydd ac yn bodloni cael ei chadw gan y ffydd. A dyna'r ffordd i dynnu sylw'r byd – bywyd. Y mae hyd yn oed baban yn dechrau deffro yn sylwi ar bethau'n symud.

Dydd Iau

> **N'ad im fodloni ar ryw rith**
> **O grefydd heb ei grym;**
> **Ond gwir adnabod Iesu Grist**
> **Yn fywyd annwyl im.**
> *David Morris, Rhif 291, Caneuon Ffydd*

Dechreuodd Anghydffurfiaeth mewn protest yn erbyn yr Eglwys Sefydledig. Awydd am ryddid ydoedd, rhyddid o'r *llaid a'r llacs*, rhyddid i fentro allan i'r *afresymol fôr*. Erbyn hyn mae 'protest' anghydffurfiaeth wedi dirywio yn ystum di-rym, heb wefr na chic ynddo. Mae angen i Anghydffurfiaeth anghydffurfio â hi ei hun, ac ailddarganfod *Rhin anturiaeth fawr y Groes*.

Dydd Gwener

> **Wele fi'n gosod carreg sylfaen yn Seion, maen a brofwyd,**
> **conglfaen safadwy; ni frysia'r sawl sy'n credu.** *Eseia 28:16*

Soniwn ni, meddai Tegla, am ddiwygiad Evan Roberts a'r Diwygiad Protestannaidd. Gair y Saeson yw *Welsh Revival* a *Protestant Reformation*. Y mae gwahaniaethau mawr rhwng *revival* a *reformation*. *Reformation* yn unig a gyferfydd â'n hangen heddiw.

Mae darlun gwahanol gan Tegla i hwnnw o eiddo Gwenallt, ond yr un yw'r her:

> Tŷ wedi ei ddolurio oedd yr Eglwys adeg Diwygiad '59 a 1904–5. Yr oedd yn gadarn ar ei sylfeini ond trwsio tipyn a gloywi tipyn arni. Heddiw y mae wedi ei hysgytio i'w sylfaen. Rhaid anwybyddu'r cyfundrefnau a mynd lawr i'r sylfaen.

Dydd Sadwrn

Wrth ystyried geiriau Tegla a Gwenallt, beth yw eich ymateb i her Mathew Henry?

Rhaid i'r rhai sy'n awyddus am adeiladu muriau'r eglwys, ystyried yn gyntaf adfeilion y muriau hynny. Y rhai a fy'n atgyweirio, yn gyntaf holent beth sydd o'i le? beth sydd eisiau ei ddiwygio? a pha beth wna'r tro fel y mae?

A thybed a ydych yn cytuno gyda Robert Jones? Wrth ddiwygio yr hyn sydd ddrwg, dylid gofalu na ddinistrir yr hyn sydd dda.

48: ADFENT

Dydd Sul
Mathew 25:1–13

Byddai'n dda i ni atgoffa'n gilydd o'r pethau sydd gan dymor arbennig yr Adfent i'w dweud wrthym.

Tri phwyslais sydd i Dymor yr Adfent:

Ein hatgoffa, yn gyntaf, fod
Iesu Grist wedi dod i'r byd.
Yn ail, fod
Iesu Grist yn para i ddod i mewn i fywydau pobl.
Yn olaf, y bydd
Iesu Grist yn dod yn ôl drachefn i alw popeth ato'i hun.

A chyda'r 'dod drachefn' yr wyf am aros yr wythnos hon. Dyma syniad amhoblogaidd eithriadol. Syniad dieithr iawn ac anodd iawn ei ddeall: syniad sydd yn llenwi llawer ohonom ag ofn ac arswyd.

Does dim rhaid iddi fod felly. Oherwydd mae'r syniad o Iesu'n dod yn ôl i dynnu popeth ato'i hun, ac i etifeddu ei deyrnas, yn syniad llawn gobaith. Mae'r broffwydoliaeth yn y Testament Newydd am Iesu'n dod drachefn yn cynnig llawer addewid cyfoethog, yn enwedig ynglŷn â'r math o fyd y bydd ef yn ei greu pan ddaw'n ôl.

Nodwn dri pheth yn unig, a'r tri pheth yn taro at ddyfnder ein hangen a'n hofn.

MAE'N ADDO BYD HEB BOEN

Mae bywyd pawb ohonom ar y ddaear hon yn gymysgfa o boen a gorfoledd. Mae siomedigaeth a rhwystredigaeth yn rhan o fywyd. Ar dro, mae'r boen yn dod o golli anwyliaid, neu o weld dioddefaint anwyliaid a chyfeillion. Dro arall mae'n dod yn syml o ofni'r dyfodol. Ar dro, mae pawb ohonom yn teimlo bod y boen sy yn y byd yn rhy drwm i'w chario. *Gormod ydyw'n beichiau trymion i'n hysgwyddau egwan ni.* A dyna lle mae neges yr Adfent yn dod i rym, gan ddwyn ei balm a'i gwellhad. Mae'n dweud wrthym ni, pan ddaw Iesu yn ôl, y bydd pethau'n wahanol. Bydd yn lleddfu'r boen ac yn egluro'r cam.

Mae Ioan yn ei Ddatguddiad yn rhoi darlun i ni o'r cyflwr hwnnw. Trowch at bennod 21, a'r pum adnod gyntaf. Wrth gerdded yr hyn a alwodd y Salmydd yn ddyffryn tywyll du, dyma addewid bendigedig am amser pan fydd y pethau cyntaf hyn – poen, dioddefaint, methiant a dagrau – wedi mynd heibio.

Gweddi

Cysurwch, cysurwch fy mhobl – dyna orchymyn eich Duw.
Llais un yn galw, 'Paratowch yn yr anialwch ffordd yr Arglwydd,
unionwch yn y diffeithwch briffordd i'n Duw ni.
Caiff pob pant ei godi, pob mynydd a bryn ei ostwng;
Gwneir y tir ysgythrog yn llyfn,
A'r tir anwastad yn wastadedd.
Datguddir gogoniant yr Arglwydd, a holl blant dynion ynghyd yn ei
weld.
Genau'r Arglwydd a lefarodd *(Eseia 40:1, 3–5)*

Marana tha: O Arglwydd, tyred. Amen.

Dydd Llun

> **MAE'N ADDO HEFYD FYD HEB FRWYDRO**
> **Clywch! Yr wyf yn mynegi dirgelwch i chwi; nid ydym i gyd i huno, ond yr ydym i gael ein newid, mewn eiliad, ar drawiad amrant, ar ganiad yr utgorn diwethaf.** *1 Corinthiaid 15:51*

Roedd lindys o'r enw Melyn. Breuddwydiai am gael bod yn löyn byw. Roedd yn amau a allai'r fath beth rhyfedd fyth ddigwydd iddo fe. Un dydd cyfarfu Melyn â lindys arall, ac fe gafodd hwn berswâd arni y gallai newid. Penderfynodd fentro – colli'r bywyd yr oedd hi'n ei 'nabod, gweu cocŵn amdani ei hun, gan wybod y byddai'n dod allan yn löyn byw. Arhosodd y ffrindiau, a gwobrwywyd eu hamynedd. O'r cocŵn daeth glöyn byw melyn, pert a'i adenydd yn agor i'r haul. Yr un Melyn yr oedden nhw wedi 'nabod erioed oedd e, ond un gwahanol, gwell, disgleiriach, ac yn hofran yng ngogoniant yr awyr las a etifeddodd.

Dydd Mawrth

> **O angau, ble mae dy fuddugoliaeth?** *1 Corinthiaid 15:55a*

Mae Paul yn ein hatgoffa, tra bod bywyd yn para, yr ydym ninnau mewn rhyw gyflwr fel lindys yn brwydro ac yn ochneidio am ryddhad. Mae hefyd yn ein hatgoffa ni, pan ddaw Iesu'n ôl, y byddwn yn cael ein trawsnewid. Cawn ninnau orfoleddu yng ngogoniant y cyflwr newydd a dderbyniwn. Ynddo ef, pan ddaw e'n ôl, byddwn yn rhydd, yn fendigedig o rydd.

Dydd Mercher

> **BYDDWN YN RHYDD O BECHOD**
> *Datguddiad 21:22–27*

Cawn ein temtio weithiau i feddwl fod y byd yn llawn o dywyllwch a
thrybini. Mae'n wir ein bod yn byw gan glywed am ryfeloedd a llanast
byd natur. Mae perygl i fywyd yn cynyddu. Mae ofn pobl yn mynd
yn fwy. Ond pan ddaw Dydd yr Arglwydd fe fydd y cwbwl yn newid.
Mae'r Oen sydd â'i oleuni yng nghanol y ddinas – Iesu ei hun – yn
addo bod y deyrnas yn eiddo i'r rhai sy'n rhydd o bob llygredd a
phechod a drygioni. Mae neges yr Adfent yn glir. Ni all purdeb Duw
a hagrwch pechod fyw ynghyd. Yn y Jerwslaem Newydd ni bydd
drygioni mwyach. Os dymunwn fyw yn y fath fyd, ac yn y fath le,
mae'n rhaid i ni frwydro nawr â'r pechod sydd yn ein bywyd. Fel y
dywedodd Awstin Sant, mae'r Dydd Olaf yn guddiedig er mwyn i
bob dydd gael ei wir ystyried.

Dydd Iau

> **Oni wyddoch mai teml Duw ydych?** *1 Corinthiaid 3:16*

Byddwn heddiw ac yfory yn aros gyda'r Deml. Y Deml yn Jerwsalem
oedd canolbwynt crefydd yr Iddew selog, ac fe deithiai'r bobl, a Iesu
a'i deulu yn eu plith, iddi'n fynych. Ni ellid prawf sicrach o
dröedigaeth Saul o Darsus na'r newid a ddaeth yn ei syniad am deml;
sylweddolodd mai pobl, nid meini gwerthfawr, yw deunydd y wir
deml. **Oni wyddoch**, meddai wrth y Corinthiaid, **mai teml Duw ydych?**

Dydd Gwener

> A theml ni welais ynddi, oherwydd ei theml hi yw'r Arglwydd Dduw, yr Hollalluog, a'r Oen. *Datguddiad 21:22*

Fe ellid meddwl mai disgrifio dinas anobeithiol o annuwiol y mae llyfr y Datguddiad wrth nodi'r ffaith, **a theml ni welais ynddi**. Ond sôn mae Ioan am y ddinas ddelfrydol – y Jerwsalem nefol. Nid teml i'w gweld oedd hon am mai yng nghalonnau ei thrigolion roedd y cynlluniau, ac yno y codwyd hi.

> *Boed fy nghalon iti'n demel*
> *Boed fy ysbryd iti'n nyth:*
> *Ac o fewn y drigfa yma*
> *Aros Iesu! Aros byth!*
> *Rhif 698, Caneuon Ffydd*

Y weddi honno a'n galluoga ninnau i weld **y ddinas Sanctaidd, Jerwsalem newydd, yn disgyn o'r nef oddi wrth Dduw.**

Dydd Sadwrn

> **Am fendithion yng Nghrist**

Enaid Crist, sancteiddia fi. Gorff Crist, achub fi. Waed Crist, meddwa fi. Ddwfr ystlys Crist, golch fi. Ddisgleirdeb wynepryd Crist, golcua fi. Ddioddefaint Crist, nertha fi. Chwys wyneb Crist, iachâ fi. O Iesu da, gwrando arnaf; oddi mewn i'th glwyfau, cuddia fi. Na ad i mi ymwahanu oddi wrthyt. Yn erbyn y gelyn cas, amddiffyn fi. Yn awr fy marwolaeth, galw fi, a gorchmynna imi ddyfod atat fel y caffwyf gyda'th saint a'th angylion, dy foli Di, yn oes oesoedd. Amen.

Yr ANIMA CHRISTI; yn gynnar yn y bedwaredd ganrif ar ddeg.

49: JOSEFF

Dydd Sul
Mathew 1:18–25; 2:13–15, 19–23

O Nasareth i Fethlehem . . .
Siwrnai go bell – tuag wyth deg o filltiroedd.
Rhy bell. Rhy bell o lawer i Mair a'i hamser bron â dod.
Ond doedd gennym ni mo'r dewis i beidio mynd.
Teithio tua chwech, weithiau saith milltir y dydd, chwilio ar derfyn
dydd am rywle i orffwyso.
Ie, siwrnai go ddiflas oedd honno . . .
a hyd yn oed wedi cyrraedd Bethlehem roedd pob lle'n llawn.
Mair a'r wyrth warthus a dyfodd trwy fisoedd hir o dreialon a gofid,
bron â'i llethu nawr . . .
Gorfod troi i ryw hen feudy budur di-wely
Yn llawn o ddrewdod baw y buarth.
Gosod Mair ar frys ar y gwellt
a'r byd yn nofio o'i chwmpas.
Anodd oedd credu mai mewn lle fel yma roedd Duw
am droi gwarth o ferch druan, yn wyrth o fam.
Ond yn y gornel ddrafftiog honno
Drwy chwys ac ymdrech,
wedi hir oriau o wewyr a chur –
a'i gwaed a'i dŵr yn y gwellt – gwthiodd Mair o'i chroth wyrth bychan.
Roedd y bychan hwn
ym mreichiau fy nyweddi
yn fwndel bach o ddirgelwch mawr.
Rhyfedd o anrhydedd
ac ymddiriedaeth a ddaeth i Mair a mi:
cael meithrin y Gair . . .
ei wylio'n tyfu a dysgu ar ein haelwyd
cael lapio'n cariad daearol ni yn dynn amdano
rhag ei niweidio gan neb.

Rhyfeddod o'r mwyaf oedd ein penodi ni
i'r un bychan . . . mawr hwn yn rhieni.
Yn gysgod dros y bychan hwn roedd adain y nef a'n
synnwyr cyffredin ni.
Ond doedd dim llonydd i fod i'r un bach.
Yn fuan, yn rhy fuan, daeth milwyr Rhufain i Fethlehem
yn strytio drwy'r strydoedd . . .
eryrod y Cesar yn erlid colomen nef.
Bu raid ffoi o Fethlehem i Rama,
O Rama i eithafoedd byd.
Tri chrwydryn tlawd, digartref,
fawr neb o'n plaid.
Yn ein dilyn trwy oriau'r dydd . . .
Yn ein herlid trwy oriau'r nos
Herod y cadno yn hela . . .

Hyd heddiw anodd deall pam y bu raid i Iesu
ddioddef dan draed rhai fel ni.
Ond wyddoch chi . . .
nid y stori am ei eni ym Methlehem . . .
côr angylion . . .
bugeiliaid a doethion
yw'r wyrth mewn gwirionedd –
Dyma'r wir wyrth, am wn i,
iddo ddod o gwbwl
i ganol pobl fel ni.

Gweddi

Pan ddaeth Duw Tragwyddoldeb i'n byd,
o'i fodd y daeth
gan droi gwarth o ferch yn wyrth o fam.
Pan aeth Duw Tragwyddoldeb i waith,
o'i fodd yr aeth
gan drin cŷn ac ebill wrth ei fainc.
Pan aeth Duw Tragwyddoldeb o'i fainc at ei bobl,

o'i fodd yr aeth
â chariad a bywyd yn rhodd.
Pan aeth Duw Tragwyddoldeb i orchfygu'r byd,
o'i fodd yr aeth.
I achub yr hil oedd ond weithiau'n ddynol
cymerodd ei le yng nghrog ar groes.
Pan aeth Duw Tragwyddoldeb i'r bedd,
o'i fodd yr aeth
a dychwelyd ymhen tridiau
yn angau i'n hangau ni.

Dydd Llun

> **Gwyrth o fam ai gwarth o ferch?**
> *Arwyn Evans*

Mair yn feichiog? Ond sut? Pwy? Holl freuddwydion a chynlluniau
Joseff fel llestri'n deilchion ar lawr. Daeth dryswch a chwerwedd i
oeri annedd ei gariad. Pentre' bach. Siom dau deulu. Pobl yn siarad.
Mair yn sôn am angel a phobl yn chwerthin ymhlith ei gilydd. Mae
gan angel Mair enw – Joseff! Un digrifwr mewn siop yn holi pryd
oedd Joseff yn mynd i ddechrau gwaith ar y crud? Rhaid gwneud
rhywbeth. Ond gwneud beth? Nid oedd modd i'r briodas fynd rhagddi.
Rhaid oedd torri'r dyweddïad, ond gwneud hynny mor dawel â phosib,
i arbed rhagor o loes i Mair.

Dydd Mawrth

> **Ond wedi iddo gynllunio felly, dyma angel yr Arglwydd yn
> ymddangos iddo mewn breuddwyd ...** *Mathew 1:20*

Mewn breuddwyd y noson honno, gosododd Duw drefn ar anhrefn
meddwl Joseff. Gwyrth o fam oedd Mair, nid gwarth o ferch. Y noson
honno, sylweddolodd Joseff mor rhyfedd o ryfedd yw ffyrdd Duw –
ffyrdd mor rhyfedd nad oedd modd eu dirnad heb ymddrysu.

Chwalodd Duw bob mowld oedd gan Joseff ar ei gyfer, cafodd sgegfa
i'w holl gredoau a'i fformiwlâu. O'r noson honno 'mlaen rhannodd â
Mair fisoedd o dreialon; rhannodd â'i gymar holl oblygiadau gwarthus
gwyrth Duw.

Dydd Mercher

> **A cheidwad y byd yn ffoadur bach**
> **ar ei ffordd i'r Aifft.**
> *Gwynn ap Gwilym*

Wedi ymadawiad y Sêr-ddewiniaid, cafodd Joseff freuddwyd arall.
Roedd bywyd y bychan yn y fantol. Lloriwyd Joseff. Pwy fuasai'n
meddwl brifo rhywbeth mor fychan? Y mymryn bach, eiddil hwn –
mor ddiamddiffyn – yn gorwedd yn fwndel aflonydd, heb fedru
gwneud dim na dweud yr un gair. Bach ydi baban, ond bach hefyd
ydi gwreichionen. Roedd Herod am ddiffodd y tân cyn iddo gydio.
Roedd Herod yn arswydo rhag gweld ei deyrnas yn ulw. Rhaid i Joseff,
Mair a Iesu ffoi. Ffoi rhag y strydoedd gwaedlyd, ffoi rhag galar ac
ochain.

Dydd Iau

> **Chwiliwch y byd, drwyddo i gyd**
> **Does unman yn debyg i gartref.**
> *Richard Davies*

Cafodd Joseff freuddwyd arall eto. Bu farw'r Herod. Gellid dychwelyd
adre' yn ôl i'w cynefin, yn ôl i blith teulu a chydnabod, yn ôl i
ddedwyddwch a diogelwch. Roedd Archelaus, un o feibion Herod,
yn teyrnasu dros Jiwdea. Roedd hwn yn frenin creulon, didostur, a
phŵer yn gyffur iddo. Bu cychwyn gwaedlyd i'w deyrnasiad: lladdodd
dair mil o bobl fwyaf dylanwadol ei deyrnas er mwyn selio ei
awdurdod. Roedd 'na berygl mawr o hyd.

225

Dydd Gwener

> **Gelwir ef yn Nasaread.**
> Mathew 2:23

Cafodd Joseff freuddwyd arall eto. Rhaid newid cyfeiriad, nid Jiwdea ond Galilea. Ymsefydlodd y teulu felly yn Nasareth. Eisteddai Nasareth ymhlith bryniau de Galilea, ger croesffordd fasnachol bwysig. Felly, nid lle hen-ffasiwn oedd y lle hwn o bell ffordd. Yng nghyffiniau Nasareth y deuai Iesu o ddydd i ddydd i gyswllt â phob math o bobl, o bob math o gefndir a thraddodiad, yn mynd a dod yn barhaus. Yn Nasareth hefyd roedd gariswn o filwyr Rhufeinig, a dyna efallai pam fod Nathaniel yn holi mor ddirmygus, **A all dim da ddod o Nasareth?** *(Ioan 1:46.)*

Dydd Sadwrn

Yn sgil profiad Joseff ystyriwch oblygiadau'r dyfyniadau isod:

"Shattered dreams are a hallmark of our mortal life."
Martin Luther King

"Mae cysgod Herod yn ddychryn
Ar draws holl hanes dyn.*" Gwyn Thomas*

"Ffarwél, Ioseff o Nasareth, a'th sêl dros dy gariad yn glwy,
fe'th lyncir gan yr ymgnawdoliad heb sôn amdanat mwy.*"
Rhydwen Williams*

  Dyma rai o freuddwydwyr y Beibl:
  Genesis 20:3 (Abimelech)
  Genesis 31:11 (Jacob) a 31:24 (Laban)
  Genesis 37:5 (Joseff)
  Genesis 40–41 (Pharo a'i weision)
  1 Brenhinoedd 3:5 (Solomon)
  Daniel 2:4 (Nebuchadnesar)
  Mathew 2:12 (Sêr-ddewiniaid)
  Mathew 27:19 (Gwraig Pilat)

50: TU HWNT I'R BEIBL?

Dydd Sul
Ioan 16:1–15

Llyfr yw'r dodrefnyn pwysicaf mewn Tŷ Cwrdd anghydffurfiol. Mae'r pulpud yn flaenllaw, nid oherwydd y person sy'n sefyll ynddo, ond oherwydd y llyfr a roddir arno. Mae pob peth a wneir yn y Tŷ Cwrdd yn seiliedig ar y Beibl. Bob Sul cawn gyfle i glywed y Gair yn cael ei ddarllen. Unwn i ganu emynau sy'n llawn o gyfeiriadaeth a syniadaeth Feiblaidd. Cawn bregeth ar destun o'r Beibl. Cawn ein hannog yn rheolaidd i droi at y Beibl am arweiniad yn ein bywyd beunyddiol. Yn yr Ysgol Sul, yn yr Astudiaeth Feiblaidd cawn gyfle i ddarllen a thrafod rhyngom a'n gilydd, a rhyngom a Duw, y geiriau sy'n datguddio'r Gair. A phwy ohonom nad yw'n cofio dysgu adnodau i'w hadrodd? Fe'u cofiwn o hyd, a daw cysur i ni pan frigant i flaen y cof. Y Beibl yw calon ein haddoliad.

Mae llawer ohonom yn ymwybodol o'r marc cwestiwn mawr sydd yn hongian uwchben yr hen lyfr hwn. Sut y gall llyfr, neu'n agosach at y gwir, gyfrol o lyfrau a ysgrifennwyd mewn cyfnod yn estyn yn fras iawn o tua mil o flynyddoedd cyn Crist i ryw gant o flynyddoedd ar ôl Crist, gynnig yr holl atebion i holl drafferthion a helyntion bywyd ar ddechrau'r unfed ganrif ar hugain? Yn blwmp ac yn blaen, ydi'r Beibl mewn gwirionedd yn berthnasol i fywyd heddiw?

Roedd Jona a Jeremeia, Eseia ac Eseciel, Mathew, Marc, Luc a Ioan; Paul a Phedr a Iago i gyd yn byw mewn cyfnodau hollol wahanol i'n cyfnod ni o ran byd a meddylfryn. Beth a wyddant, gyda phob parch, am arfau niwcliar, globaleiddio, AIDS, cnydau wedi eu haddasu'n enetig? Os mai dyma Air Duw onid oes raid bod ganddo rywbeth i'w ddweud am y pethau hyn a rhagor?

Y cam cyntaf wrth fynd i'r afael â chwestiynau fel hyn yw bod yn hollol glir ynglŷn â'n dealltwriaeth ni o awdurdod y Beibl. Mae awdurdod y Beibl yn gorwedd yn yr hyn sydd ganddo i'w ddweud amdanom ni fel pobl. Y berthynas rhwng Duw a phobl, rhwng pobl a Duw, rhwng pobl a'i gilydd fel unigolion ac, yn amgenach, fel cymdeithas yw thema a thestun y Beibl. Dyw'r pethau hyn yn newid dim dros y canrifoedd. Fe ellir dadlau, gan ein bod ni'n hollol argyhoeddedig mai Crist yw'r Arglwydd, nad oes datguddiad gwell nac uwch o gariad anfesurol Duw na'r hyn a gawn yng Nghrist. Felly, does dim angen inni edrych ymhellach na'r Beibl am unrhyw wybodaeth ychwanegol am ein perthynas â Duw ac â'n gilydd. Mae'r cyfan i gyd yma, rhwng dau glawr y Beibl.

Gwaetha'r modd, nid yw dadl felly yn llwyr ddatrys y broblem o sut rydyn ni'n cysylltu'r hyn sydd gan y Beibl i'w ddweud am ein hamgylchiadau cyfnewidiol ni fel unigolion ac fel cymdeithas, gyda phroblemau a chwestiynau penodol troad yr unfed ganrif ar hugain. Ni fferrwyd bywyd dynol ym mowldiau'r Dwyrain Canol yng nghyfnod y Beibl. Mewn ystyr real iawn, mae'n rhaid inni fynd y tu hwnt i'r Beibl. Rhaid derbyn terfynau y Beibl yn union fel inni dderbyn terfynu bywyd daearol Iesu ein Harglwydd.

Yn hytrach na gweddi heddiw, dyma'r Beibl mewn 72 o eiriau:

Duw yn creu, Efa'n cynnig, Adda'n bwyta, Noa'n hwylio, Abraham yn crwydro, Jacob yn ymgodymu, Joseff yn dehongli, y berth yn llosgi, Moses yn gwrando, Pharo'n caledu, pobl yn cerdded, dyfroedd yn gwahanu, Duw yn ysgrifennu, Canaan yn cwympo, Saul yn methu, Dafydd yn sbecian, Proffwydi'n rhybuddio, gair yn gnawd, casineb yn croeshoelio, gobaith yn gwywo, Iesu'n fyw, yr Ysbryd yn fflamio, y gair yn lledu, eglwys yn tystiolaethu, Duw yn bendithio.

Dydd Llun

Y mae dy air yn llusern i'm troed, ac yn oleuni i'm llwybr.
Salm 119:105

Cynigir amryw o ffyrdd o ddod â'r datguddiad *up to date* fel petai. Yn gyntaf, mae'r eglwys Babyddol yn dweud fod Duw wedi rhoi i'w bobl draddodiad yr Eglwys – llais yr Eglwys ym mhob cyfnod a chenhedlaeth yn llefaru trwy'r hierarchi, ac yn arbennig drwy'r Pab. Mae awdurdod traddodiad yn gydradd ag awdurdod yr Ysgrythurau

Sanctaidd. Felly, er nad oes gan y Beibl nemor ddim i'w ddweud yn uniongyrchol am atal cenhedlu, gwrywgydiaeth ac ewthanesia, fe all y Pab, pan fo'n siarad '*ex cathedra*', gynnig dysgeidiaeth hollol anffaeledig ar unrhyw bwnc.

Dydd Mawrth

> **Gair ein Duw ni a saif byth.**

Ffordd arall, hollol wahanol o fentro tu hwnt i'r Beibl yw ffordd y Mormoniaid a Thystion Jehofa. Cynnig datguddiad ychwanegol maen nhw, a hwnnw fel arfer yn seiliedig ar brofiad unigolyn. Y prawf wrth gwrs o'r dull yma o fynd tu hwnt i'r Beibl yw darllen y llyfrau yma a holi a oes unrhyw beth o werth wedi cael ei ychwanegu at y goleuni mae'r Eglwys wedi ei ddarganfod ar hyd yr oesoedd yn y Beibl. Yn fynych, yr hyn a gawn yw dryswch a thywyllwch peryglus yn hytrach na goleuni a disgleirdeb newydd.

Dydd Mercher

> **Y mae gennyf lawer eto i'w ddweud wrthych, ond ni allwch ddal y baich ar hyn o bryd.** *Ioan 16:12*

Mae gosodiad syml y geiriau uchod yn chwalu'n deilchion y syniad fod y cyfan sydd i'w ddweud am Dduw yn y Beibl. Yma cawn yr hawl i fynd y tu hwnt i'r Beibl. Nid yw Iesu'n cynnig i'w bobl y cyfan o'i ddysgeidiaeth a'i ddoethineb ar unwaith – buasai'n ormod i'n meddyliau bach ni. Amhosibl yw i ninnau wybod y cyfan sydd i'w wybod amdano. Hyd yn oed ar ôl oes o'i ganlyn, hyd yn oed ar ôl dwy fil o flynyddoedd o'i bresenoldeb atgyfodedig, ni wyddom ddim ond yr hyn sydd ei angen i'n hachub ni, dim byd mwy. Mae Crist wastad yn codi'n uwch a thu hwnt i'r gorau o'i bobl, y ddysgeidiaeth fwyaf goleuedig, a gwasanaeth ffyddlona' ei eglwys.

Dydd Iau

> **Ond pan ddaw ef, Ysbryd y Gwirionedd, fe'ch arwain chwi yn yr holl wirionedd.** *Ioan 16:13*

Ond pan ddaw Ysbryd y Gwirionedd. Yn union fel mae Iesu'n dangos inni'r Tad, mae'r Ysbryd yn araf ddatguddio inni feddwl Crist. Felly, nid hierarchiaeth anffaeledig, na datguddiad ychwanegol sydd angen ond arweiniad a chymorth y Crist fythol-gyfoes. **Fe'ch arwain chwi yn yr holl wirionedd.** Fe all hyn fod yn broses ara' iawn. I ddefnyddio un enghraifft, does dim byd yn y Beibl i gondemnio'n bendant gaethwasiaeth, ond yn y Beibl, o Genesis hyd y Datguddiad, mae dealltwriaeth o natur ac urddas dyn yn hollol groes i'r syniad gwaelodol o gaethwasiaeth. Dim ond yn y ddeunawfed ganrif y bu datblygiad sydyn, deinamig o'r hyn a awgrymir yn y Beibl drwyddo draw.

Dydd Gwener

> **Gair ein Duw sy'n byw a bod. Sŵn y dyrfa sy'n darfod.**
> *Idwal Lloyd*

Y Beibl yw ein hangor. Prawf ein holl benderfyniadau moesol yw a ydynt yn ddatblygiad deinamig a gonest o'r datguddiad Ysgrythurol. Yr hyn sy'n bwysig inni gadw mewn cof, wrth ymgodymu â chwestiynau nad oes gan y Beibl unrhyw atebion pendant iddynt, yw'r addewid fod yr Ysbryd, yr union Ysbryd a ysbrydolodd y llyfrau hyn i gyd, yn aros am gyfle i ddangos y ffordd inni. A ydym yn hapus gyda'r darn bach o wirionedd sydd gennym? A ydym yn hapus gyda'r ddealltwriaeth fratiog o Grist sydd gennym a chyda chyflwr presennol yr Eglwys? Neu a ydym yn barod ac yn fodlon mentro ar yr anturiaeth fawr ac agor bywyd led y pen i'r Ysbryd sydd yn ysu am gael ein harwain i'r holl wirionedd.

Dydd Sadwrn

> **Y mae pob Ysgrythur wedi ei hysbrydoli gan Dduw.**
> *2 Timotheus 3:16b*

Ai anffaeledig felly yw'r Beibl? Wrth ddadlau felly, a thrin a thrafod y Beibl fel pe bai ei gynnwys uwchlaw beirniadaeth ac ailddehongliad, gwnawn gam nid bychan â'r Gair, sef ei ffosileiddio. Mae cynnwys y Beibl yn adlewyrchu mympwyon, agenda a dirnadaeth y gwahanol awduron. Cawn rai elfennau ohono yn anodd eu deall a'u credu. Ffolineb o'r mwyaf yw gwrthod **holl** gynnwys y Beibl oherwydd fod darnau ohono yn anodd dygymod â hwy. Ffolineb hefyd yw derbyn **holl** gynnwys y Beibl gan wrthod derbyn bod yna broblemau yn ymhlyg yn hynny; yng ngeiriau Donald Soper, mae'r Beibl yn was bendigedig ond yn feistr annioddefol. Mae sêl dros anffaeledigrwydd y Beibl yn frawd i'r gred mai hollol amherthnasol yw'r Beibl. Mae un fel y llall yn honni nad oes na dirgelwch nac amhendantrwydd am air Duw; dim ond du a gwyn. Llawer mwy anturus, ac felly mwy **peryglus** i ni a'n ffydd, yw gorfod cloddio am y Gair ymhlith y geiriau; y Gair sydd weithiau'n llercian o dan blisgyn yr ystyr lythrennol.

51: MAIR

Dydd Sul

1 Samuel 2:1–10
Eseia 9:2–7

Does gen i fawr o gof am Fethlehem.
Rhyw ddwy neu dair oeddwn ni pan ddaethom i Nasareth i fyw fel teulu.
Ydych chi 'di bod yn Nasareth erioed?
Hen le prysur, anniben braidd.

Mae gen i frodyr a chwiorydd – Jonathan a Daniel fy mrodyr hŷn,
Rebecca, a Miriam fy chwaer fach.
Heli yw enw fy nhad –
Dw i'n cofio, fin nos, eistedd ar ei lin a chael dysgu'r llinach i mi.
Mab Eli . . .
 Mab Mathat . . .
  Mab Lefi . . .
Enwau fel cerrig llamu yn croesi afon amser . . .
Yn ein dysgu pwy ydyn ni ac o ble y daethom.
'Cofia, Mair fach, cofia enwau dy gyndeidiau – dysg nhw i dy blant.
O'n teulu ni, Teulu Dafydd, y daw'r Meseia.'

Do, fe ddysgais y llinach ar fy nghof, finnau fel Jonathan,
Daniel, Rebecca a Miriam hefyd, bellach. A wyddoch chi beth? Roedd
Adda, Enoch, Abraham a Dafydd fel cyfeillion – yn fyw – pobl go
iawn – rhan o'n siarad bob dydd ni. Nid cymeriadau ar goll mewn
amser oedden nhw. Chi'n deall?

Hen le swnllyd a phrysur yw Nasareth ar brydiau. Weithiau
wedi cael llond bol ar y sŵn, byddem yn rhedeg i'r mynydd – Miriam
gyda mi – ni'n dwy yn chwarae Sara a Hagar, Lea a Rachel, Sifra a
Pua, Naomi a Ruth, a Dafydd a Goliath wrth gwrs! Do, buom ein dwy
yn hel breuddwydion.

Roedd pethau'n ddigon hapus ar y cyfan ond ddim yn fêl i
gyd. Dw i'n cofio gorwedd ar ddihun yn gwrando ar Mam a Dad yn
siarad. O'r sgyrsiau tawel hyn fe ddois i ddeall 'chydig – gymaint
mae plentyn saith mlwydd oed yn gallu deall – o'r hyn oedd yn digwydd
o'm cwmpas. Landlordiaid cyfoethog, barus yn taflu pobl o'u cartrefi
am y rheswm lleia'; offeiriaid a swnian a mwmial eu gweddïau yn
cuddio rhagrith a thwyll crefydd fach bigog; ac, yn tanlinellu'r cyfan,
tramp, tramp, tramp byddin Rhufain ar hyd a lled ein gwlad.

Fe aeth fy mhlentyndod heibio – yn sydyn, rhy sydyn. Yn
ddeuddeg – digon hen i briodi bellach. Trefnwyd i mi briodi Joseff.
Fe ddois i lawr o fryniau fy mhlentyndod i ddyffryn aeddfedrwydd,
priodas, magu teulu. Breuddwydion ffôl yn llithro'n dawel i ffwrdd
fel gwlith y bore.

Ac yna, yn ddiseremoni . . .
Daeth cymhlethdod ac annibendod . . .
Fe wyddoch yr hanes . . .
Daeth angel . . . mae'n hen, hen stori . . .
Ynof plannwyd hedyn Duw.
Mor ddrud oedd yr anrhydedd . . .
Tair ar ddeg oeddwn i,
Yn feichiog cyn priodi,
O'r fath gywilydd – i mi, i Joseff, i'r ddau deulu . . .
Pobl yn siarad, sibrwd.
Ond wedyn . . . pwy f'asai'n credu, un bach heb gyfathrach?
Fasech chi?
Na nid hawdd oedd dweud ie wrth Dduw.
Wyddoch chi beth? Er ei fod yn waredwr byd, baban ydi baban –
crio, bloeddio. Peidiwch da chi â chredu fod y baban hwn yn rhy
sanctaidd i grio!
Wrth lapio siôl yn dynn amdano'r noson honno ym Mhethlehem, wrth
weld Joseff yn plygu drosto, gwenu a chanu cân . . .
Wrth ei fwydo, ei fysedd bach yn gwau drwy fy ngwallt, cyn llacio a
chysgu'n dawel. Y noson honno doedd dim modd inni'n dau weld
cysgod croes arw dros y preseb tlawd . . .

Gweddi

I'r cyfnod o weddi heddiw, bydd angen pum cannwyll arnoch.

**Wele ferch ifanc yn feichiog, a phan esgor ar fab, fe'i geilw'n
Immaniwel.**

Mae'r gannwyll gyntaf ynghyn i gofio awydd Duw,
heb arbed ei hun, i roi ateb i helynt dyn.

Mae'r ail gannwyll ynghyn i gofio'r proffwydi
a'u hiraeth am Immaniwel.

Mae'r drydedd gannwyll ynghyn i gofio mab yr anialwch,
llais un yn galw,

**Paratowch ffordd yr Arglwydd,
unionwch y llwybrau iddo.**

Mae'r bedwaredd gannwyll ynghyn i gofio Mair,
y Gair yn gnawd o'i chnawd.

Mae'r olaf ynghyn i groesawu Iesu,
goleuni yn ein düwch.
Hwn a ddaeth
heb arbed ei hun
yn ateb i holl helynt dyn.

**Er na fu ef erioed ar ffurf Duw, nid ystyriodd fod cydraddoldeb â
Duw yn beth i ddal gafael ynddo, ond fe'i gwacaodd ei hun, gan
gymryd ffurf caethwas a dyfod ar wedd dynion.**

Dydd Llun

> **Deffro'r gân yn fy nghalon innau, O Air Ymgnawdoledig.**

Rhaid i glod a mawl i Dduw fod yn rhan amlwg o'n haddoliad. Yn ei
ffurf fwyaf cywir, mae addoliad yn fynegiant o ddaioni Duw tuag at
ei bobl a'i greadigaeth. Ychwanegir dyfnder newydd i'n mawl pan
y'i cenir. Pan aned Iesu, cyhoeddwyd **Gogoniant i Dduw** gan ddyn
ac angel. Cydnabuwyd gogoniant a rhyfeddod Duw ar gân, oherwydd
mai'r gân yn unig allai fynegi dyfnder yr emosiwn a dwyster y mawl.
Efengyl y gân yw Efengyl Luc; cawn bedwar emyn yn ei ddwy bennod
gyntaf. Mae pob un o'r emynau hyn yn pefrio gan ryfeddod a chlod a
enynnwyd gan y llawenydd – gwyrth cariad Duw.

Dydd Mawrth

> **Emyn mawl Mair – Y MAGNIFICAT.** *Luc 1:46–55*

Yma plethir geiriau hyfryd a thanllyd i'w gilydd. Duw yn tynnu'r tir o dan draed y balch. Duw yn pylu sglein holl gyfoeth y byd. Duw yn cynnig urddas i'r tlawd, croeso i'r gwrthodedig, gwerth i'r diwerth, y lle canol i'r ymylol. Duw yn mynnu cydraddoldeb i'w holl bobl. Chwyldro yw hwn yn seiliedig ar gyfiawnder a chydraddoldeb a brawdgarwch. Chwyldro parhaol a bair i bawb o bobl Dduw orfod ymdrechu i gynorthwyo'r gwan a'r isel, y difreintiedig a'r dirmygedig.

Dydd Mercher

Y BENEDICTUS. *Luc 1:68–79*

Mawrygir enw Duw gan Sachareias am iddo rag-weld Duw yn ymweld â'i bobl a'u prynu i ryddid. Nid defaid heb fugail fyddent mwyach. Genir Meseia. Mab yr addewid. Wrth sylweddoli mai ei blentyn oedd i gerdded o flaen yr Arglwydd i baratoi ei lwybrau, daeth gwefr newydd i fywyd Sachareias – y wefr o weld gwireddu holl addewidion Duw. Does ryfedd iddo ebychu, **Bendigedig fyddo Arglwydd Dduw Israel**.

Dydd Iau

Cân yr Angylion – GLORIA IN EXCELSIS DEO. *Luc 2:13 a 14*

Dyma ffordd ymwared, fformiwla Duw am heddwch byd:
Gogoniant yn y goruchaf i Dduw, ac ar y ddaear tangnefedd ymhlith dynion sydd wrth ei fodd.

    Yn rhy aml, mynnwn y gogoniant i ni ein hunain, byw yn llwyr i ni'n hunain, syrthio dros ein pen a'n clustiau mewn cariad â ni'n hunain a gwneud ein hunain yn ganolbwynt pob peth a methu deall wedyn pam fod bendith a heddwch yn ein hosgoi! Os na fedrwn fyw gyda'n hunain sut mae disgwyl inni gyd-fyw ag eraill. Wrth i'r ddynoliaeth hawlio'r gogoniant, fe â heddwch yn fwy anghyraeddadwy. Ond os i Dduw y bo'r gogoniant, y Duw hwnnw sy'n mynnu rhoi ei hun yn llwyr er mwyn ei bobl; daw inni ryddhad rhag y gormes gwaethaf o bob gormes – gormes hunan.

Dydd Gwener

> **Cân Simeon – NUNC DIMITTIS.** *Luc 2:29–32*

Dyma ddyn yn dyheu am waredwr, ac yma cawn fynegiant o'r llawenydd o gael y dyhead wedi ei gyflawni – llawenydd enaid wedi ei foddhau. Gwelodd Simeon Waredwr yn y baban yn ei freichiau. Cafodd cannoedd o bobl y cyfle i weld Iesu yn cyflawni gwyrthiau a'i glywed yn pregethu, ac eto, yn gweld dim amgenach na dyn a chythraul ynddo. Ond Simeon, heb glywed yr un gair na gweld yr un wyrth – yn darganfod mawredd yn y distadl – Duw mewn baban. Yn ei freichiau roedd un bychan yn cicio'i goesau. Gafaelai ynddo fel mewn trysor oherwydd y baban hwn oedd ei reswm dros ei fodolaeth. Ymgollodd mewn addoliad: **Yn awr yr wyt yn gollwng dy was yn rhydd, O Arglwydd, oherwydd mae fy llygaid wedi gweld dy iachawdwriaeth.**

Dydd Sadwrn

Meddyliwch am eiriau Simeon wrth Mair,
Wele, gosodwyd hwn er cwymp a chyfodiad llawer yn Israel
I bwy heddiw mae Iesu yn achos cwymp?
A phwy a ddyrchefir ganddo?

. . . ac i fod yn arwydd a wrthwynebir . . .
Ai gwrthwynebiad i Grist neu golli diddordeb mewn crefydd sy'n cyfrif am enciliad pobl o'n capeli?

. . . a thithau, trywenir dy enaid di gan gleddyf; felly datguddir meddyliau calonnau llawer. Ystyriwch hyn yng nghyd-destun yr adnodau isod:

Luc 2:41–52
Luc 8:19–21
Ioan 19:25–27

52: AR ÔL Y NADOLIG

Dydd Sul
Luc 2:1-21

Beth ddigwyddodd i'r bugeiliaid ar ôl y Nadolig cyntaf?

Rydyn ni'n gwybod bron i sicrwydd beth ddigwyddodd i Mair a Joseff – pobl dda, gydwybodol, grefyddol. Rai blynyddoedd wedi geni Iesu bu farw Joseff, a bu Mair gyda Iesu bob cam o'r ffordd, o'r dechrau ym Methlehem i'r 'diwedd' ar Galfaria.

Rydyn ni'n gwybod beth ddigwyddodd i'r doethion. Pobl broffesiynol oedd y rhain. Trin a thrafod crefydd, athrawiaeth ac athroniaeth oedd eu bywyd. Aethant adre', yn ôl i blith eu tebyg a thrin a thrafod yn niogelwch y tyrrau ifori holl oblygiadau diwinyddol y geni ym Methlehem.

Ond beth ddigwyddodd i'r bugeiliaid? Wedi'r cyfan, o holl gymeriadau drama fawr Bethlehem, y rhain yw'r mwyaf lluosog. Ac mae hynny'n wir amdanynt bob amser, achos y rhain yw'r bobl gyffredin. Doedd ganddynt fawr o ddiddordeb mewn materion crefyddol; gweithwyr cyffredin oeddent. Dw i'n hoffi meddwl y byddai rhai o'r bugeiliaid cyffredin yma o Fethlehem wedi cael eu trawsnewid gan y noson honno wrth y preseb, ac wedi sefyll gan alaru, ddeng mlynedd ar hugain yn ddiweddarach, gyda'r gweddill ffyddlon ar Galfaria.

Ond dw i ddim yn credu hynny mewn gwirionedd. Meddyliwch am y peth; dw i bron yn siŵr fod y bugeiliaid yma, ar ôl holl gynnwrf y noson honno, wedi dychwelyd yn ôl yn ara' deg i'r un hen *routine* o drafod pris gwlân a'r *cup final* yn Nasareth. Dw i'n dweud hynny, achos, dyna beth sydd wedi ac sydd yn digwydd o flwyddyn i flwyddyn. Ar ôl holl gynnwrf y miri i gyd does dim yn newid.

Pam aros mor ddigyfnewid? Pam mae mor hawdd i anwybyddu y Duw a greodd y byd ac a'n creodd ni? Pam ein bod, fel y bugeiliaid hynny, yn mynd yn ôl i'r un hen bethau?

Mae'r ateb yn syml. Beth sydd fwy diamddiffyn na baban newydd ei eni? Beth sydd fwy diamddiffyn na dyn yn hongian ar hoelion yn araf farw? Dyma sut mae Duw yn dod atom – yn ddiamddiffyn. Mae o'n siarad gyda ni mewn bloedd baban newydd ei eni a sgrech dyn yn marw. Pam gwneud pethau mor anodd iddo'i hun? Oherwydd ei fod yn gwrthod gwthio'i hun arnom, fe fyn wneud rhyddid ein hewyllys yn real. Rhodd Duw inni yw'r rhyddid i ddewis, dewis cymryd sylw, neu ddewis peidio.

Ddydd ar ôl dydd, yn y bobl a'r byd o'n cwmpas, cawn arwyddion bach o'i bresenoldeb. Ddydd ar ôl dydd, o funud i funud mae Duw yn deisyf arnom i gymryd sylw a chydnabod ei bresenoldeb. Tybed beth ddaw ohonom ar ôl y Nadolig? Tynnu'r goeden, y tinsel a'r addurniadau, gorffen gweddill y twrci ac un 'Dolig arall drosodd. Diolch byth am hynny!

Neu 'leni, a fyddwn yn gadael i arwyddocâd yr Ŵyl gydio ynom, yn galon ac yn enaid.
Maddeuwch y gymhariaeth . . .
Ai *one night stand* fydd y Nadolig?
Neu ddechrau gwir ymrwymiad?
Beth ddaw ohonom ar ôl y Nadolig?

Gweddi

Cydnabyddwn dy Arglwyddiaeth dros ein bywyd
Ar bob lefel ac ym mhob cylch.
Fab Mair – boed dy fendith ar ein cartrefi.
Fab Dafydd – trugarha wrth ein gwareiddiad.
Fab Duw – dyro i ni fywyd tragwyddol.
Iesu fab Joseff – boed dy fendith ar ein gwaith beunyddiol.
Iesu byw – bywha dy Eglwys.
Iesu Waredwr – gwared ni rhag ein hunain.
Iesu ein Harglwydd, deled dy deyrnas ynom a thrwom ac er ein gwaethaf.
Amen.

Dydd Llun

Beth yw gwirionedd? *Ioan 18:38*

'The Blank Generation'. . . glywsoch chi erioed am y *Blank Generation*? Na finnau hyd nes i mi ddarllen erthygl 'chydig wythnosau'n ôl gan Ruth Mettens, darlithwraig ddiwinyddol ym Mhrifysgol Llundain: *This article arose out of the assertion of my 17-year-old son that he and his peers belonged to the Blank generation. The Blank generation, my son explained, could be characterised by a lack of passion: the 'don't care' brigade – concerned about nothing so much as appearing cool, unflustered, unmoved by fear or desire. Passion is out, the knowing smirk is in.*

Dydd Mawrth

Dywedodd Iesu, Myfi yw'r ffordd a'r gwirionedd a'r bywyd.
Ioan 14:6

Nid pobl ifanc yn unig sydd yn perthyn i'r *Blank Generation*. Mae pawb ohonom yn teimlo ein bod ni o ddydd i ddydd yn chwysu a lladd ein hunain ddim ond i gadw yn ein hunfan. Tebyg ydym i'r bachgen bach hwnnw yn mynd ag enfawr o gi St Bernards am dro ar y tennyn. Lle wyt ti'n mynd? Dw i ddim yn gwybod, mae'n dibynnu ar y ci! Bywyd yn ein rheoli yn hytrach na ni'n rheoli ein bywyd. Cawn ein tynnu yma ac acw gan bethau y tu hwnt i'n rheolaeth. Oes, mae lot fawr o bobl, o bob oed, yn perthyn i'r *don't care brigade* yn teimlo fod bywyd yn ei hanfod yn ddigyfeiriad, yn ddim amgenach na chael ein geni, tyfu, bwyta, yfed, cysgu, heneiddio a marw, a'r cyfan yn golygu fawr o ddim.

Dydd Mercher

> **... yn llawn gras a gwirionedd, gwelsom ei ogoniant ef.** *Ioan 1:14*

Dw i werth dim yn gwneud jig-so. Dw i'n dechrau'n dda, yn cael darn o'r llun yn iawn ac yna'n syrffedu; dw i byth yn gorffen y peth a gweld y llun mawr yn ei grynswth. Dyna fel mae'r rhan fwyaf ohonom yn delio â bywyd – yn casglu rhai darnau ynghyd a'u cysylltu un wrth y llall, ond gan adael gweddill y darnau mewn anhrefn hollol. Dyna'r cyfan fedrwn ni wneud. Ond, gawn ni gofio i rai eraill fethu ffitio'r un darn, am ba reswm bynnag, a hynny'n magu'r argyhoeddiad nad oes diben i'w tipyn byw, fod bywyd yn ei hanfod yn ddigyfeiriad.

Dydd Iau

> **Er mwyn hyn yr wyf fi wedi cael fy ngeni, ac er mwyn hyn y deuthum i'r byd, i dystiolaethu i'r gwirionedd.** *Ioan 18:37*

Beth yn y byd sydd a wnelo jig-sos â 'Dolig? Popeth! Mae'r Nadolig wedi ei amgylchynu gan gant a mil o wahanol bethau. Ond wedi hepgor y pethau hyn i gyd rydan ni'n dod yn ôl at wir ystyr yr Ŵyl – geni Iesu Grist. Pam y ganed Iesu? Mae e'n ateb y cwestiwn yna drosto'i hun yn y geiriau uchod. Ddwy fil o flynyddoedd yn ôl, ym Methlehem Jiwdea, ganed un a roes synnwyr ac ystyr i fywyd, un a ddywedodd y gwir, y gwir i gyd a dim byd ond y gwir am fywyd. Dyna pam rydyn ni'n dathlu; ganed Gwaredwr. Ynddo a thrwyddo daw diben a phwrpas i fywyd. Daw ystyr a threfn i'm bywyd i a'ch bywyd chi.

Dydd Gwener

> **Cewch wybod y gwirionedd, a bydd y gwirionedd yn eich rhyddhau.** *Ioan 8:32*

Wrth iddo wynebu Peilat, edrychodd Iesu yn ôl dros ei fywyd. Edrychodd yn ôl i Fethlehem, Nasareth, Capernaum, Cesarea Phillipi, amseroedd da a drwg, hindda a drycin. Edrychodd yn ôl gan wybod y bwriadwyd iddo drigo yn ein plith yn gnawd ein cnawd er mwyn amlygu'r gwirionedd, nid y gwir am hyn a'r llall ond **Y GWIRIONEDD** – y gwirionedd terfynol, pur a pherffaith. Dyma galon yr Ŵyl. Heb agor ein bywyd led y pen i groesawu'r Gwirionedd hwn nid yw'r Ŵyl yn ddim amgen na thinsel ac anrhegion – esgus i droi clust fyddar i'r llais sy'n codi o wraidd ein bod ac yn holi am ystyr a phwrpas i'n tipyn byw.

Dydd Sadwrn

Gydag Abraham a Sara – heb wybod i ble y bydden nhw'n mynd.
Gyda Moses ac Aaron – heb wybod be y bydden nhw'n ei ddweud.
Gyda Ruth a Naomi – heb wybod be' y bydden nhw'n ei wneud.
Dibynnwn ar dy ras a'th arweiniad O Dduw.

Fel pobl, sydd wedi teithio ond sydd heb orffen y daith;
Fel pobl, sydd wedi credu ond sydd â rhagor i'w ddarganfod;
Fel pobl, sydd yn un yng Nghrist ond sydd yn chwilio am
undeb amgenach,
Dibynnwn ar dy ras a'th arweiniad O Dduw.

Wrth gofio'r hyn a fuom,
Wrth ystyried yr hyn ydym,
Wrth ddyheu am yr hyn a fyddwn,
Dibynnwn ar dy ras a'th arweiniad O Dduw.

Mewn gonestrwydd,
Mewn gostyngeiddrwydd,
Mewn gobaith,
Dibynnwn ar dy ras a'th arweiniad O Dduw.
AMEN.